湖州市教育学会
湖州市教育科学研究中心 组织编写

主编

社会类学科项目化学习案例设计精选

初中历史与社会

项目化学习案例设计精选

费为群 主编

浙江工商大学出版社
ZHEJIANG GONGSHANG UNIVERSITY PRESS
·杭州·

图书在版编目(CIP)数据

初中历史与社会项目化学习案例设计精选 / 费为群主编. — 杭州：浙江工商大学出版社，2023.8

("优教共享：项目化学习实践的湖州探索"丛书.社会类学科项目化学习案例设计精选)

ISBN 978-7-5178-5644-3

Ⅰ.①初… Ⅱ.①费… Ⅲ.①中学历史课－教案(教育)－初中②社会科学课－教案(教育)－初中 Ⅳ.①G633

中国国家版本馆 CIP 数据核字(2023)第 152798 号

初中历史与社会项目化学习案例设计精选

CHUZHONG LISHI YU SHEHUI XIANGMUHUA XUEXI ANLI SHEJI JINGXUAN

费为群 主编

策划编辑	俞 闻 任晓燕	
责任编辑	金芳萍	
责任校对	沈黎鹏	
封面设计	朱嘉怡	
责任印制	包建辉	
出版发行	浙江工商大学出版社	
	(杭州市教工路 198 号 邮政编码 310012)	
	(E-mail:zjgsupress@163.com)	
	(网址:http://www.zjgsupress.com)	
	电话:0571－88904980,88831806(传真)	
排 版	杭州朝曦图文设计有限公司	
印 刷	杭州钱江彩色印务有限公司	
开 本	787mm×1092mm 1/16	
印 张	27.25	
字 数	566 千	
版 印 次	2023 年 8 月第 1 版 2023 年 8 月第 1 次印刷	
书 号	ISBN 978-7-5178-5644-3	
定 价	85.00 元(全 2 册)	

"优教共享:项目化学习实践的湖州探索"丛书

(湖州市教育学会、湖州市教育科学研究中心组织编写)

丛 书 编 委 会

主　　任:金淦英

副主任:黄丽君

编　　委:(按区县排序)

魏　钧　周　凌　唐　波　费利荣　张建权

沈勤勇　张平华　叶　军

本 册 编 委 会

主　　编:费为群

副主编:陈永兴　钱　俊

编　　委:(按姓氏笔画排序)

丁爱国　王　伟　向广钢　刘　欢　李　叶

杨学勤　杨继明　吴　磊　邹娇艳　应笑笑

沈小兰　沈晓杰　陈向华　邵佳欢　罗珍珍

周文珠　郑春梅　郎　丹　赵莉英　施　思

费伟芬　钱　成　黄琳琳　鲍明国

总　序 |

项目化学习是把学科知识与真实生活情境有机联系起来的一种学习方式,强化做中学、用中学、创中学,为学生提供整体认识世界的机会,对促进学生全面发展、深化学校教学改革有着深远的意义。

在全面深化课程改革、落实立德树人根本任务的背景下,湖州市从 2016 年开始探索以 STEAM 教育为切入点的项目化学习实践,通过构建城乡教研共同体,实施面向全学段"课程育人"跨学科项目化学习、普通高中"提质增效"学科项目化学习、义务教育"落实双减"项目化作业推进行动计划,并从保障机制、资源建设、师资培训、成果展示等多个维度,探寻架构城乡教育"共同富裕"的整体框架,彰显湖州优教共享的教研支撑力量。经过 6 年多的实践探索,形成了以下几条主要经验:

一是规划项目化学习的整体框架。2016 年,湖州市启动以 STEAM 教育为抓手的项目化学习实践,在试点学校实践的基础上,从基础、特色、热点三个方面确立学科、跨学科、超学科三类项目制课程,规划了项目化学习整体框架。

二是确立项目化学习的重要地位。2017 年,湖州市对 25 所样本学校(15 所小学和 10 所初中)的科技创新教育和综合实践现状开展调研,发现学生科技创新教育的主阵地多限于课堂,学生动手实践能力整体较弱,创新思维水平整体较低,与区域人才战略目标存在落差,因此确立了 STEAM 教育在提升学生科技素养方面的重要地位。

三是物化项目化学习的研究成果。2018 年,"一点二线三维,区域推进 STEAM 教育实践的湖州行动"被评为 2018 年浙江省教研工作亮点,"区域推进 STEAM 教育的策略研究"立项为中国教育科学院专项研究课题,《融合·创新·分享:STEAM 教育实践的湖州样本》由浙江教育出版社正式出版发行。

四是发挥项目化学习的示范作用。2019 年,浙江省人民政府《每日要情》第 9 期刊发《湖州市全面推进 STEAM 教育成效明显》的报道;浙江省第二届中小学 STEAM 教育大会在湖州召开,会议讨论了"STEAM 教育实践的湖州样本"。

五是创新项目化学习的实践样态。2020 年,湖州市以"STEAM＋生态"项目课程的开发与实施为载体,创建共同体学习社区。"'STEAM＋生态'学习实践共同体"入选教育部科技司 2019 年度教育信息化教学应用实践共同体项目。以牵头学校带动成员学校、成员学校带动实验学校层层推进,形成跨区域、跨学段、跨学科的项目化学习实践新样态。

六是实施项目化学习的提升计划。2021 年,启动《湖州市中小幼项目化学习三年行动计划》,全域推进项目化学习。到 2023 学年,培育湖州市"项目化学习"示范区 2个、领航学校 20 所、示范学校 40 所、实验学校 80 所,完成精品课程 100 门、优秀项目案例 300 项,编印各学科项目化学习丛书,指导学校项目化学习实践。

湖州市 6 年多的项目化学习研究与实践,从 STEAM 教育到学科项目化学习的常态化开展,丰富了课堂教学的形态,形成了区域特色鲜明的项目化学习整体框架,顺应了新课程改革的需要,有效实现了课程育人的价值。

《义务教育课程方案和课程标准(2022 年版)》明确各门课程用不少于 10％的课时设计跨学科主题学习,以培养学生应用知识解决实际问题的意识和能力。跨学科学习若以项目化学习来进行,会极大促进跨学科意识的形成与发展,因此项目化学习丛书的出版,正是呼应新课程改革的诉求,为学校和教师提供可复制可操作的经验。

丛书按学科类别分为 4 个系列,分别为语言类(包括小学语文、初中语文、小学英语、初中英语 4 个分册)、社会类(包括义务教育道德与法治、初中历史与社会 2 个分册)、科技类(包括小学科学、初中科学、初中数学 3 个分册)、跨学科主题(包括生命、生态、生涯 3 个分册)。

　　丛书既有突出国家课程特色的学科项目化学习典型案例,又有基于"五育融合"的跨学科项目化学习实践样态,呈现湖州市基础教育全学科多领域项目化学习的实践与研究成果。

　　丛书由各学科教研员及一线骨干教师在实践基础上共同研发,是 2018 年《融合·创新·分享:STEAM 教育实践的湖州样本》的迭代升级,普适性好,操作性强,可以为学校开展项目化学习实践提供良好的借鉴。我们希望通过这一套系统学习方法,让学生在探究复杂、真实问题的过程中,掌握所学知识和技能,促进深度学习的真实发生,实现核心素养的真正落地。

　　丛书选编的案例均从湖州市项目化学习基地学校的实践成果中产生,项目案例包括项目简介、项目规划、项目实施、项目评价、项目反思。项目实施中的每个任务环节都有相应的支持性活动,并有设计意图说明。

　　在实现"共同富裕"背景下,湖州市充分发挥教育科研的支撑作用,协同多方力量,聚焦项目化学习,全力打造以项目化学习为载体的"优教共享"教育新名片,体现了湖州教研人"实干争先"的精神风貌。相信"优教共享:项目化学习实践的湖州探索"丛书,有助于湖州教育高质量发展,也能够供兄弟地市学习与借鉴。

2023 年 6 月

前　言

　　在核心素养不断浸润教育教学改革的今天,学科项目化学习正大跨步地走进中学生的视野。学科核心素养是指学生通过学科学习而逐步形成的正确价值观、必备品格和关键能力,学生在面对复杂的不确定的情境时,能够综合运用所学的知识和方法,解释或解决真实的问题。学科项目化学习,就是基于真实情境,结合学科课程标准,围绕驱动性问题,通过持续性探究,创造性地解决问题,并形成相关项目成果的学习方式。项目化学习注重引导学生在真实情境中发现问题、解决问题、再发现问题、再解决问题,在探索中不断追问自己,形成新的价值观念,形成自我的精神世界。因此,学科项目化学习与核心素养在本质上是相通的。

　　项目化学习最重要的意义是什么? 老师们经常会有这样一个疑问:我能用很少的课堂时间把应学的知识教给学生,而项目化学习需要花费大量的时间去确立主题、寻找资源、探索过程、得出结论,这如何体现教学的有效性呢? 如果单纯从知识的角度来讲,这两种方法对知识的传递都是有效的。但是从知识传授的意义上来讲,学生自己挖掘出来的知识则更有意义。这就是项目化学习最突出的价值——在做中学。项目化学习的真实情境,使学生用探究的双眼、自由的双手,去认识神奇的科学世界,对探索世界投入热情。

　　项目化学习需要我们用长远的目光和广阔的视野去关注真实的世界,不仅要帮助学生掌握学科知识,还要锻炼学生的独立能力、合作能力和思维能力,更要引导学生敬畏自然、尊重生命,培养社会责任感。

　　在项目化学习正如火如荼地开展的大背景下,浙江省湖州市历史与社会学科的老师们也身体力行。老师从湖州地区的名胜古迹、文化遗产、乡村资源、自然资源、区域特色等方面入手,开展主题式的项目化学习,引导学生坚定文化自信,传承、弘扬中华优秀传统文化和革命文化。

在湖州看见美丽中国。湖州是一座历史文化名城，我们围绕湖州地方历史展开项目化学习，引导学生对湖州众多的名人典故、历史遗存进行探索，展现出湖州独有的文化底蕴。我们在铜镜中，看见了湖州独特的宋韵文化；在长兴新四军苏浙军区旧址，看见了湖州近代历史的红色文化；在嘉业堂藏书楼，看见了湖州浓厚的书香文化；在安吉南街，看见了特有的江南小镇文化；在溇港，看见了湖州农耕文明的世界影响力……

在湖州发现乡土特色。湖州素有"丝绸之府""鱼米之乡""文化之邦"的美誉，是丝绸文化的发源地、茶文化的发祥地、湖笔文化的诞生地。"破茧重生"的湖州丝绸，长兴水口的"品茗三绝"（金沙泉、紫笋茶、紫砂壶），"文房四宝"之首的善琏湖笔，以安吉方言为代表的"吴侬软语"……围绕这些极具湖州乡土特色的内容展开的项目化学习，既体现了中华文化的源远流长、博大精深，也引导学生注重对传统文化的尊重与保护、传承与创新。

在湖州扎根一方水土。一方水土养一方人，什么样的水韵文化让诗人发出了"行遍江南清丽地，人生只合住湖州"的感叹？为什么生活在浙江的学生从小到大会经历无数次台风？为什么到了5月，湖州乡间地头的梅子树上总是硕果累累？为什么湖州适合建造良性循环的桑基鱼塘？学生们通过项目化学习，了解了湖州的地形、水文、气候、自然资源等，加深了对湖州的认识，树立了人与自然和谐发展的理念。

在湖州见证乡村振兴。浙江是美丽乡村的发源地，湖州的美丽乡村建设水平位于浙江省前列。德清县三林村打造"万鸟园"，探索出乡村绿色发展的新道路；和孚镇获港村和练市镇朱家兜村调整产业结构，各自走出了蚕桑产业发展新路……这些美丽乡村建设项目挖掘了乡村特色产业，打造了乡村特色景观，保护了乡村独有文化。我们以此展开项目化学习，拓展了学生的视野，激发了学生为实现乡村振兴的美好愿景而奋斗的动力。

实践中，涌现出一批探索项目化学习的老师，令我们振奋和感动。我们需要更多的探索者和践行者，不畏艰辛，勇于思考，积极开拓，让这场变革在更多的课堂中生根、发芽、开花、结果。我们也切实希望项目化学习的活动和成果得以推广，并对其他主题的项目化学习有所启发。

目　录

第一章

镌刻历史 致敬英雄

颂党恩传精神,向未来绽芳华

长兴县泗安中学　罗珍珍

一、项目简介

爱国主义是中华民族最重要的精神财富,是中国人民和中华民族维护民族独立和民族尊严的强大精神动力,中国共产党是爱国主义精神最坚定的弘扬者和实践者。青少年是祖国的未来、民族的希望,且正处于价值观形成的关键时期,加强爱国主义教育成为初中阶段的重要课题。本项目通过分享、实践、主题探究多种活动,培养学生的爱国主义情怀;依据从过去到未来、从情感到行动、从日常生活到学习生活的思维线索,引导学生从党的百年奋斗中了解爱党之由、践行爱党之举。

项目时长:4 课时

适用年级:八年级

二、项目规划

(一)驱动性问题

"时代是出卷人,我们是答卷人,人民是阅卷人。"作为时代新人,如何实现党恩入我心、传承更出新?

(二)核心概念

学科概念:红色精神、中国共产党与中国特色社会主义事业的关系。

跨学科概念：数据搜集与整理、采访技巧、小报绘制。

(三)学习目标

表 1-1-1　学习目标与核心素养

主要学科	学习目标	核心素养
中国历史	在搜集和整理红色故事的过程中，初步学会依靠可信史料了解和认识历史	史料实证
	在解读和分享红色故事的过程中，初步学会有理有据地表达自己对历史的看法	历史解释
	在体验探究中培养理性思维，真正做到爱党爱国	家国情怀
道德与法治	拥护中国共产党，充分认识中国共产党领导是中国特色社会主义最本质的特征	政治认同
	在访谈实践中增强社会责任感并提高社会参与能力	社会参与

(四)学情分析

1.学生基本了解中国新民主主义革命的艰辛历程，有一定知识储备。

2.学生具备基本的信息筛选能力，有利于前期的资料准备。

3.学生具备基本的动手能力，有利于项目的探究与体验。

4.学生具备一定的沟通、协作能力，对于开展项目合作具有自信。

(五)学习地图

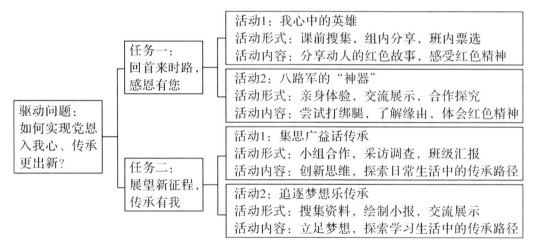

图 1-1-1　"颂党恩传精神，向未来绽芳华"项目化学习设计框架

三、项目实施

(一)任务一:回首来时路,感恩有您(2课时)

1.学习目标

(1)通过讲好红色故事、认识红色物件,感悟我党的"可爱"之处。

(2)明白新中国是中国共产党领导建设的社会主义国家,祖国的命运与党密不可分。

(3)在小组讨论中,分享、整合信息,提升综合素养。

2.核心问题

党的"可爱"之处是什么?

3.项目进程

环节一:我心中的英雄

回望中国共产党百年来的奋斗征程,其中涌现了一大批视死如归的革命烈士、一大批顽强奋斗的英雄人物、一大批忘我奉献的先进模范。小组讨论、分享"我心中的英雄"及理由,并在班级内票选出最动人的红色故事。

在分享动人的红色故事的过程中,学生体会党员身上展现出的红色精神的丰富内涵,明白党为人民谋幸福、为中华民族谋复兴的初心和使命,筑牢红色信仰之基、补足精神之钙;同时先进典型发挥引领作用,以榜样的力量激励、鼓舞学生,在青少年群体中形成崇敬英雄、学习英雄的浓厚氛围。

环节二:八路军的"神器"

看过抗战剧的同学对战士们打绑腿应该不陌生,那么战士们为什么要打绑腿呢?打绑腿后有什么感受呢?请同学们在课前通过网络平台学习打绑腿的方法,了解打绑腿的缘由,并在课堂上向大家展示自己掌握的绑腿样式、分享打绑腿后的感受及它的神奇之处。

通过打绑腿的活动,学生在切身体验、相互交流和启发中,充分了解在革命时期中国共产党所面临的重重困难,真切地体会中国共产党的革命乐观精神和丰富的革命智慧,在潜移默化中增进爱国、爱党之情,避免了生硬的理论灌输,使爱国主义教育更有生气、更具温度。

4.阶段性成果

明白党的"可爱"之处。

（1）讲好红色故事，了解红色精神。

课堂上，学生列举了许多让自己动容的红色故事，如：抗美援朝中的志愿军战士、奋战在抗疫一线的钟南山院士及身边兢兢业业的人民教师等的故事。

通过对红色故事的解读，我们发现红色精神的内涵非常丰富。中国共产党在革命、建设、改革各个时期中，形成了很多可歌可泣的"红色精神"，如："艰苦奋斗、勇于开拓"的北大荒精神，"谦虚谨慎、戒骄戒躁、艰苦奋斗"的西柏坡精神，"自力更生、艰苦奋斗、勇攀科学高峰"的两弹一星精神，等等。红色精神已经深深融入中华民族的血脉和灵魂，成为鼓舞和激励中国人民攻坚克难、不断前进的强大精神动力。

（2）认识红色物件，感悟红色精神。

通过体验和讨论，学生发现打绑腿可以防虫避刺。而且，在行军过程中，战士们常常因为没有条件坐车行进，所以不管多远，只能徒步行进，一天走上几百里路都是家常便饭。一天下来，不少战士的腿就会因为承受不了，出现水肿和静脉曲张等病症，甚至还可能出现骨膜受损的情况，坚持绑腿而行的话，可以在一定程度上防病护骨。

绑腿见证了我军的艰苦，更展现了红军战士们的强大精神和丰富的革命智慧。随着我国经济实力的增强，如今，我们的军人已经不再打绑腿，但无论有无打绑腿，我们军人面对强敌时坚定睿智的风貌都永不消逝。

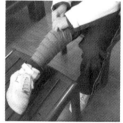

图 1-1-2　学生学习打绑腿

（二）任务二：展望新征程，传承有我（2 课时）

1. 活动目标

（1）通过集思广益，创新传承方式，结合自身实际，将爱国爱党之情落到具体的生活中去。

（2）立足自身梦想，弘扬党的精神，在学习中践行党的精神，为实现中国梦增添精神动力。

（3）在访谈、整理有效信息的过程中提升表达、归纳的能力，在实践中改进传承方案，提升反思、解决问题的能力。

2.核心问题

如何让红色精神得到创新性传承?

3.项目进程

环节一:集思广益话传承

首先,课前通过小组合作,选择采访、问卷等形式在日常生活中拓宽传承路径,将爱党之情内化于心、外化于行,坚定红色信仰。

其次,将搜集来的信息进行整合,分析各传承方式的优势,选取认为最有效的传承路径并积极实施。这一环节教师可鼓励学生创新传播载体,灵活运用微博、微信等社交媒体,线上与线下相结合,生动地开展爱国主义教育,同时也有利于引导学生自觉抵制损害国家荣誉、诋毁革命烈士的错误言行,汇聚正能量。

最后,各小组派代表在全班汇报成果。

环节二:追逐梦想乐传承

同学们的传承妙招将红色精神的弘扬落实到日常生活的方方面面。作为学生,我们还应立足学习生活,在逐梦之路上,让红色精神助力实现梦想。

请同学们大胆说出梦想,并通过多种途径了解该梦想的实现需要在当下做出哪些努力,根据搜集来的信息制作一份梦想规划海报,并结合自己的海报,谈谈如何让红色精神助力实现梦想。通过将红色精神的传承与个人梦想相结合,立足学习生活,让红色精神为梦想助力,为强国助力。

4.阶段性成果

践行爱党之举。

(1)立足日常生活,创新传承之路。

通过小组讨论,学生分享了许多非常有创意和实效性的传承方式。

方式一:教师组织学生结合重大节日、时事热点,编辑有利于弘扬红色精神的朋友圈。这种方式简单易操作,人人可参与、人人可点评,一方面有利于坚定我们跟党走的信念,另一方面有利于传播正能量。

方式二:清明节组织线上和线下祭扫活动。线上活动能营造缅怀烈士的良好氛围,线下活动则更具现场感,更能激发我们的爱国、爱党之情。

方式三:参加志愿者服务,传承我党乐于奉献、服务社会的精神。

图 1-1-3　花环制作

图 1-1-4　花环献英烈

（2）立足自身梦想，赓续红色精神。

课堂中，学生立足自身梦想，结合学习生活，提出了一系列赓续红色精神的举措。如，学生一说："我的梦想是当一名医生。当一名医生应具备良好的职业道德、专业的职业技能、和蔼的服务态度、良好的沟通技巧、基本的心理知识与法律知识，以及较强的环境适应能力、团结合作能力。我将为之付出的努力有：一要上课认真听讲，争取不走神。二要勤做笔记。三要及时解决不懂的问题。四要多了解有关医疗的知识。"

学生二说："我的梦想是做一名企业家。企业家需要有决断力和执行力，具备组织能力和灵活的头脑。我当下需要做出的努力是：一要博学，好好学习，获取知识。二要多组织活动，培养组织能力。三要多出去走走，多认识社会、了解社会。四要定下方向，朝目标进军。"

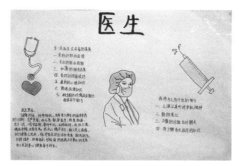

图 1-1-5　学生制作的"我的梦想"小报

四、项目评价

本案例针对小组分享、探究体验、社会访谈和成果展示四种不同的活动方式，分别采用了过程性评价量表、技术实践评价量表、社会性实践评价量表和审美性实践评价量表。

表 1-1-2　项目评价量表

项目内容	评价维度	评价内容	评分等级
我心中的英雄	筛选能力	从党史中搜集动人的红色故事	☆☆☆
	分析能力	分析红色故事中蕴含的红色精神	☆☆☆
	合作能力	高效率地进行小组分工合作	☆☆☆
八路军的"神器"	优质品格	培养有担当的优质品格	☆☆☆
	归纳能力	全面、逻辑清晰地总结绑腿的作用	☆☆☆
	迁移能力	搜集"神器",介绍"神奇"之处	☆☆☆
集思广益话传承	礼貌采访	使用"请问""谢谢"等礼貌用语	☆☆☆
	清晰表达	简洁而有条理地表达采访意图	☆☆☆
	有效筛选	逻辑清晰地分析各种途径的利弊	☆☆☆
	责任担当	提升传承红色精神的社会责任感	☆☆☆
追逐梦想乐传承	设计美观	用多媒体等多种方式进行分享	☆☆☆
	语言清晰	语言表达逻辑清晰、富有见解	☆☆☆
	路径实效	提出多种具有可行性的方案	☆☆☆

五、项目反思

项目实施,学生是最大的受益者。在项目推进的过程中,学生的学习价值观发生了很大的转变。

(一)由"要我学"向"我要学"的转变

之前学生的认知内驱力没有被激发,"被老师牵着鼻子走",他们的学习就是回答老师的问题,完全是一种被动的接受和学习。在项目实施过程中,同学们被多样化的任务吸引,他们主动参与到活动中:课前主动完成老师的"作业单";课中积极交流自己的学习感悟和体会,并和同学一起完成各种探究任务;课后和同学一起参与实践。学生们的学习态度变得主动起来。

(二)由"要我爱"向"我要爱"的转变

培养学生爱国爱党的民族精神是本项目的主要目标。在形式多样的项目任务驱动下,学生多角度地深度体会红色精神的内涵,明白党的"可爱"之处,积极开拓思维,大胆创新实践,践行爱党之举。由"要我爱"向"我要爱"转变。

本案例以项目化教学方式,探寻爱国主义教育的创新之路,取得了一定成效,但在实施过程中也发现了一些问题,在以后的教学实践中有待进一步解决,如项目形式有待进一步丰富、评价机制有待进一步完善。

六、专家点评

本项目立意高,学科知识与爱国主义教育相结合,培养了学生的政治认同和科学精神。该项目通过分享身边共产党员的红色故事,学做历史上共产党员在革命岁月中的战斗神器——打绑腿,体会共产党员艰苦奋斗的革命意志和革命乐观主义精神。

本项目活动实,以活动型课程为依托,坚持以学为中心的教学策略。通过身边的党员故事,以及打绑腿、做花环、祭英烈等实践活动,制作任务清单、梦想清单、梦想海报等等,学习党的历史,感受党的恩情,延续党的力量。

本项目设计新,以议题式教学为导向,推进项目化学习。该项目以核心议题和子议题为驱动,落实爱国主义教育,促进核心素养落地。学习的落脚点重在探索传承红色精神的具体路径,将红色精神的传承与学生的个人梦想相结合,切实让红色精神的学习为学生实现个人梦想助力。

(长兴县教育研究中心 钱 俊)

探访历史遗迹,追寻近代记忆

湖州市第五中学教育集团　　应笑笑

一、项目简介

　　湖州是一座国家历史文化名城,拥有众多优质的教育教学资源,其中湖州的近代历史及遗留的历史遗迹非常丰富。学生通过考察湖州近代历史遗迹,凝练驱动性问题,围绕驱动性问题确定考察主题,根据主题拟定活动项目表、评价规则,开展项目活动。本项目将湖州独有的历史文化融入实践探究、互动交流,帮助学生以轻松、自主的学习方式进入真实课堂,发挥历史学科独特的育人价值。

　　项目时长:6课时

　　适用年级:八年级

二、项目规划

(一)驱动性问题

　　历史遗迹承载着许多历史信息,我们对身边的近代历史遗迹及其背后的历史了解多少呢? 能否以自己的家乡——湖州为考察对象,考察身边的近代历史遗迹及背后的故事、人物,从而大致了解湖州近代史呢?

(二)核心概念

　　学科概念:湖州近代史、历史遗迹、社会调查、家国情怀。

跨学科概念:语言组织、采访技巧、信息技术运用。

(三)学习目标

表 1-2-1　学习目标与核心素养

主要学科	学习目标	核心素养
中国历史	了解人民群众是历史的创造者	唯物史观
	将事件、人物、现象置于历史发展的特定或总体进程中及具体的地理空间中加以考察,并从历史发展的角度认识其地位和作用	时空观念
	了解史料的主要类型,初步学会从多种渠道获取历史信息,提高对史料的识读能力	史料实证
	客观叙述和分析历史,有理有据地表达自己的看法	历史解释
	从历史角度认识中国国情,增强热爱家乡、热爱祖国的情感,铸牢中华民族共同体意识	家国情怀

(四)学情分析

八年级的学生具备了一定的历史基础和综合分析能力,面对新事物时积极性较高,有一定的上进心,有较丰富的内心体验和感悟,但因缺乏较强的社会实践能力,有可能会在社会实践探究活动中受外界因素干扰而导致活动目的性不够明确,所以需要老师及家长做适当的陪同与看护。

(五)学习地图

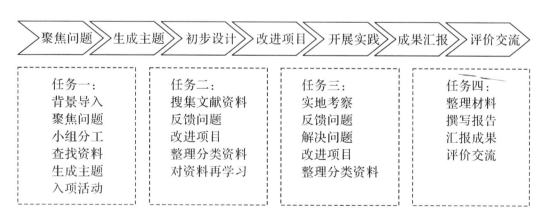

图 1-2-1　"探访历史遗迹,追寻近代记忆"项目化学习设计框架

三、项目实施

(一)任务一:根据真实需求,确定考察主题(1 课时)

1.学习目标

(1)学会小组分工合作。

(2)在搜集信息过程中,学会发现问题、解决问题。

(3)学会获取、加工、管理、运用、交流学习资源。

2.核心问题

在众多的湖州近代历史遗迹中,选择哪个有代表性的历史遗迹进行考察呢? 考察活动开展前,如何设计活动提纲?

3.项目进程

环节一:情景导入

我们生活的地方都不是世外桃源,历史发展进步的潮流都会在这里留下痕迹。无论你是生活在城市还是乡村,这里总有最早的工厂、最早的新式学堂、最早的商业老字号、名人故居,还有各类纪念馆等,这类历史建筑承载和记录了许多历史信息。那么同学们对身边的近代历史遗迹了解多少呢? 我们能否以自己的家乡——湖州为考察对象,对身边的近代历史遗迹做相关考察,从而了解湖州风云变幻的近代史呢?

环节二:小组分工

全班分为 3 个考察小组,每组 16 人,明确各自在小组内的任务。小组内任务分工为:4 人实地考察,3 人前往图书馆查阅资料,2 人制作课件,5 人汇总整理资料,2 人作为代表发言汇报。

环节三:查找资料

通过书籍、网络等途径查找有关湖州近代历史的资料。学生查找的关于湖州近代历史的资料非常多,小组交流合作后,将资料分成三大类。

近代人物类:陈英士、钱玄同、章荣初、张静江、沈家本、郎玉麟、吴昌硕、徐森玉、杨光浩、章宗祥、胡宗南等。

故居或纪念馆类:南浔辑里湖丝馆、陈英士故居、长兴新四军旧址群、吴昌硕故居、沈家本纪念馆、小西街晚清民国时期建筑群,以及南浔的懿德堂、崇德堂、尊德堂等 15 处历史建筑等。

近代商业老字号类:王一品斋笔庄、丁莲芳千张包子、震远同、浙丝二厂等。

环节四：生成主题

经过 3 个小组各自充分讨论，在搜集的众多历史资料中，每个小组分别确定一个具有代表性的近代遗址，确定本组的考察主题。

环节五：设计活动项目表，制作活动提纲

小组合作制定活动项目表，做好考察前的准备。学生向教师阐述制作项目表时遇到的问题，寻求教师帮助，然后教师进入组内进行指导。

4.阶段性成果

成果一：在小组分工合作、搜集资料、小组讨论、组间交流的基础上，各组确定了各自考察的主题。第一组：陈英士故居。第二组：南浔近代富商故居。第三组：长兴新四军苏浙军区旧址。

成果二：小组交流合作制定了较为完善的考察活动项目表。

表 1-2-2　实践考察活动项目表

活动建议时间：两周	项目活动：考察湖州近代历史遗迹		考察地：
小组成员：			
项目活动：围绕驱动性问题，通过小组合作、网上查阅资料、个人访谈、实地考察等方式，搜集历史信息，在班级召开汇报课，各组交流展示考察成果			
关联学科：历史、语文、信息	材料准备：笔、纸、手机等		出行方式：成员组队，家长陪同
活动目标： (1)分析历史事物、历史人物，培养解读历史信息的能力； (2)学会实地考察的基本方法和技能，积累搜集历史资料的经验； (3)通过汇报考察结果，锻炼语言表达能力和合作探究能力； (4)通过考察活动，对家乡的历史文化、历史人物有进一步了解，增强对家乡的归属感和自豪感； (5)运用网络查阅资料、制作 PPT、编辑 word 文本，解决一些简单的信息技术问题			
成果汇报：考察报告、照片、视频、手抄报、随笔感想、PPT 等			
优秀成果评选： 考察活动结束后，在班级内评选优秀考察作品和优秀成员，作品在班内张贴展示			
在考察过程中遇到了哪些困难：			
你们是如何解决这些困难的：			
活动反思：(可以从成功之处、有待改进之处等方面分析)			

续　表

活动拓展:在关注身边历史遗迹,掌握实地考察的基本方法和技能的基础上,多关注身边其他历史遗迹,选择自己感兴趣的方面,在周末、假期和家长一起考察,来校与同学、老师分享交流

(二)任务二:根据考察主题,搜集文献资料(2 课时)

1.学习目标

(1)学会小组分工合作,通过图书馆、网络查找与主题有关的文献资料。

(2)掌握搜集、整理、归纳资料的基本方法和技能。

(3)学会组内、组间分享资源,培养团队合作意识。

2.核心问题

运用哪些方法获取文献资料? 如何分类处理这些资料? 在搜集资料的过程中,是否遇到了困难,如何解决这些困难?

3.项目进程

环节一:分组搜集文献资料

根据各组考察主题,多渠道搜集相关资料:通过图书馆借阅湖州近代史书籍;通过网络搜集资料。

环节二:及时反馈问题、完善项目

组内及时分享、反馈组员遇到的问题,组员提出合理意见、建议,并对活动项目表进行完善。此环节中组员遇到的问题大致如下:

(1)搜集的资料过量且重复,如何精简?

(2)除了文字资料,与历史事件有关的照片同样需要搜集、整理。在编辑 word 文档的过程中,会遇到一些技术问题。

针对各组的共性问题,在老师指导下,学生尝试将资料进行分类,以及学习 word 编辑的技术。

环节三:各组将资料去粗取精,整理、分类

(1)此时搜集到的资料主要以文献资料为主,分为第一手资料(如当事人的自传、口述等)和第二手资料。

(2)小组合作,按照与考察对象有关的历史遗迹所涉及的历史事件背景、历史事件发生的过程、历史事件带来的影响、有关的历史人物主要事迹、后人对该事件和人物的评价等几个方面对资料进行整理。

(3)将资料以 word 文档的形式分发给组内各位成员,小组再进一步审核、改进。

环节四:学习资料内容

各小组整理、讨论、修改好文献资料后,在实地考察前,先在组内进行学习,熟悉与要考察的历史遗迹有关的历史。

4.阶段性成果

成果一:各组都查找了一定数量与考察主题有关的文献资料。

成果二:掌握了根据时间、地点、人物、背景、过程、影响等要素,将历史文献资料进行分类的方法。

(三)任务三:根据各组主题,进行实地考察(2课时)

1.学习目标

(1)通过考察活动,对考察对象所涉及的湖州近代历史有进一步了解,对历史文物有进一步认识,增强文物保护意识和责任感。

(2)掌握实地考察的基本方法和技能,积累记录、拍摄等搜集历史资料的经验。

2.核心问题

在实地考察过程中运用了哪些考察方法,获取了哪些历史资料? 如何分类处理这些资料? 在考察过程中是否遇到了实际问题,如何解决这些问题?

3.项目活动

环节一:分组实地考察

各组考察地分别为:第一组考察陈英士故居;第二组考察南浔近代富商故居;第三组考察长兴新四军苏浙军区旧址。

环节二:各组反馈遇到的问题,形成个性化解决方案

(1)陈英士故居因为疫情防控原因,无法接待大量人员参观。

(2)长兴新四军苏浙军区旧址因路途较远,只有两名组员在家长陪同下进行了实地走访。

(3)在考察过程中,怎样才能对现场工作人员做有效采访并记录采访内容?

(4)考察结束,如何有效评判拍摄的大量照片、视频资料,以及如何分类整理?

针对以上问题,学生寻求教师帮助,教师进入组内进行指导。经过协商讨论,解决方式如下:

(1)经联系,陈英士故居工作人员同意两名学生进去参观学习。

(2)第三组参考、结合了去长兴新四军旧址参加过研学的六年级学生拍摄的照片和写的作文,合作完成了调查报告。其他去过的同学可以上交曾经拍摄的照片及作文等,作为组内资源分享。

（3）考察前,组员们事先预设好将要对现场工作人员进行采访的问题,征得同意后,在现场可以录音或者拍摄视频。

（4）在老师指导下,学生尝试将资料进行分类。

环节三:优化考察项目

（1）考察过程中,将实际情况与预设的标准进行比较。如果有未达标的情况,小组成员分析原因,并对项目表进行修改。（组内）

（2）合作、分享,优化改进其他项目组的考察活动。（组间）

环节四:各组将资料去粗取精,整理、分类

（1）小组合作,进一步将实地考察获取的资料按照历史要素进行分类整理,丰富之前搜集的文献资料。

（2）将资料分发给组内各个成员,小组再进一步审核、改进。

4.阶段性成果

此阶段获得大量实地考察后的第一手资料,如历史遗迹、历史人物曾经使用过的物品、信件等的真实照片,学生对与历史遗迹相关的湖州近代史有了深入了解。

（四）任务四:整理汇报,展示活动成果（1课时）

1.学习目标

（1）学会小组分工合作,撰写考察报告、整理随笔感想、制作PPT等。

（2）通过汇报考察结果,锻炼文字和语言表达能力、信息技术运用能力和合作探究能力。

（3）通过表扬单、建议单,搜集他人的意见、建议,撰写反思笔记,培养倾听和合作能力。

2.核心问题

通过哪些方式汇报考察成果?从哪些方面撰写反思笔记?

3.项目进程

环节一:分组撰写考察报告、制作汇报课件等

图 1-2-2　各小组制作的汇报课件

环节二：各组选派代表汇报成果

图 1-2-3　各小组汇报成果

环节三：分享活动项目表、随笔感想

图 1-2-4　各小组填写的活动项目表

环节四：各组互评、改进、反思

小组成员听取其他各组汇报，给出建议，优化改进其他项目组的成果。通过学习其他小组作品，改进本组成果，然后撰写整个项目化学习过程的反思笔记。

4. 阶段性成果

成果一：通过考察活动，各组都取得了较为完整的成果，并向全班做了较详细的汇报。

成果二：广泛吸取来自老师、同学的意见和建议，进一步完善最终的汇报成果。

成果三：从主题选择、小组分工、实施考察、成果汇报、评价交流等方面做了个人及团体的反思总结。

四、项目评价

(一)过程性评价

项目实施过程中,完成项目化学习各阶段学习成果评价表。

表 1-2-3　任务一评价表

任务分类	评价内容	评价等级	自评	组评	师评
任务一	本小组选择哪个代表性的近代历史遗迹进行考察?	水平1:考察项目主题明确,能够熟练介绍(5分) 水平2:考察项目主题较明确,介绍较完整(3—4分) 水平3:考察项目主题不明确,介绍不清楚或缺少介绍(1—2分)			
	考察活动开始前是否参与、完善了活动提纲设计?	水平1:积极认真参与,提出建设性想法,并被采纳(5分) 水平2:参与活动,并有符合主题的想法(3—4分) 水平3:活动中,发言不够积极或没有想法(1—2分)			

表 1-2-4　任务二评价表

任务分类	评价内容	评价等级	自评	组评	师评
任务二	运用哪些方法获取文献资料?	水平1:能熟练通过图书馆、互联网等渠道,获取文字、照片、影像等文献资料(5分) 水平2:能通过部分方式获取文献资料,形式不充分(3—4分) 水平3:能获取部分文献资料,但资料内容较简单,形式单一(1—2分)			
	如何分类处理这些资料?	水平1:能将获取的资料按图片、文字、影像等不同类别进行整理,主题清晰,内容完整(5分) 水平2:能采用部分方式整理资料,但条理不够清晰,形式不完整(3—4分) 水平3:资料整理较混乱,条理不清晰或没有整理(1—2分)			

续　表

任务分类	评价内容	评价等级	自评	组评	师评
任务二	在搜集资料过程中遇到哪些问题？如何解决？	水平1：对于资料整理、信息技术运用等问题，与其他组员一起团结协作，提出合理意见，敢于直面问题，寻找解决问题的不同方法（5分） 水平2：对于组内的问题，能较好地解决，具有一定合作意识，但解决问题的方法不够多样（3—4分） 水平3：对问题不关心，过于依赖组员的协助，缺乏解决实际问题的能力（1—2分）			

表 1-2-5　任务三评价表

任务分类	评价内容	评价等级	自评	组评	师评
任务三	在实地考察过程中运用了哪些考察方法？	水平1：能熟练运用实地调查、访谈等方法，通过拍照、录像、纸笔记录等形式进行考察，材料搜集很完整（5分） 水平2：考察方式较多元，材料搜集较完整（3—4分） 水平3：考察方式单一，材料搜集比较简单（1—2分）			
	获取了哪些历史资料？如何分类处理这些资料？	水平1：熟练掌握史料的两种基本分类方法（5分） 水平2：能按两种分类方法整理史料，但正确率不高（3—4分） 水平3：只了解一种分类方法或者不能较准确地掌握史料分类方法（1—2分）			
	考察过程中，是否遇到实际问题？如何解决这些问题？	水平1：对于在考察活动中遇到的问题，敢于提出合理意见，敢于直面问题，寻找解决问题的不同方法（5分） 水平2：对于自己或组员遇到的问题，能较好地解决，有合作意识，但解决问题的方法不够合理或者不够多（3—4分） 水平3：不关心问题，过于依赖组员的协助，缺乏解决实际问题的能力（1—2分）			

表 1-2-6　任务四评价表

任务分类	评价内容	评价等级	自评	组评	师评
任务四	通过哪些方式汇报考察结果?	水平1:通过组内合作,熟练掌握、运用考察报告、照片、视频、手抄报、随笔感想、PPT等方式做汇报,形式丰富,最后非常好地解决了驱动性问题(5分) 水平2:组内合作后,较熟练地掌握了部分汇报方式,形式较丰富,成果能较好解决驱动性问题(3—4分) 水平3:汇报形式单一,成果不够明了,驱动性问题没有较好解决(1—2分)			
	从哪些方面撰写反思笔记?	水平1:能从项目开展过程,以及收获和不足点等多方面撰写反思心得,反思有深度、有价值(5分) 水平2:反思内容较深刻,涉及的层面较充分(3—4分) 水平3:反思较简单,不够全面,不够深刻(1—2分)			

(二)终结性评价

考察活动结束后,完成项目化学习终结性评价量表。

表 1-2-7　项目化学习终结性评价量表

评价维度	评价内容	针对任务一问题	得分	针对任务二问题	得分	针对任务三问题	得分	针对任务四问题	得分	总分
目标完成	知识掌握	1		1、2		1、2		1		
	能力培养	2		1、2、3		1、2		1、2		
活动表现	积极参与	2		3		1、2		1、2		
	问题解决	1、2		1、2、3		1、3		1、2		
成果展示	有价值	2		1、3		1、2		1、2		
	有创新	2		1、2、3		1、2		1、2		

五、项目反思

（一）转变传统课堂学习方式，提升学生学科素养

对家乡历史的了解和学习，不能只停留在课堂上，更多是要让学生走出去。让学生在参与实践活动的过程中，走进生活、切实地进行调查研究，真正培养学生搜集、整理资料的能力。本次近代遗址考察项目化学习通过"活动化"，坚持"学为中心"，引导和促进学生开展自主学习、探究学习和合作学习，让学生在活动中去感知湖州近代史，逐步掌握学习历史的一些基本方法。在考察活动中，学生自然而然地参与到探究与讨论中，培养了社会交往能力；在社会实践中，增强了对家乡的热爱，培养了社会责任感。因此，本次项目化学习显而易见有一定成效。

（二）转变传统课堂教学模式，提升教师专业素养

教师在指导学生考察身边的近代历史遗迹的过程中，深入研究学情、教材和课程标准，将湖州历史文化名城资源与教材内容相整合，向学生讲授身边的人文历史，成为学生积极参与活动的引导者、研究者、设计者、服务者，更好地提升学生的参与热情和实践能力。同时，项目开展以来，教师通过整合教学资源、指导实践、反馈反思等活动，无论是自身学科知识、实践知识的丰富，还是教学能力、科研能力的培养，都有一定程度的提升。

本次项目化学习汇总了各小组出现的问题，以下几方面还需要改进：

（1）汇报的成果展示基本上是课件展示和感想分享，其实学生还可以尝试通过照片、手抄报、视频等形式展示成果。另外，考察活动前的项目表设计难度比较大，基本上需要老师指导完成。

（2）因为疫情防控、考察地点较远等外部环境因素，个别小组成员当时没有第一时间深入实地考察，而是在假期里进行考察活动。

六、专家点评

湖州作为历史文化名城，拥有众多可用于历史课堂教学的资源。本项目化学习，在课堂教学中开发、运用与湖州历史文化有关的地方课程资源，革新传统课堂的教学方法和教学模式；围绕湖州近代历史遗迹，凝练驱动性问题，并围绕驱动性问题确定考察主题，改变学生的学习方式，引入探究性、实践性的学习任务，促进了

学生自主探究学习。同时,本项目的题名来自《中国历史》教材,选题贴近学生生活实际,学生通过开放性的讨论交流,真正激发学习兴趣,变被动接受知识为主动思考探究。通过此次项目化学习,还可以改进教师的教学方法,改变只用教材授课的传统课堂教学模式。本次项目化学习的学生活动评价也较具体、细化,四个子项目环节分别有可操作的问题指导,学生对照每个活动的要求打分量化,就能了解自己的项目化学习效果。

(湖州市教育科学研究中心 费为群)

致敬历史英雄,赓续民族血脉

德清县武康中学　李　叶

一、项目简介

英雄,是一个人人生历程中重要的精神支撑,也是青少年成长岁月中价值观形成的导向人。但在传统的宣传教育活动中,学生作为受教育的主体,往往是被动接受者,缺乏独立思考与判断,因此活动实效性不强。本项目涉及中国历史、美术、信息技术等学科,主要通过自荐英雄、挖掘英雄事迹、宣传英雄人物等活动,让学生自主学习英雄事迹,在活动中既能学习历史知识,培养历史思维,又能形成正确的世界观、价值观、人生观,有助于学生健康成长,同时增强文化自信。

项目时长:5 课时

适用年级:七年级

二、项目规划

(一)驱动性问题

在五千年浩瀚的历史长河中,中华民族涌现出无数灿若星辰的英雄,他们身上有很多精神品质值得我们学习。2023 年春节,张艺谋导演用电影《满江红》让岳飞这一英雄人物再次被公众津津乐道。作为初中生,你打算怎样把你心中的历史英雄推荐给同学们?

(二)核心概念

学科概念:历史英雄、历史资料、人物评价。

跨学科概念:PPT 制作、小报及书签绘制、合作探究。

(三)学习目标

表 1-3-1　学习目标与核心素养

主要学科	学习目标	核心素养
中国历史	通过筛选资料,初步明确史料与文学作品的区别,学会依靠可信史料了解和认识历史	史料实证
	通过对历史人物相关史料的搜集与整理,学会提炼、概括人物的事迹与影响,初步掌握评价历史人物的方法,学会有理有据地表达自己对历史人物的看法	历史解释
	通过小组合作选择、确定历史人物,在思维碰撞中初步形成正确的价值判断;通过小组成果展示,让更多人了解历史英雄,崇尚英雄气概,形成对民族气节的认同感,传承民族气节	家国情怀
美术	通过制作小报和书签,学会运用文字和图画创造视觉形象,表达自己的意图、思想和情感	美术表现
信息技术	通过学习并制作 PPT,运用一定的数字化学习策略管理学习过程与历史人物资源,展示成果	数字化学习与创新

(四)学情分析

　　七年级的学生已有一定的历史知识储备,但对于历史人物的了解往往来自影视剧、小说等,在史实的掌握方面存在偏差;这个年龄段的学生已具备一定的价值判断能力,但对于历史人物的评价容易受外界的影响,缺乏自己的判断;他们已具备一定的语言组织和小组协作能力,能通过同伴合作等方式进行自主学习与探究,但能力上参差不齐,需要有针对性地培养与锻炼,实现优势互补。

(五)学习地图

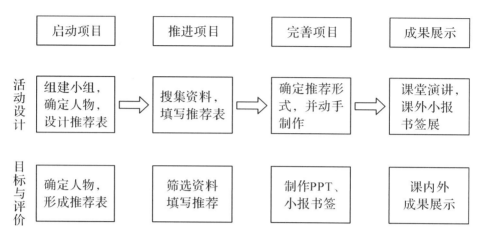

图 1-3-1 "致敬历史英雄,赓续民族血脉"项目化学习设计框架

三、项目实施

(一)任务一:组建小组,确定人物(1 课时)

1. 学习目标

(1)学会小组合作,选择、确定历史人物。

(2)运用、分析史料,形成对历史人物基本的、正确的看法。

2. 核心问题

谁是你心目中的历史英雄?

3. 项目进程

环节一:抛出问题,启发学生思考

2023 年春节,电影《满江红》热映,由此引发了人们对于岳飞这一爱国名将的学习与了解。其实在中国浩瀚的历史长河中,类似这样的人物还有很多很多。那么在你心中,说起这样的爱国名将,谁才是第一呢? 由此抛出问题,启发学生进行自主思考。

环节二:组建小组,确定历史人物

每人在下发的纸上写下一位"我心目中的历史英雄"。教师根据学生的答案及意向分组,5 人一组,每组确定一个组长。这一环节中,容易出现一个问题,即学生选择的人物是虚构的,历史上并不存在,如花木兰。这个过程中需要老师逐一把关。

环节三：小组讨论可以介绍历史人物的哪些信息

在确定人物的基础上，进一步组织小组讨论：介绍一位历史人物，应该包括哪些信息？最终根据讨论成果，设计出《"我心目中的历史英雄"推荐表》。

4. 阶段性成果

学生在小组讨论中产生思维碰撞，从而做出正确的价值判断，对历史人物的认识也随着推荐表的设计由感性上升到理性。这些都体现了学生的主体性。

图 1-3-2 小组讨论

表 1-3-2 "我心目中的历史英雄"推荐表

英雄姓名		所处历史时期 （生卒年）	
生平事迹 （300 字左右）			
名言名句			
推荐理由 （60 字左右）			
相关书籍			

(二)任务二:搜集资料,填写表格(1课时)

1.学习目标

(1)学会正确选择历史资料,明确历史资料与文学作品的不同。

(2)尝试用自己的语言精炼地概括历史人物的主要事迹及影响,掌握评价历史人物的方法。

2.核心问题

为什么他/她是你心目中的历史英雄?

3.项目进程

环节一:小组合作,整理资料

将课后搜集的资料进行汇总、筛选,最后确定发言人。陈述理由:为什么选这位人物,即推荐理由是什么? 由此启发学生思考"怎样的历史人物可以算是英雄"。这一环节既可以培养"历史解释"这一核心素养,也可以让学生挖掘英雄人物身上的精神品质,有利于家国情怀的培养。

环节二:了解史料来源,学会正确利用史料

事先搜集的资料是否都用得上? 哪些资料没有用? 为什么? 通过启发学生思考这些问题,引导学生认识到史料与文学作品的区别,评价历史人物必须有史实作为依据,不能是虚构的,这有利于史料实证意识的培养。

环节三:填写推荐表

下发"我心目中的历史英雄"推荐表,明确填表要求:

(1)生平事迹:简单交代人物生平,重点介绍主要事迹,语言精炼,300字左右。

(2)推荐理由:要求真情实感,有自己的观点,切忌抄袭。

(3)最后写出相关可供阅读的书籍。

4.阶段性成果

这些推荐表既是前一阶段成果的体现,也是下一阶段的关键素材。填写"我心目中的历史英雄"推荐表,有利于培养学生的史料实证意识和历史解释能力。

表 1-3-3 "李大钊"推荐表

英雄姓名	李大钊	所处历史时期（生卒年）	1889—1927
生平事迹（300字左右）	李大钊,字守常,河北省乐亭县人。先后就读于天津北洋法政专门学校和东京早稻田大学。留日期间,他积极参加留日学生总会组织的爱国斗争; 1916年,李大钊回国后,积极参加新文化运动。受俄国十月革命胜利的鼓舞和启发,他先后发表了《法俄革命之比较观》《庶民的胜利》等文章和演说,率先在中国举起马克思主义的大旗; 1920年,李大钊在北京建立了中国共产党早期组织。1921年中国共产党成立后,他代表党中央指导北方的工作。1926年,李大钊领导并亲自参加了反对日、英帝国主义和反对军阀张作霖、吴佩孚的斗争。在极端危险和困难的情况下,他继续领导党的北方组织坚持革命斗争; 1927年4月28日,受奉系军阀张作霖的迫害,李大钊于北京从容就义		
名言名句	昨天唤不回来,明天还不确实,你能确有把握的就是今天		
推荐理由（60字左右）	李大钊是中国共产主义运动的先驱和最早的马克思主义者,是中国共产党的主要创始人之一。他具有坚定的革命信仰和面对强敌大无畏的精神,令人敬佩		
相关书籍与电视剧	《李大钊传》(朱志敏) 电视剧《觉醒年代》《革命者》		

表 1-3-4 "司马迁"推荐表

英雄姓名	司马迁	所处历史时期（生卒年）	前145—前187
生平事迹（300字左右）	司马迁,字子长,西汉左冯翊夏阳(今陕西韩城市)人,西汉史学家、文学家。司马谈之子,任太史令,因替李陵败降之事辩解而受宫刑,后任中书令。发愤继续完成所著史籍,被后世尊称为"史迁""太史公""历史之父"; 司马迁早年受学于孔安国、董仲舒,漫游各地,了解风俗,采集传闻。初任郎中,奉使西南。元封三年(前108)任太史令,继承父业,著述历史。他以其"究天人之际,通古今之变,成一家之言"的史识创作了中国第一部纪传体通史《史记》; 《史记》被公认为是中国史书的典范。该书记载了从上古传说中的黄帝时期,到汉武帝元狩元年,长达三千多年的历史,是"二十五史之首",被鲁迅誉为"史家之绝唱,无韵之离骚"		
名言名句	人固有一死,或重于泰山,或轻于鸿毛		
推荐理由（60字左右）	司马迁作为封建社会的史官,不顾个人荣辱,有极强的使命感和责任感,刚正不阿,不畏强权,能秉笔直书,值得后来人学习		
相关书籍	《汉书》之《司马迁传》(班固) 《司马迁传》(李长之)		

（三）任务三：确定推荐形式，并动手制作（2 课时）

1. 学习目标

（1）学会简单制作 3—4 张幻灯片和小报、书签。

（2）在小组内学会互相分享与帮助。

2. 核心问题

如何制作 PPT，并结合 PPT 推荐历史英雄？

3. 项目进程

环节一：小组合作，商讨推荐形式

张艺谋导演用电影向我们展示了他心目中的爱国名将——岳飞。那么作为学生，你打算怎么将你们组心目中的历史英雄以喜闻乐见的方式推荐给大家呢？通过课堂演讲、小报、书签、校园广播等形式，汇总小组讨论成果。

环节二：组内合作，制作 PPT

制作幻灯片可以增加历史知识的趣味性和英雄人物及史实的生动性，从视觉上加深学生的印象。教师以林则徐为例，自制幻灯片展示。学生可以参考教师样本进行制作，当然更鼓励创新。为提高效率，本环节与信息技术课进行合作，学生根据推荐表内容在课堂上小组合作制作 PPT。

环节三：手工制作，扩大展示面

课堂的演讲主要以本班同学为主。为了向更多人展示我们的学习成果，学生以小组为单位，自制英雄人物小报及书签，要求兼具知识性和美观性。

4. 阶段性成果

大量个性化、精美的小报和书签，使抽象的历史英雄跃然纸上，增加了学习的趣味性，也为后一阶段的分享提供了素材。

图 1-3-3　历史人物小报

图 1-3-4　历史人物书签

(四)任务四:课内课外,展示成果(1课时)

1. 学习目标

(1)结合 PPT 展示成果,锻炼上台表达的勇气与能力。
(2)通过小报、书签展,向更多人展示学习成果。

2. 核心问题

如何在课堂上有效展示成果?

3. 项目进程

环节一:PPT 演示,与同学分享成果

每组推选一名同学上台,分享自己小组推荐的历史人物,限时 4 分钟。班主任、历史老师和语文老师组成评委团进行打分。

环节二:小报、书签展示,成果惠及更多人

历史老师、美术老师、语文老师组成评委,对每组的小报和书签进行评分,选出优秀作品,在校内集中展示,让全校师生了解更多的历史英雄,展示我们的活动成果。此外,还与校广播站联系,在校园广播中增加历史英雄推荐栏目,向全校师生广播我们的学习成果。

4. 阶段性成果

本次项目化学习的成果通过课内和课外、有声和无声的方式进行分享。学生从学习者转变为传播者,让更多人了解历史英雄、传承英雄精神,从而使家国情怀这一核心素养落地生根。

图 1-3-5　课堂展示

图 1-3-6　校园成果展

四、项目评价

本次项目化学习始终以小组为单位展开，因此评价也是以小组为单位的，结合自评与他评，贯穿整个过程，力求公正、客观、全面。

表 1-3-5　项目过程性评价量表

评价指标				评价等级		
一级指标	二级指标			自评	组间互评	教师评价
	☆	☆☆	☆☆☆			
表格填写	人物真实存在；有提到与人物相关的重大史实，且字数符合要求；"推荐理由"字数符合要求	人物真实存在，与之相关的史实基本描述完整，且字数符合要求；"推荐理由"能表达自己对人物的看法	历史英雄及史实真实存在；史实描述精准、文字精炼且字数符合要求；"推荐理由"真情实感，有自己的观点，符合主流价值观	☆☆☆	☆☆☆	☆☆☆
小组讨论	能全员参与小组讨论	能全员参与小组讨论，并能为小组出一份力	全程全员积极参与，能主动帮助他人，团队意识强	☆☆☆	☆☆☆	☆☆☆
成果展示 课堂展示	课件基本能涵盖人物主要信息；能在规定时间内展示	课件能完整涵盖人物主要信息，有一定的美观性；演讲较流利，时间控制较好	课件美观简洁、人物信息完整；演讲自然流畅、有感情，能吸引人，时间把控合理	☆☆☆	☆☆☆	☆☆☆
成果展示 手工制作	能全员参与；组内有分工；有小报和书签出品	能全员参与；组内有分工有合作；小报和书签较美观	全员参与；分工明确，能互相帮助；小报和书签图文并茂，人物关键信息突出，美观	☆☆☆	☆☆☆	☆☆☆

五、项目反思

(一)学生学而有思

在七年级学生刚刚接触历史这门学科的时候开展这次活动,一方面,从学生综合素质来说,锻炼了学生的小组合作能力和同伴学习能力,使学生初步掌握制作 PPT 和小报的技巧,使学生的胆量提高、语言表达能力增强;另一方面,从历史学科学习来说,有利于增强学生对历史学习的兴趣,引导学生阅读历史书籍,拓展课堂教学的深度和广度,也有利于培养学生的历史思维,使历史课程的核心素养真正落地开花。

(二)教师教有所思

《义务教育历史课程标准(2022 年版)》指出:"历史课程的教学以学生为本,充分考虑学生学习历史、认识历史的特点,通过学生自主探究的学习活动,体现学生在教学中的主体地位,实现历史课程育人方式的变革。"通过这次项目化学习,在与同伴合作与思维碰撞的过程中,学生意识到历史学习的严谨性,在潜移默化中习得方法,使核心素养落地。因此,教师以后应从转变教与学的方式入手,提高学生的学习主动性,那么无论是知识的掌握还是方法的习得,都会很深刻。同时在浩瀚的历史长河中有太多的历史事实,喜欢的人学起来津津有味,不喜欢的人学起来会很痛苦。而从学生的已知出发是一个很好的切入点,由点(历史人物)到面(历史史实),能帮助学生更形象地感知历史,提高对历史学习的兴趣。

(三)项目留有遗憾

以小组为单位开展学习,本意上是发挥同伴表率作用,带动后进的同学,但事实上组内活跃度和学生参与度参差不齐。部分同学明显比较被动,有"大树底下好乘凉"的感觉。因此,如何调动所有同学的积极性,使学生的学习能力在原有基础上上一个台阶,是以后要进一步思考的问题。同时,受电视、网络等媒体的影响,学生对于历史英雄的认知过于刻板化、流于表面。后续可以在寒暑假组织学生阅读人物传记、开展读书会等,继续深化学生对历史人物的认识。

六、专家点评

《义务教育历史课程标准(2022 年版)》要求学生"了解中国历史上的英雄人物,崇尚英雄气概,传承民族气节"。本项目正是基于课标要求而设计的。在项目实践过程中,学生拓展了历史学科知识,学会了如何在资料中查找英雄人物,如何判定英雄人物,如何介绍英雄人物的事迹。学生的史料实证、历史解释等历史学科核心素养得到培育,还进一步提升了历史思维能力。同时正确的价值观得到无声的浸润,也丰富了学科课程资源,充分发挥了榜样的人生领航员作用。

(德清县教育研训中心 吴 磊)

第二章

守护遗存　留住根脉

"镜"里千秋,"照"映古今

湖州市第四中学教育集团　邵佳欢

一、项目简介

如何梳理人类历史演进的基本脉络,认识历史发展的基本趋势,认同统一始终是中华民族历史发展的主流? 这是历史与社会教学关键问题之一,也是增强学生对国家认同感的重要环节。本项目涉及历史、美术、道德与法治、地理等多个学科,以小物件为载体,聚焦具体化的实际问题,依托开放性的探究活动,在既利用教学课本,又结合乡土资源的探究过程中解决实际问题,通过制作湖州铜镜这一小物件,映照宋代的时代特征,培养学生的唯物史观,提升学生的协作能力,引导学生感受中华民族多元一体的历史源流和中国历史发展的统一趋势,增强学生对国家的认同感、归属感和自豪感。

项目时长:8 课时

适用年级:七年级

二、项目规划

(一)驱动性问题

学生参观湖州博物馆时发现,早在汉代湖州就有铸镜,到宋代时,湖州一跃而起,成为全国的铸镜中心。我们如何制作湖州铜镜,映照两宋时代特征?

(二)核心概念

学科概念:统一是历史发展的主流、史论结合。
跨学科概念:数据搜集与整理、绘画实践。

(三)学习目标

表 2-1-1 学习目标与核心素养

学科	学科目标	核心素养
历史	通过问题驱动,在搜集资料的过程中形成高阶思维和唯物史观	唯物史观
	通过材料分析,深入挖掘宋代湖州铜镜发展背后的社会危机,学会史料实证的方法,在思辨中提升综合思维	历史解释 史料实证
	用史料证实统一是历史发展的主流,深切感悟中华民族强大的凝聚力与向心力,提升对家乡、对国家的认同感	时空观念 家国情怀
道德与法治	体会中华文化的源远流长和博大精深,具备强烈的中华民族自豪感	文化自信
地理	通过观察、比较、分析等,认识地理事物及时空变化特点,初步形成从综合地理的视角看待问题和分析问题的意识和能力	综合思维
美术	在制作铜镜的过程中通过图文发现美、表现美,具备健康的审美意识和正确的审美观念	审美判断 创意实践

(四)学情分析

七年级的学生处于小学升入初中的适应阶段,在自我意识增强的过程中敢于质疑,大胆提问,求知欲、表现欲与创造力不断增强,对动手实践等操作性强的活动充满兴趣与热情,但学习上有畏难情绪,学习方法相对欠缺,学以致用的能力明显不足,对待问题的持久度与专注力也不够,需要老师及时指导。

（五）学习地图

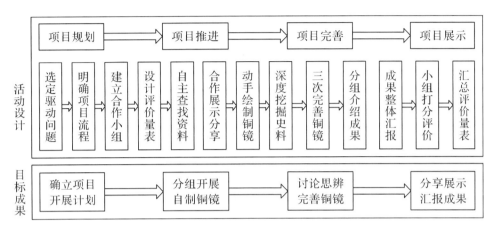

图 2-1-1 "'镜'里千秋，'照'映古今"项目化学习设计框架

三、项目实施

本项目立足课程标准，基于教学重点，结合学生情况，以制作湖州铜镜为切入点，围绕实际问题，开展实践教学。具体实施方案如下：

（一）任务一：小物件里寻历史——参观湖州博物馆（1 课时）

1.学习目标

通过参观博物馆，在真实的场景中提出问题，实现沉浸式学习，激发兴趣。

2.核心问题

我们如何制作湖州铜镜，映照两宋时代特征？

3.项目进程

走进湖州博物馆，找寻与湖州有关的历史足迹。

4.阶段性成果

具体参观活动可扫描右侧二维码观看。

图 2-1-2 参观湖州博物馆

(二)任务二:探究宋代湖州发展铜镜的条件(2课时)

1.学习目标

寻找两宋时代特征:通过小组合作,在信息分享、讨论交流的过程中,领会史料实证策略。不同的小组既有内容上的共识,又有思维上的碰撞,在探究中不断提升历史素养。

2.核心问题

初中阶段的历史学习,曾有哪些地方提到过铜镜? 中国古代铜镜的发展需要哪些有利条件? 两宋时期的湖州是否具备这些条件?

3.项目进程

环节一:寻找历史课本中铜镜出现的踪影

翻阅课本,寻找历史课曾学过的与铜镜相关的内容。

图 2-1-3　宋代蹴鞠铜镜　　　　图 2-1-4　东晋顾恺之《女史箴图》

环节二:探究宋代湖州铜镜发展的条件

各小组围绕各自的主题,查找大量资料,整理讨论,汇报交流,资料汇总后全班共享。

图 2-1-5　学生交流展示

4. 阶段性成果

各小组分别从不同角度整理资料，制作课件后进行初步介绍与分享。

图 2-1-6　学生初步整理汇总

(三)任务三：绘制映照宋代时代特征的铜镜(2 课时)

1. 学习目标

动手绘制湖州铜镜，培养动手实践能力，实现理论和实践的有效结合。

2. 核心问题

如何绘制铜镜？什么样的图案跟铭文才能映照两宋时期的社会特征？

3. 项目进程

小组合作，设计并绘制湖州铜镜。

4. 阶段性成果

评价成果不仅仅关注学生画出的铜镜美观与否，更重要的是在这个过程中学生综合能力是否提升。因此本环节的项目化成果由"无形成果"和"有形成果"两部分组成。

一是看不见的"无形成果"，即过程性成果，主要指向学生在搜集资料、合作探究、动手实践过程中形成的团队协作能力和责任意识。（具体可扫描右侧二维码，观看视频）

图 2-1-7　学生制作铜镜

二是看得见的"有形成果"，即结果性成果，主要指向学生亲手绘制的能够体现两宋时期社会基本特征的铜镜，以及最后的展示过程中的汇报情况。

图 2-1-8　学生交流展示

（四）任务四：认同统一是中国历史发展主流（2 课时）

1. 学习目标

（1）掌握史料实证的学习方法。

（2）切身感受并认同古代中国虽有过政权分立，但统一始终是历史发展的主流。

2. 核心问题

宋代湖州铜镜发展背后的社会危机有哪些？宋代以后铜镜发展情况如何？

3. 项目进程

环节一：深入剖析

通过对不同材料的不同解读，深入分析两宋时期的社会危机。

> "毁一钱则有十余钱之获，小人嗜利十倍，何所顾藉。"
> ——南宋庆元二年八月二十七日臣僚言（《宋会要辑稿·刑法》二之一二七）

学生错误解读：当时制作铜镜的利润很高，促使很多人愿意从事铸铜业。

教师正确引导：对铜镜的绘制依托对史料的搜集和解读，对史料解读角度的差异会直接影响对两宋社会特征的客观认识，引导学生深度思考以下内容：

（1）这段材料出自哪里？

（2）这个出处说明了什么？这种通过融化铜钱铸成铜镜的做法在当时会有什么后果？

（3）老百姓疯狂逐利的背后，原因究竟是什么呢？

（4）为什么铜矿资源会变少？

虽然中国国土面积很大，但是拥有铜矿资源的地区却是少之又少，而可以采用、勘测到的铜更是少得可怜。材料中通过融化铜钱铸成铜镜的做法出现的时间是在南宋时期。对比课本两张北宋与南宋时期的社会形势图可以发现，从北宋到南宋，疆域版图明显减小，湖州也许就会变得难以调度很多北方地区的铜矿资源，以致铸镜的原材料不够用。

宋代虽然出现了纸币,但是最主要的货币形式依旧是铜钱。在战争议和的过程中,岁币的开支需要铜钱;军队里庞大的军费开支也需要铜钱。对铜的需求量越来越大,获取的难度也逐渐增加。所以在这种情况下,宋朝政府被逼无奈,颁布法令,严禁民间铸铜,把民间所有的铜都给收缴起来,统一到官府铸钱。当时颁布了严厉的刑法,叫作"铜禁",触犯到这条法律的人,一般都要受到很大的责罚,甚至是杀头。

两宋时期,湖州铜镜看似发展得很好。其实连年的战争、政权并立也带来了一系列不良影响,阻碍了铜镜长远的发展。这样的危机不仅仅表现在手工业上,还表现在社会的很多方面。

环节二:二度思考

教师引导学生从书本中寻找并解读宋代社会危机的具体表现,全面辩证地认识宋代湖州铜镜发展背后的时代特征。

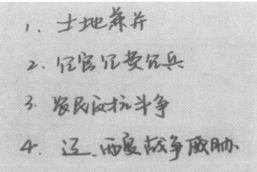

图 2-1-9　学生思考两宋时期的社会危机

环节三:大胆猜测

宋代,政权并立下的社会危机重重。据历史记载,从北宋发展到南宋,这三百多年时间里,一共发生过四百多场农民起义,社会上矛盾重重。如果你是当时社会里一名普通的老百姓,你最渴望看到的是什么?宋代以后的元明清时期,湖州铜镜的发展态势又如何?

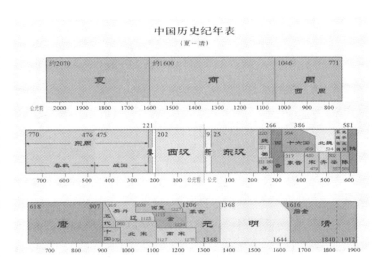

图 2-1-10　中国历史纪年表

环节四：史料论证

清乾隆时期，薛惠公所铸御镜作为贡品进贡给朝廷。嘉庆十九年（1814），皇帝禁止贡献的谕旨中道："浙江岁进嘉炉、湖镜……相沿已久，历年所积，宫中存贮者甚多。"历史再一次向我们证实，统一有利于社会经济的发展，是民心所向，是历史发展的主流。

环节五：修改铜镜

对宋代时代特征有了进一步认识后，学生再次修改铜镜。

4. 阶段性成果

学生在小组合作中全面认识铜镜发展背后的故事，在潜移默化中提升透过现象看本质的能力，进而不断修改绘制能够全面准确反映宋代历史特征的铜镜。

图 2-1-11　学生修改铜镜

（五）任务五：小铜镜里看宋代——分享自制湖州镜（1 课时）

1. 学习目标

小组展示自己修改后的铜镜，配以讲解，谈谈小组设计的内容与理念、亮点等。

2. 核心问题

如何从铜镜中反映宋代时代特征？

3. 项目进程

（1）汇报展示。结合图文并茂的 PPT，全面讲解自己设计的铜镜是如何映照宋代时代特征的。

（2）交流反思。各个小组之间互动交流，反思自己的项目成果。

4.阶段性成果

学生以小组为单位完善铜镜并积极展示,每组的讲解员介绍铜镜的图案与铭文,以及设计理念与亮点所在。最后各小组互评,根据评分高低选出"最佳铜镜"。

图 2-1-12 成果展示汇报

四、项目评价

本项目多角度、深层次评价学生的探究过程与学习成果,通过小结与点评,努力落实每个环节,实现多元评价,将具体的评价量表置于实践活动开始之前,让学习任务一目了然。学生明确学习方向,进而能够及时有效地发现问题、探究问题、解决问题。

表 2-1-2 项目过程性评价量表

评价项目		评价指标	评价结果		
			自评	互评	师评
过程性评价	协作	☆☆☆:全员参与,活动过程中相互配合,互帮互助 ☆☆:认真工作,但职责模糊,合作效率低 ☆:分工不明,部分同学仅旁听,协作精神不足			
	思考	☆☆☆:独立思考,对史料分析、解释、推理到位 ☆☆:对史料的分析、解释、推理等较为合理 ☆:不善于独立思考,史料分析、解释等比较欠缺			
	沟通	☆☆☆:组员积极提出建议,有选择性接受、改进设计 ☆☆:组员之间有交流,但缺少对他人建议的思考 ☆:组员之间没有或者缺少沟通			

表 2-1-3　项目终结性评价量表

评价项目		评价指标	评价结果		
			自评	互评	师评
终结性评价	绘制内容	☆☆☆:图文并茂,排版有序,制作精美 ☆☆:布局较为合理,配图简单 ☆:欠缺整体性、美观性			
	文字介绍	☆☆☆:有创新性,紧贴主题,梳理清晰 ☆☆:贴合主题,但内容不够充实 ☆:偏离主题,文字内容过于简单			
	展示过程	☆☆☆:创意展示,流程完整,表达清晰,仪态大方 ☆☆:积极展示,但形式简单,语言表达欠缺流畅度 ☆:未完整展示,解说词内容欠缺,逻辑模糊			

五、项目反思

(一)驱动问题的确定

在项目化学习实践过程中,重点不是"解决问题",而是"通过解决问题"实现能力的提升;重点不是引导学生掌握新的知识点,而是鼓励学生综合运用以前学过的内容,分析解决现有的实际难题。因此驱动性问题的设计要尽可能满足学生的发展需要,才能更好地激发学生的学习兴趣。大部分学生对我国古代历史的发展有一定的了解,能够掌握单一的史实,但是缺乏透过现象看本质、透过史料挖史实等深层次的问题剖析能力,对史实之间的架构和迁移能力也有所欠缺。本项目的驱动性问题使学生能够结合乡土、联系所学,促进有意义的学习真实发生,让核心素养真正落到实处。

(二)史实材料的选择

培养学生的历史意识必须基于历史事实。任何脱离史实的历史理解、历史评价都将是空中楼阁。但与之相矛盾的是,学生理解水平与课堂教学时间的局限性使教师无法在课堂上呈现大量的史实资料。因此教师在教学过程中要精选学习材料,呈现给学生的材料应该精简化,具有代表性、典型性。

(三)学生探究的指导

对于学生而言,学习不应该仅仅只是抬起头来听老师讲知识,或是趴在桌上自己写作业,更多的应该是参与实实在在的动手实践活动,从而将课程标准真正落在实处。本项目化学习的过程中注重合作探究,教师要学会尊重学生之间的差异性,学会多维度、全方位地看待学生,在活动中应该以引导者的身份,多鼓励、多夸奖,帮助学生更好地展示自己,激发学生的参与精神,这样才真正有利于学生的终身发展。

六、专家点评

"双减"背景下,素质教育、素养教育受到更多大众的关注,将博物馆资源与学校教育有效结合,能够激发学生的学习兴趣,同时也是提高学生综合素养的有效途径之一。本案例以"湖州铜镜"为切入点,指导学生利用环境资源自主查找资料、进行深度学习,进而将学习素养转化为持续的学习实践,让学生成为问题的解决者和意义的构建者,潜移默化中使学生在价值观上认同统一始终是中华民族历史发展的主流,有效推动驱动性问题的解决。

(湖州市教育科学研究中心 费为群)

左图右史,画中有话

湖州市行知中学　赵莉英

一、项目简介

　　《义务教育历史课程标准(2022 年版)》的课程理念阐述中,着重指出要"立足学生核心素养发展,充分发挥历史课程的育人功能"。历史图片能直观、形象地重现历史情景和历史事物,让学生感受到历史的发展轨迹,实现"一图胜千言"。本项目基于七年级《中国历史》中相关学习内容,展开图说历史宏观建构,探究不同朝代的人、物、事、时代特色。根据组内异质、组间同质、男女搭配的原则,学生分成六个研究小组,对应隋、唐、宋、元、明、清六个朝代。学生在老师的指导下展开自主、合作、探究学习,以自己制作的图画为学习载体,探究图画背后的历史信息,提升学科核心素养。

　　项目时长: 8 课时

　　适用年级: 七年级

二、项目规划

(一)驱动性问题

　　不同朝代中的典型器物、风云人物、经典故事、时代特色在特定的历史长河中留下了印迹。我们如何以图画为载体,基于绘制展开图说历史的探究呢?

（二）核心概念

学科概念：图说历史、评价历史人物、剖析朝代特色。
跨学科概念：书签制作、海报绘制、历史漫画绘制、历史剧本撰写、思维导图绘制。

（三）学习目标

表 2-2-1　学习目标与核心素养

主要学科	学习目标	核心素养
中国历史	绘制有历史韵味的书签、漫画、海报、思维导图，激发学习历史的兴趣，提升用图画来剖析历史事件和历史人物的能力	历史意识
	图说历史，能够客观叙述和分析历史，有理有据地表达自己的看法，形成自己的历史认识	唯物史观 史料实证
	团队合作展开小组学习，提升团体意识和团队合作能力	语言表达 社交能力

（四）学情分析

1. 七年级学生渴望在新的环境中获得新的知识，对新的科目历史有一种新奇感，但也会出现畏难情绪。图说历史的项目化学习方式，符合该学段学生的年龄特点，可以激发其学习历史的兴趣。

2. 七年级的学生已经具备了一定的自主、合作探究能力，并能通过网络、书籍等载体查找相关的资料，助力项目化活动的开展。

3. 通过前期阶段的学习，学生对历史知识、技能、素养有着一定的掌握，但是对一些历史事件、人物、朝代的认识还存在不够深入和不够全面的问题，需要通过项目化学习，进一步提高历史素养。

（五）学习地图

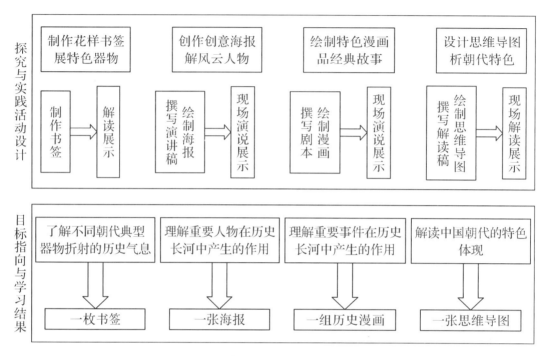

图 2-2-1 "左图右史，画中有话"项目化学习设计框架

三、项目实施

（一）任务一：制作花样书签，展特色器物（2 课时）

1. 学习目标

（1）了解不同朝代中的典型器物。

（2）学会以绘制图画的形式进行创意书签设计，并能对其进行解读。

2. 核心问题

你认为哪个器物是你们小组所探究朝代的典型代表呢？请你基于绘制的图画制作书签并进行解读。

3. 项目进程

环节一：自主探究，制作创意书签

六个小组分别对应隋、唐、宋、元、明、清六个朝代，小组成员自主研读历史材料，确定代表该朝代的典型器物。学生根据老师提供的书签制作参考样式,自主上网查阅相关书签的制作流程,以图画为基础制作创意书签。

环节二:文字解读,组内交流完善

查阅相关史料,为自己制作的代表该朝代的典型器物的书签撰写解说词,并在组内进行交流。组内成员给出修改建议,完善书签和解说词,提高项目化成果的质量。

环节三:图说器物,班级分享展示

学生通过移动终端提交自己制作的花样书签,被随机抽取到的同学现场解说,没有被抽取到的同学通过移动终端将作品提交在班级空间,大家点赞评价。

解说词

清朝时期的陶瓷文化可谓登峰造极。清代景德镇瓷业在全国居首位。数千年的经验,加上景德镇的天然原料、督陶官的管理,清朝初年的康熙、雍正、乾隆三代,因政治安定,经济繁荣,皇帝重视,瓷器的成就也非常卓越。皇帝的爱好与提倡,使得清朝的瓷器制作技术高超,装饰精细华美,成就不凡,是悠久的中国陶瓷史上最光耀灿烂的一页。

图 2-2-2　学生展示

4. 阶段性成果

学生在教师的指导下,动手制作了彰显不同朝代特色的的典型器物书签;在小组交流、公开展示的过程中,对历史书签的制作和内涵有了更为深入和全面的认识。

图 2-2-3 学生以不同朝代中的典型器物为原型创作的书签(部分)

(二)任务二:制作创意海报,解风云人物(2课时)

1.学习目标

(1)了解不同朝代中的典型人物。

(2)绘制海报并能撰写演讲稿,展开历史人物微演讲。

2.核心问题

在小组所探究的朝代中,谁是你心目中的典型人物?请你为其设计并绘制创意海报,为其撰写演讲文稿并进行微演讲。

3.项目进程

环节一:小组合作,绘制人物海报

组内合作,查阅相关历史资料,确定代表该朝代的典型人物。结合老师提供的海报制作建议,以及网上查阅到的制作方法,组内成员进行分工,查阅图片资料和文字资料进行海报设计。组内擅长绘画的同学展开人物绘制,擅长书写的同学负责海报上的文字书写。

环节二:撰写文稿,组内打磨完善

组内成员查阅相关历史资料,了解典型人物的主要事迹,展开以典型人物为主题的演讲稿的撰写,小组不断打磨完善。组内推选演讲者,并在组内试讲,小组成员从表情、动作、语言等维度提出建议,不断优化。

环节三:展示海报,现场演讲交流

小组代表展示海报,并进行海报创意解读,之后进行以不同朝代典型人物为主题的现场演讲。

> **演讲脚本（节选）**
>
> 　　林则徐是我国晚清历史上一颗闪耀的明星,更是挽救中国于水火之中的民族英雄。是他,打击了外国侵略者的嚣张气焰。
>
> 　　……
>
> 　　虎门销烟是中国人民禁烟斗争的伟大胜利,林则徐也因此受到了人民的尊敬。"苟利国家生死以,岂因祸福避趋之",这是他一生爱国的写照。

4.阶段性成果

　　学生在合作学习中各展所长,通力合作,绘制了不同朝代的历史人物创意海报,并结合海报,以演讲的形式对历史风云人物的典型事迹进行深入的解读。

图 2-2-4　学生选取不同朝代中的典型人物制作的创意海报(部分)

(三)任务三:绘制特色漫画,品经典故事(2 课时)

1.学习目标

(1)了解不同朝代中的典型事件。

(2)绘制各个朝代典型历史事件的漫画,并以历史情景剧的形式进行现场演绎。

2.核心问题

　　小组探究的王朝中哪一历史事件给你留下了深刻的印象?请你用漫画的形式把它呈现出来,撰写剧本展开编排和演绎。

3. 项目进程

环节一:群策群力,完成漫画创作

小组合作,查阅相关历史资料,确定典型历史事件。在老师的指导下,结合上网查阅的漫画绘制要领,展开漫画的设计。定稿后,组内擅长绘画的同学负责绘制漫画,擅长书写的同学负责书写文字。

环节二:撰写剧本,角色扮演排练

根据创作的历史事件漫画进行历史剧剧本的撰写,初稿完成后组内不断打磨,最后形成定稿。组内进行角色的分工、台词的打磨,利用课余时间进行彩排,并不断完善,形成高质量的历史情景剧。

环节三:展示漫画,现场剧本演绎

小组代表通过情景剧的形式对创作的漫画进行现场演绎。

图 2-2-5　学生展示

剧本(节选)

地点——皇殿　皇帝——神宗朱翊钧　宰相——张居正

太监:启奏皇上,北方有三省通报干旱,请皇上指示。

皇帝:朕愿择吉日领众官上天坛祭雨。(太监点头,稍鞠躬,退出)(讲台灯关)

太监:请听旨,(顿一下)上欲领众官上天坛祭雨,宣天坛处,择吉日,定于万历九年七月……(被打断)

皇帝:(讲台灯亮)不,即刻就行!今日是吉日,怕什么?(前两排灯熄,皇帝领众人绕教室一圈)

旁白:这是皇帝第一次祭雨,也是最后一次。曾娇生惯养的皇帝撑着走完了近二十里,却未喊过累……

4.阶段性成果

学生通过小组合作学习,创作了以不同朝代典型历史事件为内容的漫画作品,经过不断打磨,又创作了历史情景剧。学生在绘制、演绎的过程中品味经典历史故事。

图 2-2-6　学生绘制的历史漫画(部分)

(四)任务四:设计思维导图,析朝代特色(2课时)

1.学习目标

(1)了解不同朝代的特色。
(2)通过思维导图的形式建构和厘清朝代特色的表现及形成原因。

2.核心问题

你知道小组所探究朝代的特色吗?请你绘制相关思维导图进行解读。

3.项目进程

环节一:查阅资料,绘制思维导图

组内合作查阅资料,确定小组所探究朝代的特色。从朝代特色的表现和原因两个维度进行知识的梳理。根据老师推送的思维导图样式和思维导图绘制的相关指导,再自主上网查阅相关资料并绘制思维导图。

环节二:组内完善,厘清因果关系

进一步梳理好朝代特色的表现及特色产生的原因,运用相关串词,形成剖析朝代特色的文字稿,组内不断打磨完善。推选在班级分享的现场解说人,进行组内试讲,组内成员提出完善建议,提升现场展示的质量。

环节三:现场展示,剖析朝代特色

小组代表展示项目化成果——思维导图,并结合图片剖析朝代特色。

图 2-2-7 学生展示剖析朝代特色的思维导图

文稿脚本（节选）

明朝时期，经济开始兴盛起来，在对外关系上又书写了壮丽的篇章。

明朝在对外关系上最著名的两件事，一是郑和下西洋，二是戚继光抗倭。这两个历史人物创造的丰功伟业，对明朝及后世都产生了深远的影响。郑和下西洋的事件流传至今，在当时的社会中能够有这样的勇士是不可多得的，在陌生海域上航行是需要很大勇气的……

---

4. 阶段性成果

学生通过小组合作学习，绘制了聚焦朝代特色的思维导图。

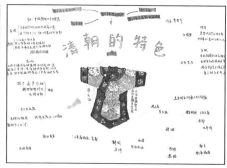

图 2-2-8 学生绘制的剖析朝代特色的思维导图（部分）

四、项目评价

本次活动评价聚焦过程性评价和结果性评价两大维度，以自己、同学、教师为评价主体,展开多元化、多维度的量化精准评价,激发学生的学习热情,增强学生的项目化学习体验。

表 2-2-2 项目评价量表

评价项目		评价指标	评价等级				评价结果		
			A	B	C	D	自我	同学	教师
过程性评价	人际交往	①认真倾听他人观点,不打断他人;②友善表达自己的观点,让他人愿意接受;③在组内承担组员或组长的角色,积极参与讨论,认真完成组内任务							
	过程资料	①解读文字、图画材料内容完整;②剧本等脚本详细具体,包含动作等设计;③有修改痕迹							
结果性评价	图稿	①图画精美、聚焦主题;②朝代特色鲜明,具有典型性;③能彰显不同图画类型的特点							
	解读表达	①手势、姿态等肢体语言自然;②演绎自然,状态投入;③解读深入,能透过现象看本质							
综合评价									
提升建议									

注:评价等级分 A、B、C、D 四级。各等级指标分别为:A.达成三项指标;B.达成两项指标;C.仅达成一项指标;D.未达标。

五、项目反思

(一)整合设计,宏观架构

在整个项目化学习的推进过程中,只有教师是主导,才能宏观把握系统设计。本项目化设计遵循历史学习的认知规律,按照朝代进行科学分组,落实历史器物、历史人物、历史事件、朝代特色等多维度宏观架构。整个项目推进下来,实现了从知识到能力再到素养的层层深入和有效落地。

(二)微观演绎,聚焦素养

在运用情景剧、微演讲等形式展开探究时,通过对情景剧脚本、宣讲稿的打磨,引导学生对历史事件和历史人物形成自己的认识,并引导学生全面辩证地评价历史人物,注重论从史出、史论结合。在微观演绎的过程中聚焦唯物史观、时空观念、史料实证、历史解释、家国情怀等学科核心素养。

(三)图片解析,挖掘深度

在项目化探究过程中,图片只是学习历史的载体,需要学生对图片进行深入剖析,解读图片背后蕴含的历史信息。如在花样书签图说展示环节,有的同学制作的书签很精美,但是解读剖析不够深入,不能说明该器物体现的时代特色及其在历史长河中的地位和价值,需要学生对图片进行深入剖析。

(四)情景表演,把控节奏

项目化探究成果展示中,学生为了更好地展示历史漫画,通过历史剧现场演绎的方式进行解读。为了展示最佳效果,小组同学认真撰写了历史剧本,并进行了彩排,但是个别历史情景剧存在情节拖沓的现象,还是要注重对剧本的精细打磨,把握好节奏,如有必要,可以增加道具,提升现场的氛围感。

六、专家点评

通过四个支架,建构项目化学习的框架。本项目化案例从制作花样书签展特色器物、制作创意海报解风云人物、绘制特色漫画品经典故事、设计思维导图析朝代特色四个子项目展开,四个支架宏观建构。

通过历史图画,绘制项目化学习的画面。整个项目化案例以学生自己绘制的历史图画为载体,将学生置于一个妙不可言的画面中。在项目化成果展示中,精致美观的手绘书签、特色鲜明的人物海报、画工精湛的历史漫画、历史气息浓郁的思维导图都让大家眼前一亮,使得整个项目化学习美感十足。

通过探究学习,凸显项目化学习的主体。围绕真实情境和具体问题来设计系列项目化活动,学生在任务的驱动下展开积极有效的自主、合作、探究学习。突出了学生在项目化学习中的主体地位,体现了以学为中心的理念,让学习在真实情境中、在具体活动中悄然发生。

(湖州市教育科学研究中心　费为群)

探寻武康遗存，留住新城"乡愁"

德清县第二中学　周文珠

一、项目简介

武康镇已有1791年历史，在漫长的历史长河中造就了人文荟萃。然而岁月沧桑，能见证武康历史的遗存越来越少，城镇现代化建设与文物保护又成了人们热议的话题。本项目涉及中国历史、人文地理、道德与法治、语文、信息技术等学科，主要通过查阅文献、实地考察、访问他人、制作文创产品（课件、调查报告、倡议书）等活动，使学生多角度了解武康旧城改造与古迹的留存。引领学生感受城市现代化建设与传统文化的有机融合，增强文化传承的责任感和使命感。

项目时长：6课时

适用年级：七年级

二、项目规划

(一)驱动性问题

针对当前见证武康历史的遗存越来越少的现状，我们如何为旧城改造下的文物保护撰写一份倡议书？

(二)核心概念

学科概念：文物古迹、历史遗存、文化自信。

跨学科概念：数据搜集与整理、社会调查、采访技巧、调查报告、倡议书。

(三)学习目标

表 2-3-1　学习目标与核心素养

主要学科	学习目标	核心素养
中国历史	明白史料是了解历史的桥梁，了解史料的多种类型，掌握搜集史料的途径和方法；能够通过对史料的辨析，判断史料的价值，以实证精神对待历史与现实的问题	历史意识 史料实证
	能运用实地考察、访谈等社会调查方法，开展历史研究；小组合作完成成果，最终形成调查报告和倡议书	社会实践 公民参与
	通过项目化学习，探寻见证武康历史的遗存，厚植家国情怀	家国情怀
人文地理	了解城市建设要坚持人地和谐共生的理念，形成绿色发展观念，增强社会责任感	人地协调观
	了解文物古迹中蕴含的人类智慧，通过实地调查，感悟人地关系	地理实践力

(四)学情分析

七年级《中国历史》第一单元就学习了"中国境内早期人类与文明的起源"。在这个单元中，学生就已接触了历史遗迹对了解历史的重要意义，初步具备了历史思维和史料实证、史论结合等核心素养。通过前阶段的学习，学生已经具有互助合作的经验和基本的信息筛选能力，有利于合作探究和前期的资料搜集，以及最终的项目成果展示。

（五）学习地图

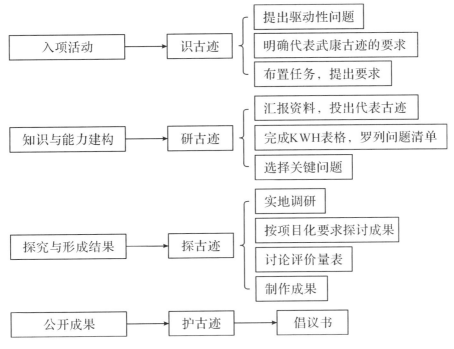

图 2-3-1 "探寻武康遗存,留住新城'乡愁'"项目化学习设计框架

三、项目实施

（一）任务一:识古迹,了解文化基因(1课时)

1.学习目标

(1)古迹是城市历史的重要见证,城西是武康的老城区。了解武康的历史,以及旧城改造对古迹的影响。

(2)了解武康有代表性的历史古迹:古寺、古桥、古井等。在搜寻资料的过程中感受到身边的古迹有如此多,产生探索的兴趣。

2.核心问题

如何搜集资料? 见证武康历史的古迹有哪些?

3.项目进程

环节一:问题驱动,激发探索兴趣

针对当前见证武康历史的遗存越来越少的现状,我们如何为旧城改造下的文物保护撰写一份打动人心的倡议书?

环节二:头脑风暴,明确古迹代表

学生经过头脑风暴,确定能够见证武康历史古迹的指标:(1)古迹的历史悠久;(2)历史文献中有记载;(3)蕴含独特的武康文化底蕴。

环节三:搜集资料,完成整合信息

老师发动班级学生利用网络查询武康文史资料,去图书馆搜集可以了解武康历史的文本资源,完成资料搜集表,罗列见证武康历史的古迹。

4.阶段性成果

小组分工,根据查询的文献,完成资料搜集。

表 2-3-2 资源库

资料类别	资料名称
书籍	《德清文化史料》《德清古迹观止》《双城记》等
网络查询	德清新闻网"这里还能见证武康历史"的系列报道;德清文史……

表 2-3-3 资料搜集模板

类　别	古迹名称	古迹历史	文献中的记载	其他特点
古寺庙	云岫寺			
	烟霞观			
古井泉	东野古井			
	碧泉井			
崖刻石雕	下龙潭摩崖石刻			
	对河口水库石雕			
古塔	青云塔			
古桥	官桥			
	僧家桥			

续　表

类　别	古迹名称	古迹历史	文献中的记载	其他特点
牌楼	三牌楼			
古遗址	武康石采石宕遗址群			
……				

(二)任务二:研古迹,研读人文积淀(2课时)

1. 学习目标

(1)小组内讨论交流,选出最有代表性的古迹名称,作为探究的目标。

(2)小组填写KWH表格,选择感兴趣的关键问题,带着问题去探究。

2. 核心问题

说一说这些历史古迹的故事。

3. 项目进程

环节一:组内汇报,选出代表古迹

学生在小组内轮流将自己搜集的资料进行汇报,小组成员对古迹进行评估,选择小组推荐地点。每组代表用PPT展示汇报选择的古迹,说明理由。全班投票选出最符合标准的古迹:云岫寺、烟霞观、青云塔、官桥、僧家桥、三牌楼、武康石采石宕遗址群。

环节二:完成表格,罗列问题清单

小组填写KWH表格,全班罗列"我还想知道什么",每个小组选择感兴趣的关键问题,通过实地探究、资料查找等方法,在成果汇总中呈现对问题的解答。

4. 阶段性成果

学生罗列较多的问题有:(1)这些古迹现在还在吗?(2)武康有史记载的文物哪些已经消失了,哪些还留存着?(3)城西改造中,文物是怎么处理的?

表 2-3-4　KWH 表

我知道了什么?	我还想知道什么?	我想运用这些知识解决怎样的问题?

图 2-3-2　学生推荐代表古迹,讲述历史故事

(三)任务三:探古迹,挖掘文化内核(2 课时)

1. 学习目标

通过访问与实地考察,了解武康文物的现状,以及古迹与武康文化的渊源。

2. 核心问题

武康有史记载的文物哪些已经消失了,哪些还留存着? 为什么会消失?

3. 项目进程

环节一:完成任务清单

小组明确研究的古迹,列出任务清单,明确考察任务,完成信息搜集表。

表 2-3-5　信息搜集表

古迹状况	原状照片	现状照片	保护措施	消失原因
已经消失了的文物				
残存或走样的文物				
"安然无恙"的文物				
已经挂牌立碑受保护的文物				
得到修缮并扩建的文物				

环节二:实地考察

学生结合"识古迹"任务中搜集的资料和 KWH 表格,通过网络搜索与武康镇文物相关的资料与图片。通过走访文化馆副馆长、实地采集素材、拍摄照片、撰写文字初稿等活动,了解武康历史古迹的现状,以及古迹与武康历史文化的渊源。

4. 阶段性成果

在家长的陪同下,学生利用假期,通过访问与实地考察,了解武康文物的现状。

学生搜集到如下信息：

(1)已经消失了的文物：三牌楼，它毁于"文化大革命"期间，现在我们只能通过照片来欣赏它了。

(2)残存或走样的文物：东野古井，井与亭子都已经不见，只留下石碑与井圈，现藏于县博物馆。

(3)"安然无恙"的文物：碧泉井，在旧城拆迁中没有遭到破坏，依然在原地。

(4)已经挂牌立碑受保护的文物：僧家桥、武康石采石宕遗址群。

(5)得到修缮并扩建的文物：云岫寺、烟霞观。

图 2-3-3　学生实地考察

(四)任务四：护古迹，展示文化成果(1 课时)

1. 学习目标

(1)通过阅读与访谈，了解城西改造工程中文物处理方案。
(2)通过信息整理，了解武康部分文物消失的主要原因。
(3)讨论呼吁人们保护历史遗迹的途径和形式。

2. 核心问题

城西改造工程中，会怎样处理文物？我们如何呼吁大家积极保护历史遗迹？

3. 项目进程

环节一：走访了解政策

通过阅读德清新闻网"这里还能见证武康历史"的系列报道，访谈县住建局规划科科长，了解城西改造工程中的文物处理方案。

环节二：展示项目成果

通过调查，我们发现了武康镇部分文物消失的主要原因。我们将项目成果写成小论文、倡议书张贴在校橱窗上,在校园内进行保护文物宣传活动。向全校师生介绍武康镇文物现状的同时,呼吁大家一起来关心并保护文物。

4. 阶段性成果

学生从县住建局获取了保护文物相关的规划图与景观图,并根据前期的访谈调查,撰写调查报告和倡议书,在学校宣传栏展示。

图 2-3-4　在学校宣传栏展示项目成果

四、项目评价

根据评价量表,项目小组内、项目小组间、指导老师及评委老师对项目过程和项目成果进行评价。本次项目评价=过程性评价(60％)+终结性评价(40％)。

表 2-3-6　项目过程性评价量表

评价维度	评价内容	自评	互评	师评
目标明确(5分)	项目成果展示目标明确			
自觉参与(5分)	无须他人提醒,按时认真完成整个调研项目			
合作交流(5分)	有效共享信息,提供直接或间接的有效协助,与他人进行多种方式的合作,共同完成任务			
调查与搜集信息(5分)	搜集大量的信息,都与主题有关			

表 2-3-7　项目终结性评价量表

评价维度	评价内容	自评	互评	师评
成果设计(5分)	设计美观,材料准备充分			
内容(5分)	案例丰富,研究者发现与研究主题相关的重要理念			
创意和呈现(5分)	项目成果展示出独特性和创新性			

五、项目反思

(一)基于核心素养,以真实的项目驱动学生积极学习

本次项目化学习把现实生活中真实存在的问题作为驱动性问题。城市现代化发展过程中如何做到与传统文化的和谐互存,这是目前社会关注的问题,真实的问题能激发学生学习的积极性。学生参与学习活动,探究、制作和展示项目成果的过程就是增强文化自信、落实家国情怀的过程。因此,驱动性问题是真实的、具体的、有激发性和挑战性的,才能驱动学生的探究欲望,促使项目的完成。

(二)借助项目的开展,以真实的疑问激发学生深度思考

在项目实施过程中,学生遇到了很多真实的困难。例如,在学习过程中学生搜集到了残存的青云塔碑记,因此产生了疑问:"石碑上的文字记录了怎样的历史? 如何求证?"这一问题就是由驱动性问题衍生的一个子问题,教师引导学生对石碑文字进行解读。同学们查书籍,通过互联网搜索,请教语文老师,对碑记逐字逐句进行解读,为碑记做了断句、注释,并填补了漏缺字。这一真实疑问的解决过程促使学生的思考由表层走向深入,教学内容由知识转化为素养。

(三)重视学生参与,以真实的成果展示学生各自特长

项目成果的展示能发挥学生的特长。在本次项目化学习中,有很多学生的特长被发挥出来。例如,有信息技术特长的学生在制作视频和汇报课件时大展身手;交际能力强的学生在人物访谈时发挥出色;文字功底好的学生撰写了调查报告和倡议书。项目化学习让更多的学生都能找到合适的角色,用最擅长的方式展示项目成果。项目成果展示是多元的、有实用价值的、有参考价值的,每一个子项目都真正落实到了学生能力和素养的增长点上。

六、专家点评

　　该项目化活动把初中历史学科教学与现实紧密结合，突出学科特征，培育学科素养。以"针对当前见证武康历史的遗存越来越少的现状，我们如何为旧城改造下的文物保护撰写一份倡议书？"作为驱动性问题，创设真实情境，提高学生参与热情。该项目设计了识古迹、研古迹、探古迹、护古迹四个环节，成果类型有 PPT 展示、讲故事、实地考察图片和撰写宣传册、小论文、倡议书等，环节设置合理，成果类型丰富。此次项目化活动有助于学生增强对家乡的责任感，提升对历史学习的积极性。

（德清县教育研训中心　吴　磊）

第三章

一览名胜 沉淀岁月

时光里的溇港

湖州市吴兴区戴山学校　沈小兰

一、项目简介

太湖溇港是一项饱含先民智慧、造福后世的水利工程,更催生了璀璨的溇港文化。作为其滋养下的子民,很多人却对这一创造缺乏深刻认识。本项目涉及中国历史、人文地理、艺术等学科,主要通过查阅资料、实地考察、文创产品制作(设计名片、编制小报、录制微宣讲),打造"时光里的溇港"云展厅,引领学生了解太湖溇港为何建、如何建及修建意义,帮助学生树立人与自然和谐共生的理念,积淀对溇港文化的认同感和自豪感,增强文化传承的责任感和使命感。

项目时长:8 课时

适用年级:七年级

二、项目规划

(一)驱动性问题

作为太湖溇港的讲解员,如何打造一个既展现先民智慧又延续文化基因的"云展厅",创意开启"古今对话"?

(二)核心概念

学科概念:史料搜集与辨析、人与自然和谐共生、文化自信与文化传承。

跨学科概念:采访技巧、小报绘制、宣讲稿撰写、"云展厅"设计。

(三)学习目标

表 3-3-1　学习目标与核心素养

主要学科	学习目标	核心素养
中国历史	知道史料是了解历史的桥梁,了解史料的多种类型,掌握搜集史料的途径和方法;能够通过对史料的辨析,判断史料的价值,以实证精神对待历史与现实的问题	历史意识 史料实证
	能运用实地考察、访谈等不同形式的社会调查方法,开展历史研究;小组合作完成成果,最终打造"时光里的溇港"云展厅	社会实践 公民参与
	通过项目化学习,以溇港文化为基,体悟湖州地方文化的底蕴,厚植家国情怀	家国情怀
人文地理	知道太湖溇港蕴含人地和谐共生的理念,形成绿色发展观念,增强社会责任感	人地协调观
	知道太湖溇港系统蕴含的机巧与智慧,通过地理实践活动,体验和感悟人地关系	地理实践力

(四)学情分析

　　七年级学生通过课堂学习,可以理解史料呈现的多种形式,以及史料搜集的多种途径,懂得地图三要素,并能从地图中获取需要的信息。

　　七年级学生已掌握基本的从地图中获取信息的能力;能通过多种途径查阅、搜集史料,并能进行简单的辨析;已初步具备撰写访谈稿、进行人物访谈的能力;能在老师的引导下发散思维,展现多样化成果。

(五)学习地图

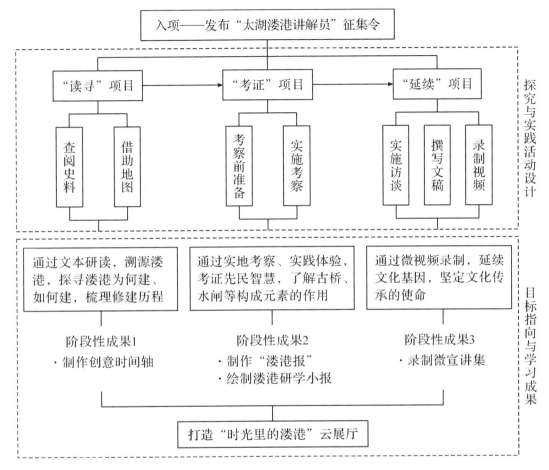

图 3-1-1 "时光里的溇港"项目化学习设计框架

三、项目实施

(一)任务一:发布征集令(1 课时)

1. 学习目标

通过绘制太湖溇港示意图,了解太湖溇港水利工程的重要构成元素。

2. 核心问题

太湖溇港是什么,它的重要构成元素有哪些?

3.项目进程

教师组织学生观看《溇港》纪录片,并鼓励学生发挥想象力、创造力,画一画溇港,要求标明"溇""港""塘"等主要地理事物,对太湖溇港这一水利工程有个初步的认识。在此基础上发布"太湖溇港讲解员征集令"。

太湖溇港讲解员征集令

同学们:

　　我们的家乡湖州素有"鱼米之乡""丝绸之府"的美誉,而这样的富饶、繁华主要得益于太湖溇港这项水利工程的修建。饮水思源,作为湖州子民的你,是否愿意用创意开启"古今对话",传承溇港文化,做太湖溇港的小小讲解员呢?

　　设计与创意的舞台已准备就绪,召唤每一个有想法、会创造的你,与我们一起享受"畅想",坚守传承。

4.阶段性成果

通过观看纪录片,学生对太湖溇港的位置及重要构成元素有了初步的认识;学生能基于现有的知识,发挥想象,巧手画溇港,绘制了色彩斑斓的溇港作品。

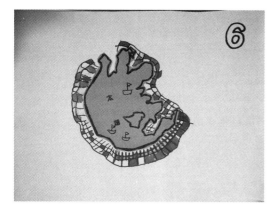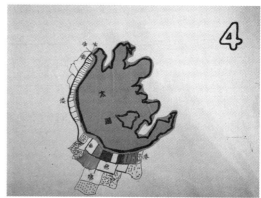

图 3-1-2　学生画的溇港作品

(二)任务二:读寻·溯源溇港(2 课时)

1.学习目标

通过文本研读,溯源溇港,探寻溇港为何建、如何建,梳理修建历程。

2. 核心问题

史前的湖州先民饱受洪涝灾害之苦的原因是什么？太湖溇港的修建到底发挥着怎样的作用？太湖溇港的修建历程如何？

3. 项目进程

环节一：查阅史料

学生翻阅相应书籍，了解太湖溇港。小组合作，通过设计太湖溇港标志整理出太湖溇港的重要构成元素；借助绘制年代尺厘清溇港修建历程。借助"大钱龙头糕"祭祀水龙的故事和"太平桶"等多种史料来印证太湖先民饱受洪涝灾害之苦。

环节二：借助地图

学生借助史料认识到太湖流域原为"水乡泽国"，又通过小组合作查阅《太湖流域地形图》《湖州气温降水图》《湖州水系图》等地图，借助已有的地理分析能力，进一步探究造成洪涝灾害的原因。根据组内的整理分析，学生明白了溇港"为何建"，再依托溇港修建前后湖州景象的对比，认识到溇港水利工程能发挥分流、防洪的作用。

4. 阶段性成果

经过前期的积累，学生对太湖溇港发挥的作用及修建历程有大致的了解，并能认识到溇港使湖州实现了转型，成为"鱼米之乡""丝绸之府"。小组合作制作创意时间轴。

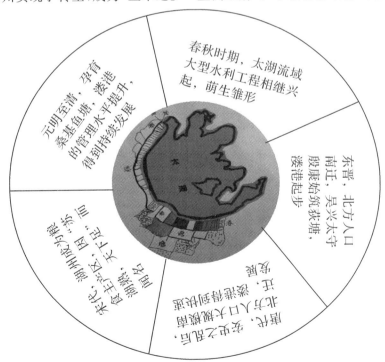

图 3-1-3　太湖溇港创意时间轴

(三)任务三:考证·先民智慧(2课时)

1.学习目标

通过实地考察、实践体验,考证先民智慧,了解古桥、水闸等作用。

2.核心问题

太湖溇港已有千余年历史,为什么它仍能发挥不可替代的作用? 其中到底蕴含着怎样的先民智慧?

3.项目进程

环节一:考察前的准备

根据前期安排,本任务需要完成了解溇港"如何建"的学习目标,这就要求学生进行实地寻访,或参观溇港文化展示馆,或走访一些溇港古村落(义皋古村、环渚大钱),或走访湖州方志馆,或采访当地生活的老人。在实地考察前,要先预设好问题,有任务驱动,才能实现寻访的真正价值。

环节二:开展实地考察

学生实地考察位于义皋古村的"溇港文化展示馆",了解到溇港系统是依靠"竹木透水围篱技术"开挖出来的,认识到溇港系统各构成要素(古桥、水闸、河道设计、入湖口朝向等)的作用,认识到该水利工程发挥着分流、防洪、灌溉、航运等重要作用。学生通过地理实践活动,体验了"竹木透水围篱技术""束水攻沙技术",古今对话,考证先民智慧。在此环节,学生需完成考察记录表并撰写实践体验感悟。

图 3-1-4 学生体验先民技术

完成实践后,教师需要再次引导学生思考溇港系统中的水闸和入湖口朝向的作用,并再次观看《溇港》纪录片。从学生个人观看感悟中可以看到,他们认识到这些细节蕴藏着非同寻常的机巧和智慧。再组织学生进行小组合作,制作"立体"的溇港景观,并设计"溇港报"。

4. 阶段性成果

学生通过实践,体验了开挖溇港的技术,认识到先民智慧使得溇港至今仍发挥着不可替代的作用;通过实地考察,欣赏到太湖南岸"小桥流水人家"的美丽景象。小组合作编制体现先民智慧的"溇港报",绘制了溇港古村(义皋古村、环渚大钱)的研学小报。

图 3-1-5 学生制作体现先民智慧的"溇港报"

(四)任务四:延续·文化基因(2课时)

1. 学习目标

通过访谈不同主体,撰写微宣讲稿,录制微宣讲视频,延续文化基因,坚定文化传承的使命。

2. 核心问题

如何设计针对不同主体的访谈提纲? 如何录制有历史味、感染力的微宣讲视频?

3. 项目进程

环节一:实施访谈

在进行文本研读、实地考察后,我们知道溇港"为何建""如何建"及建造的作用。千年溇港积淀千年文化,如今的溇港文化是如何传承的,又有哪些新的内涵呢? 为了解决这一疑惑,项目化学习小组的同学们展开了多主体的访谈。

本次访谈对象主要是溇港地区的年轻村民、溇港文化传承人、学校教师。针对不同的主体,师生共同预设相应的问题,形成访谈提纲。

表 3-1-2 针对不同主体设计的访谈提纲

采访对象	溇港地区年轻村民	溇港地区的民间手艺人	学校教师
采访主题	溇港文化知多少	溇港文化传承有多难	文化传承我们能做什么
采访问题	(1)村里有哪些与溇港有关的习俗? (2)平时会以什么样的方式来庆祝? (3)你会乐于参加这些文化庆典活动吗?	(1)目前,这门手艺的传承面临着怎样的危机? (2)作为手艺人,你们会用什么方法来改变传承现状?	(1)文化传承会遇到哪些困难? (2)请为溇港文化传承建言献策。 (3)溇港文化应如何焕新才能吸引更多人?

环节二:撰写文稿

经过前期的访谈,学生意识到溇港文化的传承面临着困境,大部分人对它的认识不深,甚至有部分溇港文化已经随着岁月的流逝而消失。学生通过小组讨论,确定微宣讲视频的主题为"我为溇港文化代言",下设古村、古桥、传统风俗、传统技艺等多个小主题,各有侧重,撰写并完善微宣讲稿。

环节三:录制视频

通过小组合作,学生根据本组撰写的微宣讲稿录制"我为溇港文化代言"的音频、视频,形成微宣讲集。

4.阶段性成果

学生在访谈的过程中能认识到溇港文化面临的困境,并能通过小组讨论,思考溇港文化创造性转化、创新性发展的对策,通过"掌上"宣讲会助力家乡文化的传播、传承与焕新。

表 3-1-3 "我为溇港文化代言"微宣讲人员安排

主题	文稿撰写	视频、音频录制
溇港变迁	岳 扬、张晨晨	孙辰誉
古村遗韵	白超微、王 婧	邹 旭
寻迹湖丝	徐子浩、潘家怡	褚雅莉
渔歌渔谣	谭悦扬、戴辛辛	袁彬艳
品三道茶	杨佳妮、宫紫婷	邱燕晨

图 3-1-6 学生宣讲

《古村遗韵》宣讲文稿(节选)

关于"大钱"这个名字的来历,大致有以下几个说法:

其一,这里是钱氏聚居地。江南钱姓人都自称是钱镠的后代,大钱人也是如此,故有"江南无二钱"的说法。《姓氏考略》称,钱姓郡望有三,其中就有吴兴郡。

其二,村落形状像一枚外圆内方的古钱币,因而得名"大钱村"。

其三,还有一个"青龙钱雨"的传说。相传,南宋时有农民朱七替财主种田。某日,天气突变,乌云翻滚,他在田里看到天边有青色物体腾云驾雾由西北而来,顿时钱币随着大雨从天而降,朱七捡了七百余枚铜钱。后被南宋人洪迈记录在传奇笔记小说《夷坚志》中:"俗所谓散钱龙者,疑此是也。"

(五)任务五:探究与形成成果(1课时)

1.学习目标

通过复盘提炼,实现阶段性成果优化迭代,形成终结性成果。

2.核心问题

如何将阶段性成果优化,用于打造"时光里的溇港"云展厅?

3.项目进程

学生分小组讨论项目化存在的问题,思考优化方向与方法,实现阶段性成果的优化迭代。基于驱动性问题,项目成果既要展现先民智慧又要延续文化基因,要有创意地开启"古今对话"。故本项目的终结性成果为打造"时光里的溇港"云展厅。

4.阶段性成果

借助打造"时光里的溇港"云展厅活动,学生对阶段性成果进行优化迭代,同时展示项目成果。

展厅一：溯源溇港

展厅二：先民智慧

【硬核技术】

溇港先民利用"竹木围篱技术"解决太湖南岸湖多地少的问题，变淤泥为桑田。为防止河道堵塞，巧用"束水攻沙技术"，使溇港至今仍发挥着不可替代的作用。

【千年变迁】

通过制作创意时间轴来还原溇港千年历史变迁；通过溇港标识和时间轴的融合，让更多人认识溇港水利系统的构成元素和发展脉络；还可将创意时间轴当作游戏棋盘，在游戏中体验溇港千年的魅力。

展厅三：文化基因

寻迹湖丝.m4a   渔歌渔谚.m4a

【"掌上"宣讲会】

通过对史料的研读，揭开溇港文化的神秘面纱，了解具有浓厚地域色彩的溇港文化对当地民众的影响；借助录制微宣讲音频或视频，扩大文化传播的受众面，满足多样需求，让更多人加入家乡文化传播、传承和焕新的队伍。

图 3-1-7 "时光里的溇港"云展厅(部分)

四、项目评价

本项目聚焦过程性评价和终结性评价两大维度，以自己、同学、教师为评价主体，展开多元化、多维度的量化精准评价。

表 3-1-4 项目评价量表

评价维度	评价项目	评价细则			自评	他评	师评
		A	B	C			
过程性评价	小组合作	能认真倾听他人讲话，友善表达；根据项目主题，能提出建设性建议；勇于承担角色任务	有一定的团队合作意识；根据项目主题，能基本完成角色任务	不愿听取他人的意见建议；不能全部完成小组角色任务			

续　表

评价维度	评价项目	评价细则			自评	他评	师评
		A	B	C			
终结性评价	『时光里的溇港』云展厅	文创产品	基于历史进行设计,讲求个性化、艺术感;呈现形式能较好地展现研究成果,吸引观众	基于历史真实进行设计,但表现形式过于大众化,缺乏新意;虽能积极投入,但呈现形式单一	设计较随意,或存在抄袭,或空有形式而无实际内容;呈现形式无法吸引观众			
		解说词	文字表达恰当,具有较强的吸引力、感染力,给观者带来与众不同的体验	文字表达合理,具有一定的吸引力、感染力,给观者带来一定的体验	文字表达有误,平淡无奇,缺乏吸引力和感染力			

五、项目反思

(一)整合设计活动,提升综合素养

在项目化学习中,学生既要系统规划,又要注重项目细节。通过查阅史料、实地调查等方式了解太湖溇港水利工程的发展脉络,形成了时序观念;以小组为单位,通过"寻访"的形式,学会了分解问题、分工合作,深化了对关键问题的理解;通过设计标志名片、编制溇港报、录制微宣讲视频、打造"云展厅"等多种形式,增强了历史意识、提升了实践能力、拓展了综合思维。

(二)重新定义学习,给予成长空间

"时光里的溇港"项目化学习,改变了传统的教学关系,让学生与同伴、与自己对话。学生的成长能得到多方力量的帮助,如同学、老师的帮助,还有实地考察、访谈中遇到的路人的帮助,这样的活动有效提升了学生与他人的沟通协作能力及活动参与能力。

(三)反思项目过程,坚定前行方向

在项目的实施过程中,我们发现了一些问题,如运用项目化学习方式解决关键问题需要以翔实史料为根基,而教师在引导的过程中对史料的选用不够精、对史料的研读不够细;学生在设计文创产品时,容易出现思维定式;项目化学习后续力度不够,项

目的延伸性不够。为此,做了以下改进:引导学生从多角度思考,学会做生活的有心人;为学生创设实践平台,提升动手实践能力;加强项目化学习的后续探究指导,让学生能够从活动中得到更多的收获,对他们的人生成长发挥更大的指引与导向作用。

六、专家点评

本项目以历史、地理项目化学习为推手,强调真实情境下的学习。在研究过程中,学生通过对气候、水文、地形等多个地理要素的分析,提升了自己的综合思维能力。在学习过程中,学生经历了知识构建、实地调研、阐述表达等学习过程,锻炼了地理实践力。此外,本项目化学习是一个综合研究项目,运用地理、历史、信息等多学科知识来解决真实问题,在学科交叉中培养学生的核心素养——家国情怀。

(吴兴区教育教学研究和培训中心　杨继明)

我为嘉业堂藏书楼做宣传

浔溪中学　杨学勤　费伟芬　邹娇艳

一、项目简介

南浔嘉业堂藏书楼被认为是江南古镇历史文化底蕴深厚的集中体现,弥漫着书香气息。对它的深入了解,不仅能培养学生的文化认同感和自豪感,更能传承百年书香。本项目以培养学生"时空观念、史料实证、家国情怀"为素养目标,以"解决真实情境问题"为高阶能力目标,通过搜集资料、实地考察、小组讨论等途径展开学习。

项目时长:10 课时

适用年级:八年级

二、项目规划

(一)驱动性问题

南浔古镇景区为吸引广大游客特推出优惠措施:在一定期限内,向全国游客免费开放所有景点。作为南浔镇民的一分子,我们要为古镇发展贡献自己的一份力量,吸引更多的游客来古镇走走。学生首选南浔古镇最具代表性的景点——嘉业堂藏书楼,充分挖掘嘉业堂藏书楼的独特历史魅力,利用视频向全国游客推荐藏书楼。本项目的驱动性问题是:为吸引全国游客,我们如何为嘉业堂藏书楼做宣传?

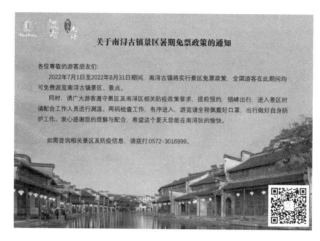

图 3-2-1　古镇公告

(二)核心概念

学科概念:时空观念、史料实证、家国情怀。

跨学科概念:史料搜集与整理、采访技巧、视频制作。

(三)学习目标

表 3-2-1　学习目标与核心素养

主要学科	学习目标	核心素养
中国历史	通过了解藏书楼的百年风雨,理解任何事物都是在特定的、具体的时间和空间条件下存在的,学会在具体的时空条件下考察历史	时空观念
	通过合作探究学习,以实地考察、搜集整理资料等方式,初步学会从多种渠道获取历史信息,提高对史料的识读能力;能够尝试运用史料说明历史问题,学会根据可信史料对历史进行论述	史料实证历史解释
	通过了解嘉业堂藏书楼的历史、南浔藏书家对学术和文化的贡献,以及藏书文化的价值,从而加深对湖州南浔传统文化的认识,引发对地域文化的关注和研究的兴趣,促进家国情怀的形成	家国情怀

(四)学情分析

八年级学生在学习历史过程中已经初步掌握了历史分析的基本方法,能利用一定的情境进行合作探究,并提出合理的解决问题的方法。学生对家乡嘉业堂藏书楼所历经的历史有一定的了解和兴趣,此项目能全面提高学生的分析能力、核心素养,持续激发和维持学生对历史的学习兴趣。

(五)学习地图

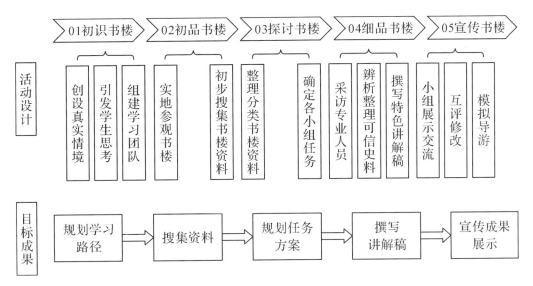

图 3-2-2　"我为嘉业堂藏书楼做宣传"项目化学习设计框架

三、项目实施

(一)任务一:"走心"之境,开启项目(1 课时)

1. 学习目标

(1)创设情境,引入课题,激发学习兴趣。

(2)学生自主规划学习路径。

(3)学生通过获取信息,形成系统分析、决策等高阶认知策略。

2. 核心问题

如何培养解决问题的高阶认知策略?

3. 项目进程

环节一:利用来自古镇公告的真实性问题情景引出驱动性问题

教师出示古镇公告和手机公告,引出驱动性问题:为吸引全国游客,作为南浔镇民的一分子,我们如何为嘉业堂藏书楼做宣传?

环节二:利用 KWH 表格促进学生对驱动性问题进行思考

表 3-2-2　KWH 表格

关于嘉业堂藏书楼 (我的已知)	关于嘉业堂藏书楼 (我想知道)	关于这些问题 (我打算如何解决)

学生利用表格进行梳理。

环节三:组建小组学习团队

(1)教师说明本项目包括搜集整理资料、实地考察、摄影、交流介绍、制作宣传视频等环节,接着要求 20 名学生自主组成学习团队,完成小组初步任务分配表。

表 3-2-3　小组初步任务分配表

组员(组长姓名前打★)	主要任务	最终成果

(2)小组讨论需要搜集嘉业堂藏书楼哪些方面的资料、通过哪些方式搜集资料。结合讨论,教师与学生共同明确项目实施路径。

4.阶段性成果

小组明确任务,合作探讨,总结形成项目实施行动路径。

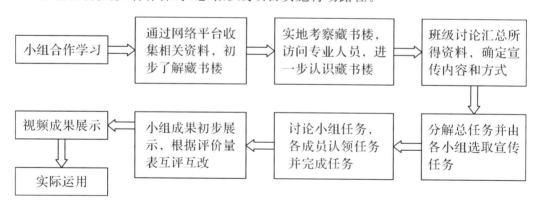

图 3-2-3　项目实施路径

(二)任务二:一见倾心——初品藏书楼(3 课时)

1. 学习目标

(1)搜集各种类型的资料,归纳史料的主要类型。初步学会从多种渠道获取历史信息,提高对史料的识读能力。

(2)建立与藏书楼的密切联系,增强乡土认同感。激发热爱家乡的热情,促进家国情怀的形成。

(3)培养获取和整合知识的低阶认知,培养系统分析的高阶认知。

2. 核心问题

如何搜集、分析有价值的史料,为史料实证做好准备?

3. 项目进程

环节一:设计学习海报

根据学生利用 KWH 表格整理的对驱动性问题的思考、已确定的项目实施路径及项目目标,教师进一步明确项目实施的任务和项目学习步骤,设计并张贴项目化学习海报,激发学生学习的兴趣。

环节二:参观藏书楼

学生实地参观嘉业堂藏书楼。由嘉业堂藏书楼馆员褚均老师为学生做引导并介绍建筑结构、藏书历史、嘉业堂藏书的散佚与归属、嘉业堂藏书楼镇馆之宝——雕版、跟嘉业堂藏书楼有关的重要人物等内容。学生在参观过程中发现的资料有:建筑、雕版、大量书籍、诸多名人来访的照片等,了解了史料的两种主要类型,并通过接触这些史料理解它们的价值及其对了解历史事实的意义。家长与老师为学生带来了一些藏书楼的趣事,帮助学生建立与藏书楼的情感联系,增强乡土认同感。

教师进一步引导:藏书楼建筑有哪些特点,有什么优势?引导学生思考自己搜集到的资料能说明什么结论,要说明这个结论需要什么资料补充。以此提升学生对史料的识读能力、辨析能力,引导学生向史料实证方向思考。

4. 阶段性成果

学生制作了项目海报,并实地参观了藏书楼。

图 3-2-4　海报　　　　　　　　　　图 3-2-5　参观过程

（三）任务三：通力合作——探讨藏书楼（2 课时）

1. 学习目标

（1）学生围绕驱动性问题分解任务和确定学习方案，明确小组分工与合作，提升创建、决策的高阶认知能力。

（2）学生围绕重点任务"如何精彩地介绍嘉业堂藏书楼"，提升小组合作的能力和在真实情境下解决问题的能力。

2. 核心问题

写好"如何精彩地介绍嘉业堂藏书楼"宣传稿。

3. 项目进程

环节：小组整理资料

（1）小组整理实地参观所得资料，归纳内容，围绕驱动性问题"如何精彩地介绍嘉业堂藏书楼"，展开头脑风暴，交流发言，学生分解任务，确定此次宣传的内容和方式。

（2）学生分解总任务：各小组根据兴趣选取宣传点，围绕选取的宣传点进行小组讨论，确定小组具体任务目标、内容和分配方案学习活动。比如：我们这组重点介绍什么，通过怎样的办法深入了解，等等。明确了方向、方法后，小组自主搜集、辨析、归纳资料。

4. 阶段性成果

通过小组讨论、教师引导，学生总结"怎样向游客展示这座富有吸引力的藏书楼"，并以任务分解图的形式呈现。

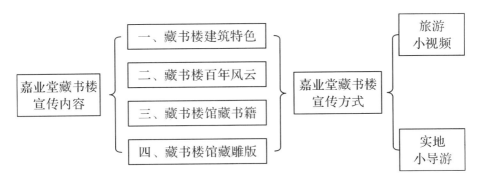

图 3-2-6 学生分解总任务

(四)任务四:格物致知——细品藏书楼(2课时)

1.学习目标

(1)围绕四个任务搜集史料,对搜集的史料进行辨析、分类、整理与归纳,学会区分历史事实和历史结论,体会史料的解读过程,初步学会史论结合、论从史出。

(2)从藏书楼的百年风雨中理解任何事物都是在特定的、具体的时间和空间下存在的,学会在具体的时空条件下考察历史。

(3)学会撰写导游讲解词。讲解词要点突出,引人入胜,并突出史料实证和时空变化的特点。

2.核心问题

本着"有一分史料说一分话"的原则修改宣传稿。

3.项目进程

结合小组研究方案,细品藏书楼,教师提供深入学习支架。

采访相关专业人士(包括嘉业堂藏书楼导游、专业研究人员等),向专业导游学习导游介绍的知识和技巧。专业研究人员会带我们领略藏书楼的一些细节。

表 3-2-4 技巧学习表格

采访人员:		
采访问题:		
解答方式	围绕什么方面?	
	运用什么方法?	
	你的想法有哪些?	

学生进一步搜集并细致查看嘉业堂藏书楼提供的大量文献资料和实物资料,并

对搜集的各类资料进行大胆取舍，小组交流互评，说说取舍原因。

4.阶段性成果

各小组分解任务，并取得阶段性成果。

表 3-2-5　小组分解任务及阶段成果(部分)

"藏书楼建筑特色"小组		
小组内任务	研究目标	任务成果
分解任务一	了解藏书楼的选址特色和原因	嘉业堂藏书楼所在地　　建筑特色1稿
分解任务二	了解藏书楼的格局特点	布局图　大门　地面　房顶特色　建筑外观　排水系统 特色门窗　外露排水管　下水　下水口　窗井　主楼
分解任务三	了解藏书楼的布置特色	井　刻板存放架　钦若嘉业 四库全书书柜　宋四史库　专用书柜
分解任务四	小组间讲解、交流、修改	

（五）展示成果——宣传藏书楼（2课时）

1.学习目标

（1）宣传素材能抓住嘉业堂藏书楼历史文化底蕴深厚的特点。充分发挥小组合作和配合的能力，每一个小组成员都发挥最大的作用，充分意识到集体的力量和合作的力量。

（2）充分提升说讲能力和人际交往能力，初步体会小组配合能高效完成任务。

（3）通过学习嘉业堂藏书楼历史知识，增强乡土认同感和自豪感，激发热爱家乡、建设家乡的热情，促进家国情怀的形成。

（4）了解嘉业堂藏书楼的历史价值，思考如何保护、利用和发展嘉业堂藏书楼。

2.核心问题

如何发起各种形式的真实宣传？

3.项目进程

根据小组所得资料整理，用各种形式初步展示成果：PPT展示介绍、照片集锦、手抄报展示等。最后，每组推选一人以"我为嘉业堂藏书楼做宣传"为主题，模仿古镇导游进行介绍，并拍摄成视频，向全国游客发起宣传。

4.阶段性成果

学生整理所得资料，用各种形式初步展示成果，如：有4份PPT作品，其中一个专门介绍了刻板；有大量摄影作品，主要展现了藏书楼的建筑结构、建筑特色与藏书情况；还有部分手抄报；等等。学生的摄影作品和手抄报在古镇橱窗进行展示，吸引了许多游客。

四、项目评价

本项目在进行评价时，让教师和学生都参与进来，实现评价主体的多元化，将学生自评、组内评价、组间评价和教师评价相结合。

表 3-2-6　项目评价量表

评价项目		等级划分				组员自评	组内评价	教师评价
		水平 1	水平 2	水平 3	水平 4			
过程性评价	学习方案（10分）	组内任务分配合理，行动路径明确	组内任务分配欠合理，行动路径欠明确，经教师指导后有明显提升	组内任务分配欠合理，行动路径欠明确，经教师指导后没有明显提升	组内任务分配不合理，行动路径不明确，经教师指导后没有明显提升			
	资料查找整理（20分）	从各种渠道搜集新资料，认真查阅，能从中挑选出有用的信息，很好地进行归纳整理	搜集了一定的新资料，较好地进行了归纳整理	搜集了有限的新资料，未进行有效的分类	仅使用老师提供的资源，未进行新资料的查找与整理工作			
	分析（20分）	学生学会分析信息，并得出自己的结论，体现出自己的思考	学生分析了信息，并在教师的指导下得出了自己的结论	学生在教师的指导下分析了信息，并得出了结论	学生复述了所搜集的信息			
结果性评价	小组汇报（10分）	符合研究范围，有理有据，形式新颖，内容丰富，充分展示出自己的研究成果，体现出小组成员的分工合作	符合研究范围，态度认真，条理清晰，内容充实，较为全面地展现了研究成果	符合研究范围，态度认真，论据尚有缺陷，内容、形式一般	态度随意，内容简单，论据杂乱，准备不充分			
	参与和合作（10分）	有极大的热情，对小组项目有突出的贡献。在完成小组成果与协调小组成员方面做了大量工作，为增进小组合作做了超过规定任务以外的事情	表现出一定的热情，对小组项目有贡献，在完成自己任务的同时，能帮助他人，并与他人合作	仅能完成自己的任务，与组内同学交流较少	对小组项目没有贡献，或经常需要别人督促才能集中精力完成任务。经常不完成任务，缺少与他人的合作			

五、项目反思

在确定项目主题时,笔者倾向于选择与南浔古镇相关的内容;但是古镇景点众多,如何选择是一大问题。如果把研究主题定为调查了解所有的名人故居,则会显得指向性不明、线索凌乱,学生不知该从其中梳理出一条怎样的历史脉络。因此将研究对象定在影响力最大的嘉业堂藏书楼。从学生身边的历史入手,便于开展探究,学生也有着较大的兴趣,还可以通过实地考察的方式进行探究,能够凸显项目化教学的特色,学生也会有新鲜的体验感。

因为前期实践经验不足,学生主要集中于搜集各种资料,在教师的引导下,学生逐渐回归主线,对搜集的资料进行分析,尝试史料实证。项目实施过程中还存在学生搜集资料求全求量、教师的指导线索零散等问题,在后期整理的过程中不断删改,重点凸显项目学习目标,使主线更加清晰。

六、专家点评

钱穆先生在《国史大纲》里写道:"一国之民要附随对其本国已往历史之温情与敬意。面对历史,定要饱含温情,不为别的,只因那些在曾经时代里苦苦挣扎的你我一样的人。"在本次项目化学习的过程中,老师和学生一起仔细推敲每一个细节,深入挖掘每一则史料,共同感受求知的兴奋和乐趣。学生通过实地考察嘉业堂藏书楼、亲身感受曾发生在自己身边的鲜活故事,对古镇历史有了更深入、更全面的认识。

（南浔区教育科学与研究中心 陈永兴）

探"南街"风貌,寻老街记忆

安吉县育澜中学　郎　丹

一、项目简介

孝丰南街位于"绿水青山就是金山银山"理念的发源地——安吉县的孝丰镇老城区,是安吉唯一基本保存完整的历史街区,具有重要历史价值,承载了许多孝丰人儿时的记忆。本项目涉及中国历史、人文地理、艺术等学科,主要通过史料研读、实地考察、人物访谈、文创产品制作(编制小报、设计明信片),打造"印象南街"展览,向全校师生介绍孝丰南街的历史与故事,增强大家对街区历史价值的认同感和自豪感,探索如何保护遗迹,给予街区文化遗迹新的发展机会和生命。

项目时长:8 课时

适用年级:八年级

二、项目规划

(一)驱动性问题

作为老街代言人,如何设计并举办一场校园南街展览,让学生学会推荐家乡老街区的历史文化,增强大家对街区历史价值的认同感和自豪感,探索如何保护遗迹,给予街区文化遗迹新的发展机会和生命?

(二)核心概念

核心概念:历史变迁、综合探究。
跨学科概念:文化自信、历史变迁与社会发展的关系。

(三)学习目标

表 3-3-1　学习目标与核心素养

主要学科	学习目标	核心素养
中国历史	知道史料是了解历史的桥梁,了解史料的多种类型,掌握搜集史料的途径和方法;能够通过对史料的辨析,判断史料的价值;能够以实证精神对待历史;掌握从社会条件(政治、经济、文化等方面)分析老街的历史变迁的方法	历史解释 史料证实 时空观念 唯物史观
	运用访谈、实地考察等形式的社会调查方法,了解孝丰南街的历史与变迁;通过小组合作学会融入集体,合理表达自己的观点,并学会接受和融合他人意见,提升沟通能力和合作能力	社会实践
	通过撰写演讲稿、策划老街活动方案、制作手抄报等活动增强对街区文化的认同感和自豪感,形成对家乡、国家和中华民族的认同感,增强责任感和担当	家国情怀

(四)学情分析

八年级学生已具备一定的历史知识储备和基本的信息筛选能力,能通过书籍、网络有效地选取自己需要的信息;通过七年级的学习和实践,学生已经学习了历史探究的基本过程和方法,具备了解决一些简单历史问题的能力,也初步形成了与同伴合作的团队意识,在开展项目合作时能配合得更好。

(五)学习地图

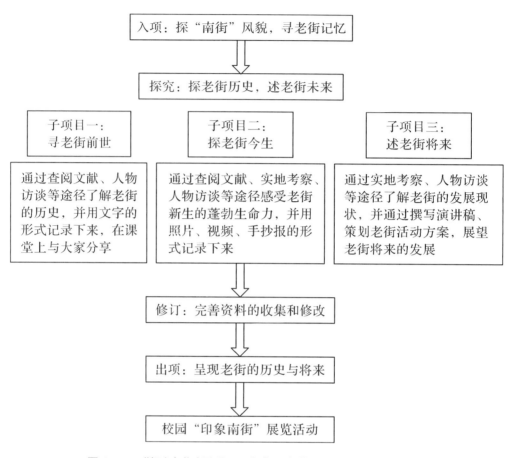

图 3-3-1 "探'南街'风貌,寻老街记忆"项目化学习设计框架

三、项目实施

(一)任务一:寻前世(2 课时)

1. 学习目标

(1)学会搜集资料,分析、整理、运用资料。

(2)小组讨论,准确表达自己的观点。

2. 核心问题

如何通过查阅文献、人物访谈了解老街的历史? 如何准确表达自己的观点?

3. 项目进程

环节一：情景导入

观看视频《孝丰老街》，引入项目化学习主题：老街的历史是一座城市曾经的缩影，探访老街，能够帮助我们了解这片土地的历史变迁。那么我们该如何了解孝丰老街的历史呢？

环节二：头脑风暴

同学们组成六人小组，探讨寻访老街历史的方法。

(1)探讨资料的搜集渠道，如书籍（一手资料、二手资料）、网络等。

(2)整理探究方法，并探讨具体实践的可行性。

图 3-3-2　学生探讨寻访老街历史的方法

环节三：资料搜集

教师引导学生通过各种方式在实地考察前搜集孝丰南街的资料，并互相分享。

(1)探讨文字资料的搜集渠道：图书馆、电脑网站（孝丰镇镇史资料、安吉县政府政务公开有关孝丰南街的相关资料）等。

(2)探讨可搜集的图像资料：老照片、安吉县旧影视记录资料等。

(3)整理、分析资料，构思如何在课堂上进行老街历史分享。

环节四：课堂分享

(1)每个小组推荐一名历史分享员在课堂上分享老街的历史与故事。

(2)其他小组组员认真聆听，并公正、公平地在评分表上为分享的同学打分。

4. 阶段性成果

学生在课堂上进行老街历史分享。

图 3-3-3　学生分享老街的历史与故事

(二)任务二:探今生(3课时)

1.学习目标

(1)学会小组合作,对实地考察进行方案构思。

(2)学会合作交流,准确表达自己的观点,增强团队意识。

(3)学会整理、分析信息,提取有效信息。

2.核心问题

如何进行实地考察,并进行人物访谈的问题设计?

3.项目进程

实践准备:学生根据搜集的资料制订实地考察计划,完成考察计划表。

(1)确定实践考察时间、具体地址。

(2)确定考察具体对象:老街的建筑(包括老建筑和新改建建筑)、店家、政府相关管理人员、老街的居民等。

(3)考察问题:根据不同对象进行具体设计。

(4)小组分工,明确自己的职责。

(5)明确活动要求和装备(相机、手机、纸、笔)。

环节一:参观老街,用自己擅长的方式进行记录

学生以小组为单位参观老街,根据分工在规定的时间内用文字、照片、视频等方式记录信息。

图 3-3-4 学生实地考察

环节二：人物访谈

（1）访谈对象：老街居民、老街的商店老板。

（2）访谈的问题设计。

①针对老街居民设计的访谈问题：您好！请问您一直居住在老街吗？以前的老街是怎么样的？现在的老街有了怎样的变化？这些变化对您的生活产生了怎样的影响？您希望老街有怎样的新发展？

②针对老街的商店老板设计的访谈问题：您好！请问您为什么选择在老街开店？贵店铺的生意怎么样？您希望老街未来会有什么样的发展？

图 3-3-5 学生实地采访老街居民

环节三：整理和记录有效信息

学生分类整合小组获取的有效信息并记录。

环节四:制作手抄报

学生设计并制作"印象南街"手抄报。要求:如实陈述历史真相、准确把握历史关联,字迹清晰,主题明确,布局合理,整洁美观,具有历史味、趣味性和育人性。

4.阶段性成果

本阶段中,学生用照片、视频等记录了实地考察的情况,并绘制了"印象南街"手抄报。

图 3-3-6　学生拍摄的老街照片、制作的手抄报

(三)任务三:述将来(3 课时)

1.学习目标

(1)学会分析、整理、运用已有资料和信息。
(2)初步学会有理有据地表达自己对历史的看法。
(3)提高解决问题的能力。

2.核心问题

如何撰写演讲稿、策划方案?

3.项目进程

环节一:撰写前准备

(1)小组分工:小组讨论并分配撰写任务,每组完成一份保护和宣传老街演讲稿、一份活动策划方案,并分配具体任务。

(2)学习如何撰写:通过图书馆查找文字资料,通过网络学习撰写宣讲稿和活动方案。

(3)整理相关资料:整理、分析已有资料,以及需要撰写的相关资料并记录。

环节二:演讲稿、活动方案构思

通过前期准备,小组分享、整合信息,构思最优方案。

环节三:演讲稿、活动方案撰写

小组分工撰写演讲稿、活动方案。

(1)演讲稿。核心问题解决:如何保护和宣传老街,并展望老街的未来?

(2)活动方案。核心问题解决:如何针对保护和宣传老街的目的,策划相应的活动?

4.阶段性成果

本阶段中,学生撰写了保护和宣传老街的演讲稿与活动方案。

图 3-3-7 学生撰写的老街宣传演讲稿和活动方案

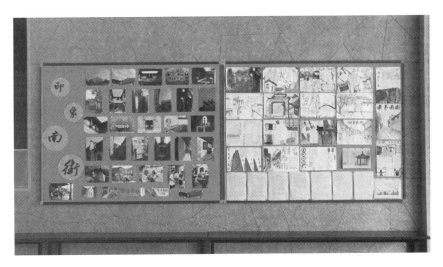

图 3-3-8 校园"印象南街"展览板报

四、项目评价

本项目中,每个子项目的评价标准都根据子项目内容来确定,关注学生学习的过程与结果,能促进学生个体和团体共同进步。

表 3-3-2　老街历史分享评价表(等级 ABC)

评价项目	合格	良好	优秀	组评	师评
史实表述	历史史实及其相关事件表述反映出的信息不太准确,条理不太清晰,行文不流畅	历史史实及其相关事件表述反映出的信息基本准确,条理清晰,行文流畅	历史史实及其相关事件表述反映出的信息都是准确的,且条理清晰,翔实生动		
感悟体会	有个人体会,但理解比较简单	能体会到历史与现实生活是有联系的,并能谈到自己对历史的理解	体会到历史与现实生活是密切联系的,并能正确地认识历史,在感悟历史变迁的基础上悟出自己的责任		
语言表达	语言规范,吐字清晰,表达不够流畅,不够连贯,有一些停顿	语言规范,吐字清晰,表达准确、流畅、自然	语言规范,吐字清晰,表达准确、流畅、自然,语言技巧处理得当,能熟练表达分享内容		

表 3-3-3　学习实践评价表(等级 ABC)

评价项目	合格	良好	优秀	自评	互评	师评
合作沟通	和组员沟通较少	基本能和组员正常交流沟通	和组员沟通流畅,能合作完成各项任务			
职责明确	对自己的职责不是很清楚	能清楚自己的职责,但不能履行到位	能清楚自己的职责并能完成任务			
调查研究	能和组员一起在规定的时间查到很少内容	能和组员一起在规定的时间内调查一些内容,但不全面	能和组员一起在规定的时间内调查出全面、丰富的资料			
整理表达	对调查的内容简单整理、简单表达	对调查内容能归纳整理并提炼,但不能准确表达	对调查内容能归纳整理并提炼,能准确表达			

表 3-3-4　手抄报评价量表

评价项目	评价指标	分值	师评
手抄报整体呈现	多元表达(文字、图片等)	10 分	
	布局合理、整洁美观、设计独特	10 分	
手抄报文本表达	如实陈述历史真相,准确把握历史关联	10 分	
	体会历史与现实生活密切联系,在感悟历史变迁的基础上厚植家国情怀	10 分	
	内容有提升,具有启示意义	10 分	

评价项目	评价指标	分值	师评
手抄报 绘画功底	事物具有相似性	10分	
	色彩搭配和谐,画面饱满	10分	
	布局合理	10分	
手抄报 创新设计	搜集分析史料能力,运用媒介能力	10分	
	具有历史性、趣味性和育人性	10分	
总评			

表 3-3-5　宣传稿撰写评价表

评价标准	组评星级	师评星级
宣传稿内容紧紧围绕"保护和宣传南街"的主题,宣传稿中的相关史实表述准确且条理清晰	☆☆☆☆☆	☆☆☆☆☆
语言通顺流畅,用词准确精炼,文辞优美	☆☆☆☆☆	☆☆☆☆☆
具有一定的宣传作用,能体会到历史与现实生活是密切联系的,并能正确地认识历史,在感悟历史变迁的基础上悟出自己的责任	☆☆☆☆☆	☆☆☆☆☆

表 3-3-6　活动方案策划评价表(等级 ABC)

评价项目	评价标准	组评	师评
主题与内容	围绕宣传和振兴老街的主题,结合相关史实,以史实为背景构思活动方案,让大家了解老街的历史变迁,感受老街的历史魅力,具有一定的独特性		
过程设计	活动时间和空间安排灵活,活动过程设计合理、具体,可操作性强,参与度高,可预见突发情况并提供解决措施		
活动延伸	能起到一定的宣传作用和育人作用		

五、项目反思

(一)学生学而有思

在项目化学习中,学生自己搜集、整理资料,开展实践活动,激发学习热情,并将成果与现代技术相结合,以照片、视频等形式进行展示,这不仅丰富了学生的知识,提升了学生对学科的兴趣,使学生学有所思,还激发了学生的探索创新精神,进一步培养了学生的学习、表达和实践能力。学生在探寻历史真相、展望未来的情怀中进一步了解了当地历史,逐步树立正确的历史观、民族观、国家观、文化观。

(二)教师教有所思

本次项目化学习,从现实情境中探寻历史问题,聚焦学生核心素养,注重学生的自主探究能力,调动了学生学习历史的积极性和创造性。教师则在项目化学习的过程中,逐渐渗透寻找问题、发现问题、研究问题、形成成果展示的思维方式。当前,教师"谈项目色变",经过本次项目化学习的开展,教师本人对项目化学习有了初步了解,将不断学习,积累经验,转变教学理念,真正做到把学习的主动权还给学生。

(三)项目成效困惑

项目化的设计并非一劳永逸,而是要尽可能不断改进和完善。希望通过后续与学生不断沟通与磨合,增强学生的人际交往和动手实践能力,进一步提升学生的综合素质。项目需要根据项目成果确定评价标准,促进学生个人和团体的共同进步。在项目实施过程中存在评价量表的设计和运用不当的问题,不能对学生进行有效评价,希望通过对项目化内容的不断学习和探索,学会正确制作评价量表,对学生做出有效评价,推动学生的进步和成长。

六、专家点评

本项目以核心素养为导向,采用跨学科探究性综合学习方式,是一种建立在学生已有知识和能力基础上的再提升。整个项目的实施要素齐全,具有较好的示范意义。项目实施对象为身边老街区,探究方式灵活多样,可操作性强;而且项目不是止步于探究历史,而是能在现有基础上展望未来,通过活动策划,展现当代青少年的实践创新能力与责任担当。当然,局限于课时长度和操作难度,项目在结果运用等方面略显仓促,如果能再"精耕细作",将同学们的学习成果进一步精细化成文,报送给相关部门,可能会使项目更具有现实意义,也更能激励学生。

(安吉县教育科学研究中心 丁爱国)

第四章

扎根乡土 传承文化

湖州丝绸的"破茧重生"

湖州市第五中学教育集团　郑春苗

一、项目简介

湖州的蚕桑丝织文化源远流长,位于潞村的钱山漾文化遗址,更是出土了世界上迄今为止发现年代最早的蚕丝制品,被认证为"世界丝绸之源"。古代湖州因丝织业繁盛而一度被称为"丝绸之府"。曾经辉煌的丝织行业如今却繁华不再,出现了衰退的趋势,这对于曾有很大行业优势的湖州来说是个遗憾。本项目涉及地理、历史、劳动等学科。学生为了了解湖州丝织行业的现状,围绕核心问题进行社会调查,了解湖州丝织行业的优势和困境,为湖州丝织行业的发展献计献策;在活动过程中体验湖州传统丝织技术,感受优秀传统文化,树立文化自信,传承并发扬优秀传统文化。

项目时长:10课时

适用年级:七年级

二、项目规划

(一)驱动性问题

面对湖州丝织业发展的困境,我们该如何为湖州丝织业的"破茧重生"撰写一份调查报告?

（二）核心概念

学科概念：区域经济的发展、因地制宜、优势互补、人类的生产生活相互影响。
跨学科概念：商品经济的发展、辛勤劳动、创造性劳动。

（三）学习目标

表 4-1-1　学习目标与核心素养

主要学科	学习目标	核心素养
地理	通过实地考察以及查阅资料，了解当地的自然环境与丝织行业之间的关系	区域认知 人地协调观 综合思维
	利用搜集的资料，分析湖州丝绸行业的现状，并利用区域经济发展的原理，提出建设性的意见	
历史	搜集湖州丝绸的相关历史资料，了解湖州丝绸行业曾经的辉煌	家国情怀
	了解"丝绸之府"称号的历史渊源	
劳动	参与社会调查实践，学会访问调查、实地考察、文献调查等调查方法，学会搜集项目资料	劳动能力 劳动精神
	思考分析促进湖州丝绸行业发展的措施	

（四）学情分析

　　七年级的学生有一定的沟通、合作能力，开展项目合作时能够相互配合。七年级的学生已具备基本的信息筛选能力，能够选取自己需要的信息，有利于前期的资料准备。七年级的学生已具备一定的思维分析能力，有利于项目问题的解决。通过一个学期地理知识的学习，学生已经了解了区域地理的基本知识，具备了初步探究区域自然环境和人文环境的能力。

(五)学习地图

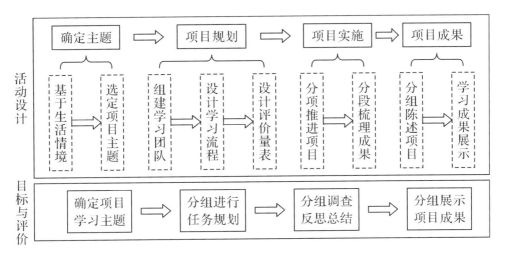

图 4-1-1 "湖州丝绸的'破茧重生'"项目化学习设计框架

三、项目实施

(一)任务一:确定核心问题(1 课时)

1.活动目标

(1)搜集湖州"丝绸之府"名称由来的相关资料,感受古代湖州丝绸业的繁荣。

(2)搜集现代湖州丝绸行业发展状况的资料。

(3)学会在分析中发现问题、提出问题。

2.核心问题

从古今丝绸业发展对比中,了解湖州丝绸行业如今的发展状况。

3.项目进程

环节一:问题导入

湖州有很多特产,其中有一样在古代就风靡欧洲,湖州也因它被冠以美誉,你知道它是什么吗? 湖州的美誉是什么?

环节二:古代湖州丝绸行业发展状况

你知道湖州什么时候被称为"丝绸之府"吗? 请搜集古代湖州"丝绸之府"称号由来的相关资料。从各个方面了解当时湖州丝绸业发展的状况以及发展的原因。

环节三：当今湖州丝绸业发展状况

教师展示近几年湖州乡村农家养蚕的状况。学生思考在日常生活中接触过哪些丝绸的物品，并根据搜集的资料分析如今湖州丝绸业发展的状况。

环节四：引入主题

作为湖州人，我们该如何重振丝绸辉煌？

4. 阶段性成果

（1）学生通过搜集资料、整理资料、对比资料，了解古代和现代湖州丝绸业的发展状况，在对比中形成对湖州丝绸经济的初步认识。

（2）形成一份湖州"丝绸之府"相关概况的思维导图。

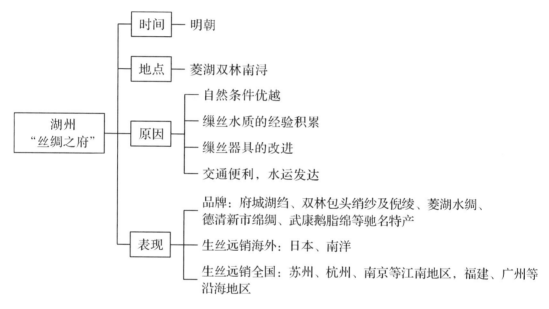

图 4-1-2　湖州"丝绸之府"思维导图

（二）任务二：根据核心问题制定具体活动方案（1 课时）

1. 学习目标

（1）搜集资料，学习如何制定活动方案。

（2）分小组设计不同的活动方案。

（3）分小组课堂展示，说明设计依据。

（4）集体讨论，投票选出最优方案。

2. 核心问题

制定探究湖州丝绸业发展状况的项目活动方案。

3. 项目进程

环节一:头脑风暴

围绕"如何了解湖州丝绸行业的状况",学生思考以下问题:调查什么? 谁调查? 调查谁? 什么时候调查? 怎么调查? ……学生将想法汇总,用便利贴的形式贴在黑板上。

环节二:具体设计,形成方案

选择环节一中的具体问题入手,分组进行方案细化,讨论形成完整的方案。例如,从第一个问题"调查什么"入手,可以细化为自然条件、劳动环节、生产环节、销售环节等。每组选择一个细化问题,再进行方案设计。

环节三:方案展示,小组评议

每组派代表进行展示,其他小组进行评议,提出自己的看法与建议。本组根据其他小组意见,进行方案修改并定稿。

4. 阶段性成果

学生初步了解调查报告形成的相关流程,并讨论形成了调查的流程及方案。

表 4-1-2 湖州丝绸行业发展状况的项目活动方案

调查主题:湖州丝绸行业的困境和出路				
调查时间	2022 年 4 月—6 月			
科学分工	总负责		文献资料搜集		访问调查	
	实地调查		摄影、拍照		
研究方法	实地调查,访问调查,问卷调查			
研究过程	制定活动方案→查询文献资料→实地调查潞村钱山漾遗址和桑基鱼塘基地;实地调查,访问调查养蚕农户;实地调查,访问丝绸企业主→摄影,获得事实材料→进行统计数据分析→整理调查记录→分析讨论研究成果→撰写调查报告→评价和总结			

(三)任务三:实地考察桑基鱼塘,从自然环境和生产模式的角度分析丝绸业发展的相关条件(2 课时)

1. 学习目标

(1)考察八里店桑基鱼塘模式,认识养蚕业的生产模式。

(2)搜集资料,分析湖州适合养蚕种桑的自然条件。

(3)记录各项调查资料,进行汇总。

2. 核心问题

通过实地考察,了解湖州养蚕种桑的相关条件。

3. 项目进程

环节一:参观潞村钱山漾遗址

参观钱山漾遗址,了解湖州"丝绸之源"称号的历史由来。

环节二:考察潞村桑基鱼塘模式

通过观察了解桑基鱼塘的运行模式,结合资料和所学知识,分析这种模式的条件和优势。

环节三:搜集总结资料

4. 阶段性成果

(1)通过实地考察,学生用图画展示桑基鱼塘的运行流程。

图 4-1-3 桑基鱼塘运行流程图

(2)搜集资料后,学生了解了湖州适合养蚕种桑的自然条件(气候、地形、水文、资源)和人文条件(桑基鱼塘模式的开发)。

(四)任务四:参观农家养蚕,分析丝绸源头的问题所在(2 课时)

1. 学习目标

(1)搜集资料,学习如何制定活动方案。

（2）学会针对调查任务设计、精选访问问题,掌握访问技巧和注意事项。

（3）搜集养蚕资料,体验养蚕过程。

（4）搜集记录有效信息,汇总分析。

2.核心问题

如何进行访问调查?

3.项目进程

环节一:参观农家养蚕地

在参观的过程中记录观察到的有效信息。思考:农家养蚕有什么优势和劣势?

环节二:访问养蚕农民

（1）前期准备:在访问进行前,小组先讨论设计调查问题,围绕调查的主题设计访问问题。

（2）调查主题:了解农家养蚕情况变化的影响因素。

（3）分小组设计问题。设计原则:先确定访问具体对象,明确调查内容如下:

①您今年养了多少蚕? 投入了多少本钱? 预计今年有多少收入?

②养蚕从几月份开始,到几月结束,一般要经过几个阶段? 哪个阶段最辛苦?

③现在村子里养蚕的人家大体有多少? 养蚕的人是多了还是少了? 为什么?

环节三:体验养蚕

参与摘桑叶、喂蚕等劳动,感受养蚕人的辛苦付出。

环节四:活动小结

根据观察、访问调查以及实践,整理有效信息,进行组内汇报。小结本次活动过程中的进步与不足之处。

4.阶段性成果

通过实践考察,学生近距离接触丝绸生产的源头环节——养蚕孵茧,通过访问调查、实地考察以及实践参与,了解了现代农家养蚕种桑的优势与不足。

（五）任务五:参观当地丝织厂,探究丝绸生产行业的前景与问题(2课时)

1.学习目标

（1）搜集资料,学习如何制定活动方案。

（2）学习设计符合任务的访问问题。

（3）学会选择合适对象进行访问,学习访问技巧并灵活运用。

（4）记录有效信息。

2.核心问题

了解丝绸生产行业的前景与问题。

3.项目进程

环节一:参观丝绸厂

在参观的过程中记录观察到的有效信息。思考:丝绸厂想要发展,关键因素有哪些?

环节二:访问调查

(1)前期准备:活动之前确定访问对象(工人、管理者)、访问问题和访问注意事项。

①访问对象:你认为我们在丝绸厂该访问哪些人?

②访问时间:待定。

③人员分工:摄影、记者、记录等。

④访问问题设计:访问工人时,我们应该问哪些问题? 访问管理者时,我们应该设计哪些问题?

⑤访问时应该注意的事项:礼貌大方、不得打闹、注意安全、未经允许不得随意触碰机器等。

(2)访问调查:访问相关人员,相互配合完成信息搜集。

环节三:资料整理

对采访搜集的资料进行整理分析,得出相关结论,进行组内汇报。小结本次活动过程中的进步与不足之处。

4.阶段性成果

通过实地考察,学生近距离接触丝绸制作环节——缫丝织布,在调查访问中了解湖州丝绸产业的发展状况,分析影响丝绸行业发展的优势和不足,从商业的角度思考湖州丝绸行业受影响的因素。

(六)任务六:撰写调查报告（2 课时）

1.学习目标

(1)整理归纳资料。

(2)根据资料找到丝织行业的问题所在,并提出自己的解决意见。

(3)学会从不同的角度寻求解决措施。

(4)学习撰写调查报告,汇报展示实践成果。

2.核心问题

如何撰写一份翔实的调查报告?

3.项目进程

环节一:展示调查报告模板

教师让学生从模板中了解调查报告的组成部分:标题、前言、调查分工、调查方法、调查过程、调查结果和建议。

环节二:资料展示

小组选出代表按五个板块给大家展示实践调查资料。大家根据资料,思考问题:根据以上的调查分析,湖州丝绸行业发展的优势和劣势有哪些? 小组讨论并选代表回答,将想法写在纸条上,再贴在黑板上。

环节三:提出对策

小组自选一个板块,讨论思考,提出建设性的意见,由代表汇报。要求:①根据"因地制宜,优势互补"的原则,按照"优势/劣势＋根源＋对策"的方式来表达。②可以从不同角度思考策略(政府、市场、企业、农户、青少年等)。

环节四:成果展示

在学校成果展示栏中展示自己调查的成果,成果形式为调查报告,附上照片或其他形式的实践资料。

环节五:活动总结

学生进行自我评价、小组评价和教师评价;每人写出对此次活动的感受。

4.阶段性成果

通过对前期实地考察、访问调查、问卷调查资料的整理,学生学习调查报告的撰写格式,撰写了《湖州丝绸经济发展状况调查报告》。

四、项目评价

为了客观全面地反映学生的真实情况,更好地服务教学目标,本项目的评价量表从多层次、多维度来设计。学生根据自己和小组其他成员的表现客观地进行评分,教师根据观察给予学生相应的分数。

表 4-1-3　项目过程性评价量表

一级评价指标	二级评价指标	自评	组评	师评
参与意识	积极主动参与活动,主动参与解决问题(5分) 能参与活动(3—4分) 活动参与不积极、不完整(0—2分)			

续　表

一级评价指标	二级评价指标	自评	组评	师评
合作表现	积极主动配合活动安排,积极主动与成员交流(5分) 能够配合完成活动(3—4分) 不太配合小组活动,缺少交流(0—2分)			
调查能力	能够主动搜集大量有效资料和信息(5分) 能参与搜集资料,但有效性不高(3—4分) 没能搜集资料或者资料无效(0—2分)			
	能够科学准确地对信息进行统计和分析(5分) 能参与信息的统计,但不会分析(3—4分) 不会统计和分析(0—2分)			

总计:20分[评价量表总成绩=(自评×30%)+(组评×30%)+(师评×40%)]

表 4-1-4　汇报过程评价量表

一级评价指标	二级评价指标	自评	互评	师评
汇报内容	能够完整展示项目成果,项目成果丰富(5分) 能将活动过程完整展现,有活动成果(3—4分) 活动过程不完整,活动成果缺失(0—2分)			
汇报表现	语言表达流利,仪态端庄大方,能有理有据地回答同学和教师的提问(5分) 语言表达一般,不能精准回答同学和教师的提问(3—4分) 语言表达不够流利,神态拘谨(0—2分)			

总计:10分[评价量表总成绩=(自评×30%)+(组评×30%)+(师评×40%)]

五、项目反思

在整个项目活动中,学生学会了如何设计活动方案,如何分工合作,如何进行访问调查、文献调查等。特别是实地考察,让学生明白了访问考察并不是简单地看,而是带着目的和问题去观察访问,需要提前准备、精心设计。更重要的是,本项目针对现实的真实问题,让学生更早地接触社会现实问题。这样的项目有利于学生在发现问题、思考问题的过程中形成对人地协调关系的思考,学会认识区域经济,培养了学生的核心素养和社会责任感,促进学生为家乡建设献计献策。

整个项目中,教师发挥了主导作用,设置问题引导学生完成驱动性任务,指导学生根据不同的调查目的采用不同的调查方法,有访问调查、实地考察、动手实践等,让学生在这些实践中发现问题,针对问题提出策略。

　　本次项目从核心素养出发,立足真实问题进行社会实践,将理论与实践相结合,让学生参与社会、参与生活。学生的感触很多,也体会到了社会实践中的困难,例如考察对象的安排、考察项目的设计都需要结合实际。实践过程中也出现了很多问题,但是最后都想办法解决了。学生对这个项目也提出了一些建设性的意见,但限于学生的学识和认知,有些意见只是处于理论水平,离真正落实还有一段距离,但是这也是对学生的一次锻炼。

六、专家点评

　　乡土文化是中华传统文化的重要组成部分。乡土文化的传承与发扬是对中华民族精神家园的守护。本项目根植于湖州乡土文化,利用乡土资源开展项目化实践活动,让学生更深入地了解湖州传统特色,培养对家乡的认同感。学生以发展家乡为使命,为湖州经济发展提出自己的意见和建议,培养了社会责任感和使命感。本项目以真实问题为项目起点,将生活问题转换为学科问题,最后又回归到生活中,将学习与生活融为一体。立足社会实践,架构开放式的活动流程,让学生从课本中走向生活、走进社会,培养学生的实践能力,达到"知行合一"。量化评价让学生在活动过程中对照自身行为状况不断调整改进,提升学生评改的针对性和自我反思能力。

（湖州市教育科学研究中心　费为群）

泉·茶·壶:探寻水口的茶韵之道

长兴县水口乡中学　向广钢

一、项目简介

长兴县水口乡出产的紫笋茶早在1200多年前已负盛名。长兴自古是紫砂壶的产地之一,和宜兴素有"南窑北陶"之美誉。紫笋茶和紫砂壶,配上水口特有的金沙泉水,并称"品茗三绝",构成了水口的地方文化标志。本项目基于初中历史与社会的相关学习内容,学生通过查阅资料,向茶艺师学习采茶、制茶、泡茶工艺,向工艺老师学习制作紫砂壶的技艺等一系列活动,将水口茶文化发扬光大,感受茶以载道的精神和浓浓的中国文化味道。

项目时长:6课时

适用年级:八年级

二、项目规划

(一)驱动性问题

随着时代的快速发展,以"品茗三绝"为代表的传统文化记忆正在消逝。我们如何在快餐文化的冲击下,通过学习各种技艺和开展实践活动,传承和弘扬以"品茗三绝"为代表的水口茶文化?

(二)核心概念

学科概念:乡土文化、"品茗三绝"、茶文化、孝亲敬长、传统美德、中华优秀传统文化、文化自信、文化传承。

跨学科概念:社会调查、宣传资料的设计、文献整理、采访技巧、工艺制作、技艺展示、小报绘制。

(三)学习目标

表 4-2-1 学习目标与核心素养

主要学科	学习目标	核心素养
人文地理	了解水口生产金沙泉、紫笋茶的自然条件	人地协调观
中国历史	了解水口金沙泉、紫笋茶、紫砂壶的历史与现状,了解并实践采茶、制茶、泡茶、制作茶壶等工艺,体会其中蕴含的文化和人文意蕴	历史意识 社会实践
	理解守护中华文化、传承文化习俗是爱国爱家的重要体现,感受中华文化的源远流长、博大精深	家国情怀
道德与法治	深刻领悟爱国爱家、孝亲敬长的中华民族优秀文化传统。中学生既要有全球视野,放眼全球了解国际文化,更要珍视本民族和国家的优秀传统文化,在文化传承中做到推陈出新、革故鼎新	公共参与 科学精神
综合实践	通过社会调研、人物访谈等形式学会多角度探究问题,理性分析传统文化在今天的传承和发展情况	社会实践

(四)学情分析

八年级学生具备一定的理性思考能力,对社会实践的兴趣较为浓厚,对家乡的特色文化深感自豪,能够运用学科知识解释生活中的一些现实问题。但面对复杂的生活(学习)情境,学生解决现实问题的能力还有所欠缺。项目化学习的开展,有利于提高学生解决现实问题的能力,也有利于培养学生爱劳动、爱生活的素养,增强学生的实践能力。

(五)学习地图

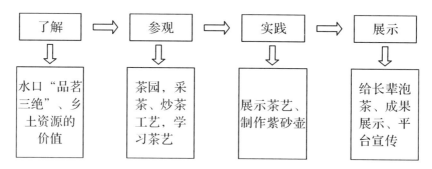

图 4-2-1 "泉·茶·壶:探寻水口的茶韵之道"项目化学习设计框架

三、项目实施

任务一:循悠悠茶香,识"品茗三绝"(1课时)

1.学习目标

(1)了解我国的茶文化历史和茶宴、茶俗,知道长兴顾渚是我国茶文化的发源地之一。

(2)知道长兴茶文化的标志——"品茗三绝":紫笋茶、金沙泉和紫砂壶,激起对长兴文化历史的自豪感,树立起爱护和传承优秀历史文化的意识。

2.核心问题

历史学科的史料有哪些?如何搜集史料?以水口"品茗三绝"为代表的茶文化中蕴含着怎样的文化意蕴?

3.项目进程

环节一:搜集信息与整合资料

搜集文本资源,如教材、地方志、报纸、杂志等与茶有关的文献资源。观看视频资源,如《饮茶与茶文化知识》《茶经》《茶博士说茶:茶壶文化品趣》。整合利用其他资源,如博物馆、贡茶院、村文化礼堂、农耕文化园等,搜集实物史料。摘录国外关于水口"品茗三绝"的资料,拓宽文化视野。

环节二:制作课件与介绍资源

将搜集的资料进行整合,制作成课件或以图片的形式进行介绍,向全班同学普及茶文化:了解陆羽和《茶经》的故事,分享贡茶知识、"品茗三绝",观看茶艺的流传过程,通过"名人典故"见证紫笋茶的发展与繁荣,体会茶以载道的人生哲理。

4.阶段性成果

学生搜集到大量关于茶文化的资料,包括文献、图片、视频、实物等,整理后制作成课件或图片,同学间交流共享,加深了对茶文化内涵的理解,提升了对家乡的热爱之情;对当今水口"品茗三绝"面临的危机做了情况调查,并对数据资料进行分析,一定程度上了解了危机产生的原因,并提出了自己的一些看法。

图 4-2-2　学生搜集资料向全班同学展示,确定项目化选题

(二)任务二:探青青茶园,学茶艺之道(4课时)

1.学习目标

(1)参观茶园,学会采茶。了解茶叶的炒制流程,并参与炒茶活动,体会劳动之美,感恩大自然的馈赠。

(2)参观贡茶院,学习茶艺之道,感受茶艺文化之美,体会茶艺文化的高雅。

(3)掌握基本的茶艺工序,能够展示泡茶的工艺流程,感受劳动的快乐。

(4)知道陶泥和制陶工具,初步了解紫砂壶的制作流程,动手学习紫砂壶的制作,体会紫砂壶制作的乐趣,感受紫砂工艺的博大精深。

2.核心问题

如何采茶、炒茶?中国传统的泡茶工艺是怎样的?紫砂壶如何制作?茶艺文化如何体现中华优秀传统文化之美?

3.项目进程

环节一:茶园采茶与农家炒茶

在 2022 年春天,学校组织采茶小分队去茶叶基地进行茶叶的采摘活动。通过茶农指导,同学们了解了茶叶生长的自然环境,学会了辨别茶叶品种和质量优劣。随后,同学们亲身参与,体味了一把采茶农的辛劳。采茶结束后,学校组织大家去茶农家里观看茶叶的炒制过程,并试着炒制茶叶。最后,各班同学把自己摘来的茶叶汇拢炒制,各班进行采摘、炒制茶叶的重量评比。

环节二:贡茶研学与品味茶香

2022年4月,学校进行了一次贡茶研学之旅。学校老师带领同学们前往大唐贡茶院进行茶文化的学习。同学们了解了茶文化的历史,聆听了众多与茶有关的故事,观看并学习了茶艺表演。在这一过程中,同学们充分领略了茶文化中蕴含的中华文化的内秀与柔美。

环节三:展示茶艺与探讨茶道

部分同学将学会的茶艺带回学校的课堂,与老师、同学共同分享。同学们将茶艺工序在课堂上给老师、同学一一展示,大家围聚一堂,共同品茶、鉴茶,探讨茶道。

环节四:紫砂研学与制作茶壶

学校组织学生去水口乡成校进行紫砂研学,了解一把好的紫砂壶需要经过哪些环节的打磨。同学们向专业老师请教如何制作紫砂壶,并在现场制作紫砂壶的过程中,感受传统技艺的精湛与传承的不易,培养动手能力,感受劳动的快乐。

4. 阶段性成果

(1)通过采摘活动,同学们了解了茶叶的生长习性,感受了茶农的艰辛与劳苦,参与了挑茶、炒茶,了解了茶叶的制作流程,明白了茶叶制作的独特技艺与传承情况。每个班级收获了制作成成品的茶叶,余香满满。

(2)通过研学大唐贡茶院,同学们了解了茶文化,了解了紫笋茶制作的八道工序,感受工艺师的高超技艺,并学习了如何泡茶。同学们在课堂上分享了深厚的茶文化。

(3)通过学习紫砂壶的制作,同学们学会了辨别陶泥,知道了制作紫砂壶的众多工具和复杂流程。在专业老师的指导下,大家初步掌握了紫砂壶制作的基本流程,并学会了简单制作一把紫砂壶,收获了劳动的乐趣。

图 4-2-3　校园茶叶基地采茶

图 4-2-4　农舍学习炒茶

图 4-2-5　学生采摘的茶叶

图 4-2-6　大唐贡茶院研学

图 4-2-7　课堂上展示茶艺

图 4-2-8　学习制作紫砂壶

图 4-2-9　课堂展示制作茶壶

(三)任务三:承暖暖茶情,诉茶中诗意(1 课时)

1.学习目标

(1)学会给家里的长辈泡一杯茶,用爱和感恩之心回馈父母长辈恩情,体会亲情之贵,在日常处见温暖。

(2)通过海报、手抄报、美照展览、主题班会、视频等形式,整理本次活动的成果,做好总结汇报。并将这些成果通过各种平台进行宣传,力争将水口茶文化发扬光大。

2. 核心问题

如何表达对父母亲人的感恩之心?如何传承和弘扬中华优秀传统文化?如何用恰当的方式展示活动成果?

3. 项目进程

环节一:泡一杯茶给父母,画一幅画给班级

同学们给家里的父母长辈泡一杯茶,向他们表达自己的感恩之心。在最细小的行动中彰显自己对茶文化的理解。利用手抄报或黑板报的形式,绘制茶文化的宣传海报,在校园里继承和发扬茶文化。

环节二:谈一谈项目成果,借平台广泛宣传

班级同学分小组谈一谈各自在这个过程中的经历与收获,分享在本次活动中的感受。将活动记录、照片等整理成册,通过各种平台宣传推广,将水口茶文化发扬光大。

4. 阶段性成果

(1)同学举行了一次茶文化校园宣讲,每个小组呈现了自己制作的关于茶文化的PPT、海报和倡议书,并进行演说,引起了校内师生和部分家长的关注。

(2)在成果展示中分享与记录他人的建议。

(3)学校专门做了一期关于传承与弘扬水口茶文化的微信推文,将同学们在本次项目化活动中取得的成果进行宣传。

图 4-2-10　给家长敬杯茶

图 4-2-11　学生制作的小报

图 4-2-12　学生汇报活动成果

四、项目评价

1. 根据评价量表，项目小组内、项目小组间、指导老师以及评委老师对项目过程和项目成果进行评价。本次项目评价＝过程性评价（60%）＋终结性评价（40%）。

表 4-2-2　项目过程性评价量表

一级指标	二级指标	自评	互评	师评
目标明确 （5分）	项目成果展示目标明确（5分） 项目成果展示目标明确，但环节完整度不够（3—4分） 没有明确的项目成果展示，环节混乱（0—2分）			
自觉参与 （5分）	不需要他人提醒，按时认真完成整个调研项目（5分） 能够完整参与整个项目流程（3—4分） 参与不积极，活动内容不完整（0—2分）			
合作交流 （5分）	有效共享信息，提供直接或间接的有效协助，与他人进行多种方式的合作，共同完成任务（5分） 能够给组员提供信息，完成组员间的互动（3—4分） 拒绝信息共享与交流，与组员缺少有效沟通与交流（0—2分）			
调查与搜集 信息（5分）	搜集大量的信息，都与主题有关（5分） 搜集的信息基本符合主题，需要重新整合（3—4分） 搜集的信息与主题关联度不高或者没有搜集信息（0—2分）			

表 4-2-3　项目终结性评价量表

一级指标	二级指标	自评	互评	师评
作品外观 (5分)	外观设计专业且精美,材料准备充分(5分) 外观比较完整流畅,基本符合要求(3—4分) 没有完整的外观,完成度欠佳(0—2分)			
内容(5分)	案例丰富,且研究者挖掘出与研究主题相关的重要理念 (5分) 案例较为翔实,能体现研究者的理念(3—4分) 案例不充分,欠缺研究理念(0—2分)			
创意和呈现 (5分)	项目成果被很好地呈现,展示出独特性和创新性(5分) 项目成果呈现效果较好,具有一定的独特性和创新性 (3—4分) 项目成果呈现效果一般,没有特别之处(0—2分)			

2.指导教师和项目组员根据大家的反馈意见对项目进行修改。

五、项目反思

(一)提升了项目化活动的意识

在项目化学习中,学生基本上达到了项目预设的目标。他们进行了有效的团队合作,提出了较好的问题,并找到了自己的答案,最后还进行了有效的展示。很显然,所有学生都了解了很多有关水口"品茗三绝"的知识,学生强烈意识到水口茶文化应当被传承和发扬,他们表示还希望参加更多的项目化活动。

(二)提升了学生的综合素养

本项目结合历史、道德与法治、美术等多门学科,精心设计符合学生身心特点的项目化活动。在活动中,各个小组的同学运用查阅文献、参观考察、学习感受、动手操作、绘画宣讲等多种学习方式,通过小组合作去发现问题、解决问题。本项目将学生置于具体的情境之下,让学生通过自己的实践去发现问题、解决问题,从而提升了学生的综合素养。

(三)增强了学生对乡土文化的认同

文化是一个民族的根,中华优秀传统文化是每个中国人内心深处自信和自豪的来源。本项目最大的价值就是在活动中增强了学生对乡土文化的认同,让他们发自内心地对水口的茶文化感到自信和自豪。这对以后水口乡茶文化的传承起到了极大的促进作用。

六、专家点评

长兴县水口乡有着悠久的茶文化,本项目以茶为载体,让学生对乡土文化的认同落在实处。从喝茶到泡茶,从采茶到炒茶,从品茶到制壶,是对学生动手能力和鉴赏能力的一大考验,让学生在劳动中感受劳动之美,在品味中感受生活之美。本次项目化活动在有实物成果的基础上,更增加了理念的浸润与弘扬,蕴含着对乡土文化的传承与保护。这种活动和探究具有推广价值,如长兴的红梅文化、安吉的竹文化、南浔的古镇文化等,可以以此为例,举一反三,见微知著。

(长兴县教育研究中心　钱　俊)

"南腔北调话安吉"之安吉县方言调查

安吉第二初级中学　刘　欢

一、项目简介

　　安吉县建县于汉中平二年(185),县名源于《诗经·唐风·无衣》中的诗句"岂曰无衣,七兮,不如子之衣,安且吉兮",是古越国重要的活动地和秦三十六郡之一的古鄣郡郡治所在地,也是"绿水青山就是金山银山"理念的发源地。在安吉县有个令人惊奇的现象,在这个面积不算大的地方,存在着十余种方言。本项目发出安吉县方言调查员征集令,引导学生通过问卷调查、史料研读、实地考察、人物访谈等方式了解安吉县方言,录制安吉县方言广播剧,开展安吉县方言主题晨会,向全校师生甚至更多人群科普多样的安吉县方言,共同体会安吉县方言的魅力。

　　项目时长:6 课时

　　适用年级:八年级

二、项目规划

(一)驱动性问题

　　作为安吉县方言调查员,你要如何对安吉县方言进行调查,用怎样的形式向大家科普安吉县丰富多样的方言呢?

(二)核心概念

学科概念：史料实证、历史解释、家国情怀。

跨学科概念：地理实践力、文化自信、创意实践。

(三)学习目标

表 4-3-1 学习目标与核心素养

主要学科	学习目标	核心素养
历史	学生能够多途径搜集史料，对史料进行研读整理，运用可信史料，整理安吉县方言的种类，梳理安吉县方言众多的原因	史料实证
	学生通过搜集的史料，对安吉县历史有更加深刻的认识，能够叙述清末太平天国运动与安吉县方言众多之间的联系	历史解释
	学生通过对安吉县方言的探究，了解安吉县的历史和文化，以及它的包容性，增强对家乡的认识和热爱	家国情怀
地理	学生进行问卷调查，了解人们对于安吉县方言的了解程度；到安吉县乡镇进行实地考察，了解安吉县方言的地理分布	地理实践力
语文	在资料的搜集与整理的过程中，学生对安吉县方言情况的了解不断深入，能够感受到各种方言的魅力	文化自信
艺术	开展安吉县方言主题晨会，录制安吉县方言广播剧	创意实践

(四)学情分析

1.八年级的学生有了一定的历史积累。经过一学年的历史学习，已基本学完中国古代史，从八年级上学期开始学习中国近代史的内容，对清末太平天国运动有了一定的了解，有利于在项目化学习过程中开展对安吉方言众多之因的探究。

2.八年级的学生已初步具备对史料的识读能力。在搜集史料的过程中，能够整理和摘抄有用的史料，有利于项目化学习前期的资料准备。

3.八年级的学生资料搜集能力较弱。在项目化学习过程中，学生需要从多途径搜集资料，以提高资料搜集能力。

(五)学习流程

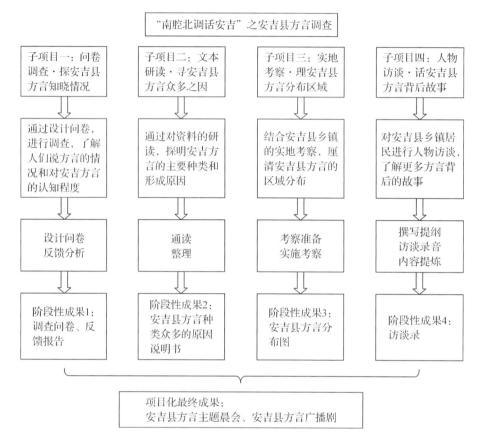

图 4-3-1 "'南腔北调话安吉'之安吉县方言调查"项目化学习设计框架

三、项目实施

(一)任务一:问卷调查·探安吉县方言知晓情况(2 课时)

1. 学习目标

(1)确定问卷调查的对象。

(2)学会多角度设计问卷问题。

(3)整理信息,分小组讨论,对信息进行分析反馈。

2. 核心问题

如何设计调查问卷,并完成调查信息的分析反馈?

3. 项目进程

导入:播放安吉县各地方言视频,发起安吉县方言调查员征集令。

环节一:分组讨论以下问题,明确调查对象

(1)谁会经常说方言?

(2)在什么场合说方言?

(3)为什么要说方言?

(4)什么时候说方言说得多?

……

通过讨论,确定调查对象可以为学生家长,因此选取一个班级的家长作为调查对象。

环节二:根据调查对象,拟定问卷问题

(1)教师引导学生设计调查问卷的题目,将各个小组的成果进行展示。

(2)为各小组展示的成果打分,选出最优方案,修改启用。

(3)选取一个班级,打印下发调查问卷,由这个班的学生带回,交由家中长辈完成调查问卷。

环节三:整理信息,反馈分析

(1)回收《安吉县方言调查问卷》,对有效的问卷信息进行整理。

(2)各小组分析有效信息,了解人们对于安吉县方言的知晓情况,形成反馈报告。

4. 阶段性成果

(1)学生设计了《安吉县方言调查问卷》。

安吉县方言调查问卷

一、基本信息

姓名:　　　　　　　　　年龄:

祖籍:　　　　　　　　　家庭住址:

与_____(学生姓名)是_____关系

二、方言情况

1.您知道安吉县方言中有多少种类吗?

2.您会说哪种方言?

3.您日常使用的语言是什么?

4.在家您是用方言和亲人交流吗?

5.您家人说方言的情况是怎样的?

6.您在生活中听过哪几种安吉方言?

7.您能熟练地用方言与使用该方言的人沟通交流吗?

8.您会让自己的亲人(特别是孩子)学方言吗?

9.您是否了解过您讲的方言的历史渊源?

10.当他人用不一样的方言与您交流时,您有什么感受?

(2)调查问卷回收后,各小组对调查问卷信息进行整理提炼,形成反馈材料,使我们对安吉县人民了解安吉县方言的情况有了一定的了解,以下是安吉县方言调查组的问卷反馈报告。

安吉县方言调查问卷反馈报告

　　因无法对安吉县人民对于安吉方言的认知情况做全面的调查,因此我们采取抽样调查的方式,对 806 班家长进行问卷调查,现将调查结果反馈如下:806 班共下发问卷 48 份,实际收回 46 份,有效问卷 45 份。通过问卷分析可知,80% 以上的同学家长了解三种以上的安吉县方言,大部分家长日常交流以吴语、河南话、安庆话为主。使用方言频率较高,主要以家庭成员交流、邻里交流为主。另外,湖北话、苏北话、温州话、绍兴话在日常生活中也经常听到。家长对于自己孩子学习安吉县方言持开放态度。日常交流经常使用方言的家长,大多数有迁移经历。

安吉县方言调查组

(二)任务二:文本研读·寻安吉县方言众多之因(2 课时)

1.学习目标

(1)掌握搜集信息的多种途径,搜集各类相关资料。

(2)学会研读史料,整理有价值的信息。

(3)对整理的史料和资料进行分析,能够有理有据地阐述安吉县方言的种类及种类众多的原因。

2.核心问题

如何搜集资料、整理资料? 如何提炼信息,阐述安吉县方言众多的原因?

3.项目进程

环节一:小组合作,搜集资料

教师分配小组任务,让各小组课后搜集关于安吉县方言的资料,可以是地方志等史料、论文、视频……教师引导学生通过县图书馆、知网、百度搜索、古籍库等多种渠道搜集资料。

环节二:资料整合,整理摘抄

学生分组上台展示并讲解搜集资料的途径和成果。教师将学生搜集的资料进行整合,并提供学生未搜集到的资料,形成学习资源库。学生通读书籍内容,整理有效资料。

表 4-3-2　学习资源库

资料类别	资料名称
视频	bilibili《安吉县各地方言你会说哪一种?》
史料	同治《安吉县志》、安吉县地方志编纂委员会编《安吉县志》、湖州市地方志编纂委员会编《湖州市志》
论文	《太平天国运动之际人口变动及对湖州民俗文化的影响》《浙江西北部吴语与官话的边界》《浙江安吉县的三种官话方言岛》《浙江安吉县官话方言岛研究》
图片资料	安吉吴语的分布图、安吉境内官话方言岛的分布图、安吉境内其他方言岛的分布图、浙江西北部(安吉、长兴)方言分布示意图

环节三：小组讨论，观点分享

各小组精读整理的资料，讨论安吉县方言的种类和形成的原因。在此基础上召开观点分享会。

4.阶段性成果

各小组在分享会结束后，完善各自整理的资料，撰写了安吉县方言种类众多的原因说明书。以下是安吉县方言探根组的成果。

安吉县方言种类众多的原因说明书

原本说吴语的安吉县为什么会有这么多方言呢？根据对文本的研读，发现这与19世纪中叶的太平天国运动有直接关联。19世纪中叶爆发的太平天国运动以长江中下游以及浙江北部这一人口最为密集的地区为中心，长达十多年的战争使得这片沃土上的人口锐减。安吉和孝丰地处浙皖边境，成为太平军与清军反复争夺的地区，战争历时长，战况激烈，因而是人口死亡最多的地区之一。太平军于咸丰十年(1860)进军安吉、孝丰两县，战争期间曾三度入据孝丰，与清廷相持达五年之久。太平军攻克安吉县城之后，亦同清兵和地方团练历战数年。同治元年(1862)该地暴发了瘟疫。战乱和瘟疫使人口锐减、土地荒芜。[①]

太平天国战争结束之后，为了恢复生产，清政府实行"招垦、招佃""轻徭薄赋"的政策。[②] 因此，之后大量的人口迁入安吉县，带来了口音各异的方言。这些移民主要来自江苏、浙江、安徽、河南、湖北、湖南、江西、福建、山东等省区，"豫楚最多，温台次之"。[③]

安吉县方言探根组

---

① 黄晓东：《浙江安吉县官话方言岛研究》，北京语言大学博士学位论文，2004年，第14页。
② 茅家琦：《太平天国兴亡史》，上海古籍出版社1980年版，第326—327页。
③ 《长兴县志遗拾》，转引自鲍士杰：《浙江西北部吴语与官话的边界》，《方言》1988年第1期，第25页。

(三)任务三:实地考察·理安吉县方言分布区域(1课时)

1.学习目标

(1)做好实地考察准备,制定考察路线。

(2)学会记录考察时的有效信息。

(3)初步学会绘制地图。

2.核心任务

如何做好对安吉县乡镇进行实地考察的准备工作? 如何绘制安吉县方言分布图?

3.项目进程

环节一:考察前的准备

教师结合学生的家庭住址情况,按就近原则给各小组分派考察区域,分发安吉县行政区划图。各小组利用周末时间,携带相机、录音笔开始寻访任务(每小组至少有一位家长陪同)。

环节二:实地考察

(1)学生结合学习资源库,实地考察安吉县各乡镇,了解安吉县方言的分布情况。

(2)完成实地考察后,开展考察成果交流沙龙,各小组间进行信息交流、共享。

环节三:绘制方言区域分布图

(1)教师为学生提供空白的安吉县行政区划图,指导学生结合实地考察得来的信息和学习资料库中的资料绘制方言分布图。在这一过程中,教师提醒学生注意地图的三要素。

(2)小组成员相互合作,共同绘制方言分布图。各组作品完成后,每小组各派出一名组员展示成果。在小组展示的过程中,其他小组可以提出意见。

(3)各小组对绘制成果进行修改。

4.阶段性成果

学生在安吉县行政区划图的基础上绘制了安吉县方言分布图。

(四)任务四:人物访谈·话安吉县方言背后故事(1课时)

1.学习目标

(1)学会发现问题,设计合理的访谈问题。

(2)提炼访谈内容,撰写人物访谈录。

2. 核心问题

如何设计访谈问题？如何提炼访谈内容，撰写人物访谈录？

3. 项目进程

环节一：撰写访谈提纲

在采访前，学生根据想了解的问题确定采访对象，设计问题，完成访谈提纲。

环节二：实施访谈

确定采访对象，实施访谈，做好访谈实录（录音、视频等形式）。

环节三：复盘提炼

在剪辑完访谈视频之后，对访谈内容进行提炼，形成人物访谈录。

4. 阶段性成果

经过四个子项目的实施，学生形成了一系列项目成果。小组间相互交流项目成果，对项目成果进行修改优化。将取得的阶段性成果，如安吉县方言说明书、安吉县方言分布图、人物访谈录等，在教室的作品栏上进行展示。在此基础上，各小组撰写文案，开展安吉县方言主题晨会；录制安吉县方言广播剧，在学校"放飞一小时"的时间段播放。

表 4-3-4 阶段性成果——"小人物"背后的方言故事

学习小组	安吉县方言溯源组	活动图片	
活动地点	安城	活动时间	2022 年 9 月 25 日
访谈人物	郑秀梅，女，35 岁		
访问问题	(1)祖籍在哪里？ (2)说哪种方言？ (3)什么时候迁入安吉？ (4)什么原因迁入安吉？		
访谈内容	郑秀梅女士，祖籍河南南阳，在日常生活中说河南方言较多。她太爷爷举家南迁至安吉县。当时太平天国战争结束不久，长江流域受战火影响很大，人口锐减，土地荒芜。当时政府颁布优惠政策，到这一区域进行生产生活的人们，政府减免赋税，再加上当时郑秀梅太爷爷一家经济条件不好，一家人经常食不果腹，她的太爷爷就做了举家南下、迁入安吉的决定。		

图 4-3-2 学生开展安吉县方言主题晨会

四、项目评价

本项目评价分为阶段性评价和终结性评价两大维度。评价方式有学生互评和教师评价。

表 4-3-5 项目评价量表

评价维度		评价细则			评价方式	
		A 等	B 等	C 等	互评	师评
阶段性评价	问卷调查表	问题设计合理,题目量适中,切合主题	问题设计较为合理,题目量较为适中,切合主题	问题设计不合理,题目量过多或太少,偏离主题		
	问卷信息反馈	问卷信息分析全面,进行提炼总结	问卷信息分析较为全面,能够进行提炼总结	问卷信息分析不全面,未提炼总结,内容拖沓		
	研读史料	阅读史料的功底强,遇到不懂的字词能够借助各种渠道查找,能够主动解决问题	阅读史料的功底较强,遇到不懂的字词会向老师求助,解决问题	史料读不通,遇到不懂的字词选择放弃,不能主动解决问题		
	资料整理	资料整理得很整洁、有条理;能注明资料的出处	资料整理得较为整洁、有条理;一些资料注明了出处	资料整理得较为混乱;未注明资料的出处		
	方言地图的绘制	能够绘制较为完整的方言地图,地图三要素标注清晰、合理	绘制的方言地图不够完整,地图三要素标注较为清晰、合理	绘制的方言地图较为粗糙,未标注地图三要素		

评价维度		评价细则			评价方式	
		A 等	B 等	C 等	互评	师评
阶段性评价	人物采访与访谈录的撰写	人物访谈的问题设计合理;能够抓住有用信息,提炼重点;语句通顺,润色自然,人物形象饱满	人物访谈的问题设计较为合理;访谈录内容较为烦琐;语句通顺,人物形象较为饱满	人物访谈的问题设计不合理;访谈录的没有重点,内容杂乱烦琐,语句不通		
	小组分工	小组分工明确,任务安排到位,小组成员沟通意识很强,成员行动力强,并能够接受他人有用的意见	小组分工明确,个别成员不清楚自己的任务,成员之间有一定的沟通意识	小组分工不明确,小组成员不清楚自己的任务,成员之间没有沟通,只有少数成员执行任务		
终结性评价	主题晨会	能根据历史真实讲述安吉县方言的情况;有历史专业性,表达思路清晰;晨会表达方式灵活有趣	能根据历史真实讲述安吉县方言的情况;有一定历史专业性,表达思路较为清晰;晨会表达方式较为灵活有趣	安吉县方言的情况讲述不清;表达思路不清晰,语言表达不通顺;晨会表达方式木讷		
	广播剧	依据历史真实撰写广播稿,广播稿条理清晰,文字生动;语言流畅,普通话标准	依据历史真实撰写广播稿,广播稿条理较清晰;语言较为流畅,普通话标准	广播稿简单粗糙,条理不清晰;语言不流畅,多处卡顿		

五、项目反思

(一)以行促思,提升素养

本项目化学习取得了较为丰硕的成果,在项目化学习实施过程中,学生通过对史料的搜集、整理、研读,提高了自身的历史学习能力;能运用资料阐述安吉县方言的情况,有理有据地叙述历史观点。本项目的实施,培养了学生的历史核心素养。本项目是以小组为单位进行的,学生在小组合作中,积极参与讨论,敢于发言,同时也强化了团队意识和协作能力。该项目化学习结合历史、地理、语文、艺术等多门学科,打破了学科界限,使得各学科知识相互串联,促进学生思维发展,让学生能把课堂上学到的知识灵活运用到生活中,解决现实问题。

（二）以思助教，更新理念

运用项目化教学解决学习中的盲点，从多维度切入，促进学生对史料的研读、理解，充分体现以学生为主体；结合实际情况，设置合理的任务，也促使教师教学观念的更新转变，引导学生积极参与，巧思明辨。

六、专家点评

方言虽然常见，但其背后的历史却不普通。"发现身边的历史，通过生活了解历史"，是我们初中历史学习的重要内容，也是激发学生感受历史、热爱历史的重要抓手。该项目从我们生活中随处可见（可闻）的方言入手实施，在真实性情境中进行了持续探究，创造性地解决问题并形成了相关成果。

刘欢老师带领同学们开展的这个项目，围绕身边的历史，以多样化形式呈现当地方言的现状为驱动性任务。在项目实施过程中，不仅聚焦初中历史学科的核心素养，而且较好地将地理、语文、艺术等学科的核心素养融入其中，实现跨学科的综合性学习。项目在实施过程中，通过"探、寻、理、话"四个板块将项目分解成四个子项目，采用问卷调查、文本研读、实地考察、人物访谈等多途径，全方位地对安吉的方言进行了概括、梳理、探究和撰写等。不仅入项自然，而且实践清晰、过程真实、成果可视。在评价板块，本项目采用了过程性评价（阶段性评价）和终结性评价，尤其是针对四个子项目，分别设计了不同的、分层的评价标准，这为我们实施项目化学习提供了相当程度的借鉴。当然，在整个项目化环节，也有值得探讨和完善的部分。比如该地方言复杂的成因探究还应该注意原因的多样性和时序化，项目成果呈现形式也可以多样化。

（安吉县教育科学研究中心 丁爱国）

第五章 走进自然 守望家园

城市印象之如果湖州会说话

湖州市第四中学教育集团　施　思

一、项目简介

　　加强爱国主义教育是青少年德育工作的重要使命,爱国主义教育必须从爱家乡的教育开始。当下部分学生对家乡缺乏了解,从而对家乡的热爱也少了一分。本项目涉及地理、道德与法治、历史、美术、劳动等学科,以人文地理学科知识为主,结合道德与法治、美术等多门学科知识,帮助学生了解家乡的自然和人文特色,树立因地制宜、人地和谐的理念,加深对家乡的了解,厚植对家乡的热爱。

项目时长:13 课时

适用年级:七年级

二、项目规划

(一)驱动性问题

　　《城市印象》系列纪录片来到湖州拍摄,邀请你加入家乡宣传小分队,你会如何把家乡的美景、历史编成动听的故事,讲给世界听?

(二)核心概念

学科概念:描述家乡自然和人文特点、家国情怀、民族自信。

跨学科概念:模型制作、社会调查、小报绘制。

(三)学习目标

表 5-1-1　学习目标与核心素养

主要学科	学习目标	核心素养
人文地理	能够利用地图及其他地理工具,说出地形、气候等自然环境要素的基本状况,以及自然环境要素对人们生活生产的影响;能够观察、描述城乡、文化等人文环境要素的基本状况,以及人类活动对自然环境的影响	人地协调观 综合思维 区域认知 地理实践力
	能够描述中国不同地区的主要地理特征,比较与其差异,从区域的视角说明人类活动与自然环境和资源的关系,初步形成因地制宜的发展观念	
道德与法治	敬畏自然,具有绿色发展理念,初步形成环保意识和生态文明观	政治认同 责任意识
	理解中华民族优秀传统文化的核心思想理念,具有强烈的中华民族自豪感	
历史	初步学会从多渠道获取历史信息,提高对史料的识读能力	史料实证 家国情怀
	能够从历史的角度认识中国国情,增强热爱家乡、热爱祖国的情感	

(四)学情分析

　　学生基本上都是湖州本地人或在湖州生活了一段时间,对湖州的自然环境及风俗习惯等方面都有一定的了解,在项目开展过程中有一定的基础支持。七年级学生有强烈的表现欲,对操作性强的活动有兴趣,有利于项目的开展;但缺乏探究能力,对于理论性较强的教材内容,理解起来比较难,更无法将书本知识转化成解决实际问题的方法。

（五）学习地图

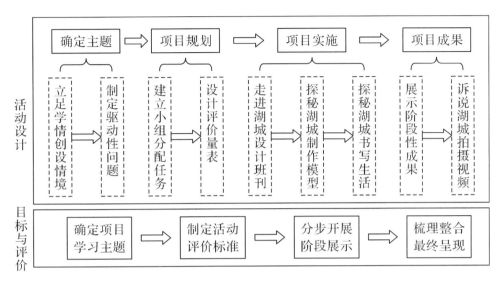

图 5-1-1　"城市印象之如果湖州会说话"项目化学习设计框架

三、项目实施

（一）任务一：走进湖城（2 课时）

1. 学习目标

（1）通过观看视频、查阅资料等方式，了解湖州的自然环境特色和人文环境特色。

（2）以小组为单位，将自然环境和人文特色扩展，形成知识框架，尝试用思维导图等形式进行整理与概括。

（3）对整理好的内容进行梳理与归纳，概括出湖州自然与人文特色，并尝试找到两者之间的相互关系，了解自然环境如何决定人文特色，以及人文特色是如何反映并且适应自然环境的。

2. 核心问题

湖州的自然环境（地形、气候、水文等）和人文特色（衣、食、住、行、风俗习惯等）有什么特点？

3. 项目进程

环节一：情景导入

学生观看视频《瞰见更好的湖州》，了解湖州自然环境与人文特色概况，加深对湖城的初步认识。

环节二:问题驱动

教师提问:"行遍江南清丽地,人生只合住湖州",是什么让诗人发出"只合住湖州"的感慨?从自然和人文两个方面进行思考(自然方面:地形、水文、气候、自然资源……;人文方面:美食、风俗习惯……)。

环节三:设计班刊

学生以小组为单位,选择自己感兴趣的部分(确保自然和人文每个要素都有小组负责)。小组成员经过查找、整理资料,将自己小组的成果进行设计,最后将所有内容整合到一起,编成班刊《穿越湖城》。班刊内容分为两个篇章,"那山那水·自然篇"和"那人那事·人文篇"。

4.阶段性成果

(1)学生通过搜集资料、整理资料、提出问题、解决问题等多个活动环节,对湖州的自然和人文的认识不再停留在表面的听说过、看到过,而是真正通过自己的学习有了初步的认知。

(2)学生经过本阶段的活动,具备了一定的搜集有效信息的能力、合作与探究的能力,以及一定的审美与设计能力。

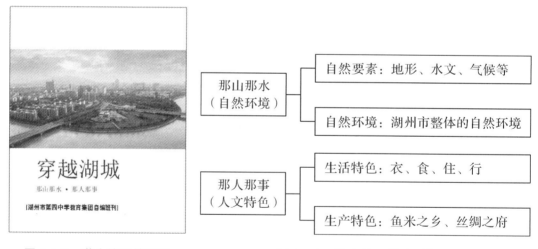

图 5-1-2　学生编写的班刊　　　　　　图 5-1-3　学生梳理的班刊框架

(二)任务二:探秘湖城·自然篇(7课时)

1.学习目标

(1)通过劳动实践、动手操作等方式,掌握湖州的自然环境特色,如地形特征、气候特点、水文状况、自然资源分布情况等。

（2）以小组为单位,制作湖州地形地貌模型,将地形与河流以及植被等因素相结合,知道湖州地形地貌的概况,提高动手实践能力与综合应用能力。

（3）通过设计、绘制湖州市二十四节气手绘画,提高审美水平与创新能力。

2. 核心问题

湖州的自然环境优越在哪里? 请从地形、水文、气候、自然资源等方面进行探讨。

3. 项目进程

环节一:黏土塑地形(3课时)

学生先通过对五种基本地形的学习(结合等高线模型、地形建模等实物),掌握地形的基本形态,然后查阅湖州地形特点的资料,分区域完成泥塑制作,再将局部拼接起来,形成整体模型。

环节二:笔墨绘湖州(2课时)

教师向学生提供网站信息,让学生通过网络或实地走访等方式查阅资料、搜集数据,从降水和气温两个方面描述湖州气候特点,形成对气候的大致了解。学生将气候与湖城二十四节气的习俗相结合,用画笔绘制"湖城二十四节气图",将地理与人文相结合,更具有民俗性与观赏性。

环节三:黏土描河湖(2课时)

学生以小组为单位,搜集湖州主要河流与湖泊,了解它们的形态、流向、水量等方面的信息,用泥塑塑造形态,将湖泊与地形相结合。

4. 阶段性成果

学生通过设计问卷、搜集资料、动手操作等多个活动环节,不仅进一步巩固与掌握了地理教材中的基本知识,而且深入了解了湖州的自然环境特点,加深了对家乡的认识。

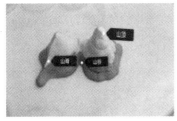

图 5-1-4　学生制作的地形模型

图 5-1-5 学生绘制的节气图

(三)任务三:探秘湖城·人文篇(3课时)

1. 学习目标

(1)知道湖州生活、生产特色,掌握这些人文特色与自然环境之间的关系。

(2)在寻找湖州人文特色的过程中,感受湖州人的生活态度与人生智慧,增强对家乡的认同感与喜爱感。

2. 核心问题

湖州人的"百坦生活"究竟是怎样的? 它与湖州的自然环境有什么关系呢? 这里面蕴含着一代代湖州人怎样的生活态度与人生智慧?

3. 项目进程

环节一:参观博物馆(课前活动)

学生通过走访博物馆、搜集资料等方式,感受古时候湖州人的生活场景,思考有没有一些风俗习惯是我们现在还在沿袭的。

环节二:采访身边人(1课时)

学生设计问卷,询问身边的老人,以前的生活和现在的生活有什么异同点,感受时代变迁过程中的传承与更迭。

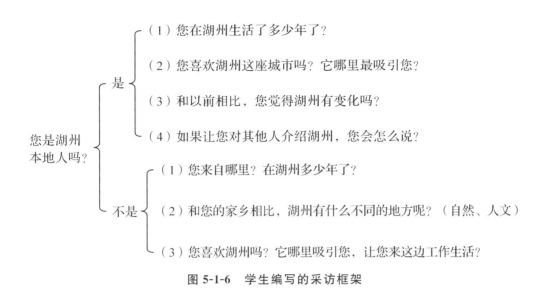

是
（1）您在湖州生活了多少年了？

（2）您喜欢湖州这座城市吗？它哪里最吸引您？

（3）和以前相比，您觉得湖州有变化吗？

（4）如果让您对其他人介绍湖州，您会怎么说？

您是湖州本地人吗？

不是
（1）您来自哪里？在湖州多少年了？

（2）和您的家乡相比，湖州有什么不同的地方呢？（自然、人文）

（3）您喜欢湖州吗？它哪里吸引您，让您来这边工作生活？

图 5-1-6　学生编写的采访框架

环节三：走访周边地区（课外活动）

寻访具有湖州特色的小镇，从这些小镇现存的景观中观察生活方式与自然环境之间的关系。

环节四：整理脉络（2 课时）

将任务二和任务三的内容进行整合，根据班刊的内容，进一步整合与完善项目化学习的成果，用更加美观、清晰的方式设计班刊内容。

4.阶段性成果

学生通过设计问卷、采访、参观等多个活动环节，知道湖州"百坦生活"的真正内涵，感受到湖州人生活的情趣与智慧。

图 5-1-7　学生绘制的以湖城习俗为主题的日历

(四)任务四:诉说湖城(1 课时)

1. 学习目标

(1)知道湖州生活、生产特色,以及自然环境与人文特色之间的关系。

(2)增强了解家乡、热爱家乡、服务家乡的信念,将家国情怀根植于内心。

2. 核心问题

作为家乡宣传小分队的一员,你将如何把家乡的故事讲给世界听?

3. 项目进程

环节一:编写脚本(1 课时)

为了使拍摄更加有序,学生将项目化学习的成果转化成文字稿,请语文老师进行修改,形成拍摄脚本。

环节二:拍摄视频(课后活动)

拍摄《如果湖州会说话》系列视频。

4. 阶段性成果

学生通过编写脚本、拍摄视频,不断加深对家乡的认识与了解,增强了对家乡的热爱之情,提升了综合能力。

图 5-1-8　学生制作的视频

四、项目评价

(一)过程性评价

制定评价量表,在任务开展过程中对学生的表现进行评价,其中包括学生自评、生生互评、教师评价。通过过程性评价,学生在实践过程中,不断发现自己存在的不足并及时改进,提高实践的效率。

(二)终结性评价

在项目结束时设计终结性评价量表,对学生每个阶段的成果进行评价,并对每个小组进行考核,有利于小组之间的有序竞争与协同合作,不断促进学生能力的提升。

通过过程性评价和终结性评价相结合的方式,多维度、多途径对学生的实践过程和实践成果进行诊断与点评,让学生不断发现问题、解决问题,提升能力。

表 5-1-2　项目评价量表

评价指标		评价等级		
一级指标	二级指标	自评	互评	师评
学习态度	学习态度端正,能提出自己的想法,善于倾听	☆☆☆	☆☆☆	☆☆☆
创新意识	敢于创新,提出具有创新性的建议与想法	☆☆☆	☆☆☆	☆☆☆
合作意识	积极参与到各个环节的活动中,善于倾听,尊重同伴	☆☆☆	☆☆☆	☆☆☆
学习表现	展示时落落大方,逻辑清晰,吐字清晰	☆☆☆	☆☆☆	☆☆☆
模型成果	与事实相符,具有美观性、真实性和个性	☆☆☆	☆☆☆	☆☆☆

五、项目反思

本项目旨在让学生利用已有知识,在实践探究中探寻湖州的自然与人文特色,形成因地制宜、人地和谐的理念,并且在学习过程中不断提升综合能力。

(一)注重能力培养,做到知行合一

本项目是综合多门学科的项目化实践活动,将书本文字融入多项实践活动中。家国情怀的培育、乡土教育是一个漫长的过程,不可能一蹴而就。要真正将家国情怀、人地和谐等道理根植于学生的内心,不仅需要课堂上的讲解,还需要行动上的感发,让学生用心去感知。本项目化学习通过多种途径,如实地走访、劳动教育、动手实践等,让学生在做中学、做中思、做中悟,获得情感体验。

(二)设计个性作业,关注素养落地

通过学科、单元整合,建构新的大单元教学内容,跳脱开传统的书面作业,将目光转向动手实践类、情感体验类等个性化作业,学生着手设计班刊、模型、家乡短视频等,将自己对家乡的认识、理解、情感融入作业中。本项目在实践过程中,将知识点的灌输式讲解转变为在动手实践中学习,不仅帮助学生切身了解湖州的自然和人文特色,更加深入地理解人地和谐的理念,而且将一份家国情怀、对家乡的责任担当深埋在学生心中。

(三)获得沉浸体验,德润活动育人

对于家国情怀和人地观念,不同的学生有不同的理解,单纯通过教学是无法将这些理念讲透、讲入内心的。沉浸式的深度学习可以带给学生更好的体验,以形式多样的主题式项目化活动为依托,在活动中落实情感教育,让学生感受人民的生活智慧、大自然的无限奥秘以及家乡的日新月异。同时,学生以文章、艺术品、美食等形式呈现学习成果,不仅加深了学生对"自然与人类""爱国与爱家乡"的理解和感悟,让学生的创造力得到开发,思维得以流动,在沉浸式体验中揭开家国情怀、人地和谐这些命题,也让他们学会担当、懂得合作、学会奉献,促进学生全面发展,落实情感道德教育。

六、专家点评

本项目将书本知识与实践活动很好地融合在了一起,通过班刊设计、模型制作等活动的开设,将教学拓展至课外,不断丰富教学活动,充分发挥学生的主观能动性,提高学习积极性,将知识点具体化、形象化。通过活动不断引导学生了解家乡,加深对家乡的感情,将家国情怀牢牢扎根在学生内心。但也存在一些问题:学生是否都加入并参与了活动?学生制作的模型能否正确体现湖州的地形地貌特征?部分项目的开展,时间上能否将活动真正落实?

(吴兴区教育教学研究与培训中心 杨继明)

地理探秘：浙里的台风有点猛

湖州市千金中学　鲍明国　黄琳琳

一、项目简介

　　自然环境与人们的生产、生活息息相关。一名生活在浙江的学生,从小到大会经历无数次的台风。许多学生不禁会问:什么是台风? 台风是怎样形成的? 其他国家有没有台风? 台风为什么在浙江登陆比较频繁? 针对这些困惑,学校地理探秘兴趣小组决定开展"地理探秘:浙里的台风有点猛"的项目化学习。本项目涉及地理、科学、历史、美术等学科,通过活动解决学生的困惑,培养学生的地理实践能力和综合思维能力,树立人地协调观。

　　项目时长:6 课时

　　适用年级:八年级、九年级

二、项目规划

(一)驱动性问题

如何策划一次宣传活动,帮助人们揭开"浙里的台风有点猛"的秘密?

(二)核心概念

学科概念:台风、气候异常、社会调查、人地关系、地理实践能力、人地协调观。
跨学科概念:自然灾害、人类活动对环境的影响、宣传资料的设计。

（三）学习目标

表 5-2-1　学习目标与核心素养

主要学科	学习目标	核心素养
人文地理	通过开展调查,搜集资料,了解台风的相关地理信息	区域认知 综合思维 人地协调观 地理实践力
	通过绘制台风登陆路径,分析台风登陆浙江较多的原因	
	分析资料,了解台风的影响,认识人与自然的关系	
科学	通过调查,了解天气和气候相关现象	科学观念 探究实践 态度责任
	通过绘制图表,能解释台风产生的原因及影响	
美术	编制一份精美的台风科普宣传手册,并开展宣传	审美感知 艺术表现 创意实践

（四）学情分析

通过地理和科学学科的教学,八、九年级的学生已具备一定的地理学科知识,对于天气、气候等地理信息有了初步的认知。而且初中学生具备了一定的思维能力和分析能力,能够运用学科知识解释和解决生活中的一些现实问题。但面对复杂的生活(学习)情境,学生理论联系实际的能力还有所欠缺,学科核心素养有待提高。

（五）学习地图

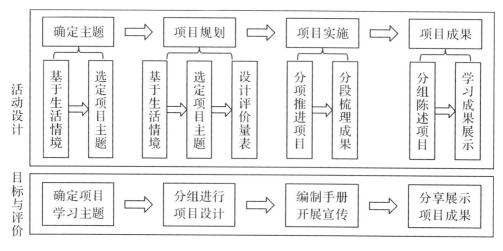

图 5-2-1　"地理探秘:浙里的台风有点猛"项目化学习设计框架

三、项目实施

(一)任务一:科学认识台风(2 课时)

1.学习目标

(1)知道台风的产生、登陆、预警及避险等相关知识。

(2)绘制台风形成模型图及台风登陆路径图。

(3)分析"浙里的台风有点猛"的成因。

2.核心问题

什么是台风? 台风是怎样形成的? 台风的行进路径是怎样的?

3.项目进程

环节一:开展社会调查,搜集台风相关信息

内容:台风的产生、命名、分级、登陆路径、预警以及如何避险等相关信息。

方法:利用 KWH 表梳理已知、未知的内容,并通过社会调查,即查阅文献资料(气象局、报纸、图书、网络等)、实地观察、访问调查等方法解决问题。

表 5-2-2　KWH 表格梳理

我已经知道了什么? (KNOW)	我还想知道什么? (WHAT)	我想运用知识怎样解决问题? (HOW)
台风的名称、台风出现的季节、台风带来大风和降水等	台风形成的原理是什么?台风行进的路径是怎样的? 该如何防范台风?	社会调查获取台风的地理信息、制作台风模型图、编制台风资料卡、绘制台风路径图

分工:组长根据组员的构成情况进行分工,并明确活动的相关要求。

环节二:展示阶段成果,揭开台风神秘面纱

(1)绘制台风形成模型图

各个学习小组在搜集整理资料的基础上,绘制风的形成和台风的形成两个模型。通过建构模型,了解风和台风的成因。

(2)编写台风简介资料卡

各个学习小组在搜集资料和绘制模型的基础上,整合相关信息,尝试编写台风简介的资料卡,通过资料卡的编写,知道台风形成的相关原理。

(3)绘制台风登陆路径图

登陆我国的台风主要发源于西太平洋和我国南海。而在西太平洋地区,台风移动大致有三条路径。第一条是偏西路径,台风经过菲律宾或巴林塘海峡、巴士海峡进入南海,西行到海南岛或越南登陆,对我国影响较大。第二条是西北路径,台风向西北偏西方向移动,在台湾省登陆,然后穿过台湾海峡在福建省登陆。第三条是转向路径,台风从菲律宾以东的海面向西北移动,在 25°N 附近转向东北方,向日本方向移动,这条路径对我国影响较小。因此,登陆我国的台风主要集中在华南和东南地区。

(4)分析浙里台风猛的成因

浙江并非台风登陆最多的省份。统计 2000—2021 年在我国登陆的台风,登陆最多的省份依次为广东、台湾、福建、海南和浙江。在浙江登陆的台风虽然也比较多,但并非最多。

浙江是受台风影响较大的省份。登陆广东和海南的台风多为南海上的台风,发展空间有限,强度要小一些。而发源于西太平洋的台风,发展空间大,强度相对来说要大得多。发源于南海的台风登陆福建前通常先经过台湾岛,强度会大为衰减。而从西太平洋上登陆我国的很强的台风,不经损耗,多是直奔台湾和浙江,因此对浙江造成的影响非常大。这也是浙江台风比较猛的最主要原因。

4.阶段性成果

在本阶段,学生制作了台风资料卡,包括台风的"自我介绍"与"出生证"等。

台风"自我介绍"
中文名:台风 特点:强劲而极具破坏力 产地:热带或亚热带洋面 成因:热带和亚热带海洋的上空,受气象因素的变化影响,产生急速旋转并向前移动的空气旋涡,也称热带气旋 中心风力:12 级及以上

台风"出生证"
姓名:台风　　出生日期:一年四季 父亲:不详(也许是太阳)　母亲:地球 出生地点:西北太平洋和南海的热带或亚热带洋面上 中心最大风力:达到 12 级及以上 形态:从太空向北半球看呈逆时针旋转,从太空向南半球看呈顺时针旋转

(二)任务二:编制台风科普宣传手册(2 课时)

1.学习目标

整合任务一搜集的相关资料,以及对台风现象的理论分析,选择合适的方式编制一份个性化的台风科普宣传手册。

2. 核心问题

宣传手册采用何种形式？宣传手册的内容如何选择？宣传手册如何才能更具吸引力？

3. 项目进程

环节一：选择合适的成果展现方式

各小组对台风科普宣传手册的形式进行筛选，对任务一的学习成果进行筛选，选择若干材料，编制一份宣传手册，可从宣传手册、电子小报、黑板报、幻灯片、VCR 等中选择一项或多项，编制一份个性化的台风科普宣传手册。

环节二：编制台风科普宣传资料

各学习小组成员互相分工，各展所长，选择一种合适的成果呈现形式。"超强台风"学习小组选择了电子小报的形式，设置了三个板块：你知道台风吗？你知道台风登陆的路径吗？台风登陆给浙江带来哪些影响？还充分利用电子小报的独特优势，设置了两个视频专栏，介绍台风的形成和台风梅花登陆浙江的画面。"最美台风"学习小组则用幻灯片的形式进行呈现，也便于后期宣传。"温柔台风"学习小组则设计了宣传小册子，从台风的形成、路径、预防等方面科普台风相关知识。

4. 阶段性成果

在本阶段，学生编制了台风科普宣传手册。

图 5-2-2　学生编制的台风科普宣传手册

(三)任务三:开展台风科普宣传活动(2课时)

1. 学习目标

策划并开展一次台风的科普宣传。

2. 核心问题

科普活动如何策划? 科普活动具体流程包括哪些环节? 科普活动如何实施?

3. 项目进程

环节一:策划和设计科普宣传活动

各学习小组根据各自的学习成果,精心策划和设计一次台风的科普宣传活动,并完成学校的项目化学习成果汇报活动策划表。

环节二:组织和实施科普宣传活动

各学习小组根据科普宣传活动的策划和设计,组织和实施相应活动。其中"温柔台风"学习小组来到社区,通过向居民分发宣传手册,科普台风的相关知识。"超强台风"学习小组通过微信推送电子小报,向学生和家长讲述风台的形成、分级、预警及预防等内容。这些活动得到了学生家长以及社区居民的认可和表扬,也提高了广大群众对于台风的认知。

4. 阶段性成果

在本阶段,学生以小组为单位,策划并设计了台风的科普宣传活动,并进行了组织和实施。

表5-2-3 项目化学习成果汇报活动策划表

学习小组	"温柔台风"	成员	钟毅扬、陈留婷 谢雨婷、芮梦琪
活动名称	台风科普宣传	活动形式	现场宣传
活动地点	千金镇向阳小区	活动时间	2022 年 9 月 25 日
活动安排	(1)准备工作 ①成员分工:芮梦琪现场布置,钟毅扬、谢雨婷担任宣讲员,陈留婷拍照; ②宣传资料印制:提前印刷 200 份宣传资料 (2)现场宣传 ①向居民发放宣传手册; ②宣讲员向居民进行宣传; ③听取居民的反馈意见		

预期效果	(1)居民对宣传手册的设计和内容评价较高; (2)通过宣传手册和宣讲,居民了解台风的相关知识,增强了预防台风的意识,提高了预防台风的能力
备注	

四、项目评价

本案例从宣传资料的编写和宣传活动的开展两个方面进行评价,在评分指标上采用等级制,在评价方式上采用学生互评和教师评价相结合的方式。

表 5-2-4　项目评价量表

项目成果	评价维度	评价指标			评价方式	
		评价等级及其描述			互评	师评
		水平 3	水平 2	水平 1		
宣传资料	呈现形式	能够根据学习内容和宣传对象,选择个性化的呈现形式,有成型的宣传资料,完成度90%以上	能够根据学习内容,选择一种呈现形式。有比较成型的宣传资料,完成度50%—80%	形式陈旧或杂乱,无成型的的宣传资料,完成度低于50%	☆☆☆	☆☆☆
	版块内容	内容丰富,涉及台风的形成、分级、登陆路径、预警、预防等多个方面	内容较丰富,涉及台风形成、分级、登陆路径、预警、预防等其中2—3个方面	内容较单一,涉及台风形成、分级、登陆路径、预警、预防等其中1个方面	☆☆☆	☆☆☆
	美观程度	图文并茂,选择3种色彩及以上,排版合理,整体美观	图文配合较合理,选择2种色彩,整体较美观	只有图片或只有文字,色彩单一,美观度不够	☆☆☆	☆☆☆
宣传活动	活动组织	组织有序,选择居民较多的地点,每个成员有明确分工,过程安排清晰	组织较好,地点选择比较合理,成员基本上知道自己的职责,过程安排比较合理	基本上无组织,地点选择随意,成员分工混乱,过程安排比较随意	☆☆☆	☆☆☆
	活动效果	宣传效果好,完全达成宣传目的	宣传效果较好,基本上达成宣传目的	宣传效果一般或较差	☆☆☆	☆☆☆

五、项目反思

(一)基于有意义的主题设计项目化学习

项目化学习是当下教育领域的热门话题,因其新颖性、综合性、活动性备受广大师生喜爱。本项目结合地理、历史、科学、美术等多门学科,将学习置于一个日常的、真实的、复杂的情境中(台风"梅花"登陆浙江这一生活情境),精心设计符合学生身心特点的项目化活动。这样的学习,是基于综合性的学习,培养了学生的高阶思维,体现了地理学科的核心素养,突出了学科的育人目标。但是师生在开展项目化学习过程中,不能为了纯粹的项目化而项目化,即披着项目化的外衣,行传统课堂之实,这样的项目化学习不要也罢。能否设计一项可行的项目化活动,关键因素是要确定有意义的主题,主题应该来自学生的生活实际,来自学生日益拓展的生活时空。

(二)基于不同支架提供多样活动平台

项目化学习的设计源于师生的共同协商,但是教学过程中教师主导性和学生主体性相统一的原则是不容改变的。在项目化学习过程中,受制于知识、能力等方面的因素,教师还需要为学生开展活动提供不同类型的支架,以保证项目化学习过程中各个环节的顺利开展。例如,教师可以为学生提供与任务相关的图文、视频、数据等资源,丰富学习资源,拓展学习认知;提供与任务相关的话题、新闻报道等,激发交流动机,激活学生思维;提供跨学科的活动情境,将多学科知识与技能融入实践活动中。

(三)基于学评教融合创新评价机制

项目化学习的效果如何,需要通过适时、适当的评价来评定。项目化学习是一个完整的过程,这个过程既包括显性的也包含隐性的。因此,我们需要从多个维度去评价,这种评价应贯穿于项目化的设计、论证、实施、展示等各个环节,应该由参与项目活动的学生本人、其他同伴、指导教师多个评价主体,依据活动的参与程度、合作程度、探究程度、创新程度等进行多维评价。

六、专家点评

这是一个很有趣的项目。浙江的学生对于台风现象见怪不怪,但是见怪不怪中蕴含着学科哲理。项目设计者敏锐地发现了学生生活与学科教学有机结合的部分,以台风这一地理现象创设了一个较为复杂的学习情境，通过创设和提供的若干支架，开展了一系列的探究活动，让学生在玩中学、在玩中探，这样的主题选择让学习悄悄地发生，并走向深度学习。这也是一个有挑战性的项目。本项目的挑战性不局限于对台风现象的学理分析，更在于物化成果的呈现。且物化成果又衍生出学习成果的推广和使用。而且三个环节一环紧扣一环，如同一个系列逐步推进。在评价量表的设计、三个活动环节的开展上均体现了这样的设计和架构。这样的学习，让学习不局限于教室与课本，而是走向了日益拓展的生活时空。

（南浔区教育教学研究和培训中心 陈永兴）

从青梅大丰收看地理区域认知

湖州市吴兴区妙西学校　钱　成

一、项目简介

本项目是用于《区域认知》复习的学科项目,以校园内青梅丰收为驱动,让学生在观察、调查、实践的过程中,深入理解区域自然环境和生产生活的关系,巩固复习相关知识点。本项目涉及人文地理、劳动、科学等学科。学生通过地理实践活动,体会人文地理与生活的紧密联系,形成人地协调观,以及尊重和保护自然、绿色发展等观念。

项目时长:6 课时

项目年级:七年级

二、项目规划

(一)驱动性问题

每年 5 月,校园里的梅子树上硕果累累。梅子树结果这么多,你能探究出它与妙西的自然环境的内在联系吗?

(二)核心概念

学科概念:区域认知、地理环境、人地关系。

跨学科概念:运用观察、比较、分析等方法,认识地理事物和现象的自然、人文特征及其时空变化特点,从地理综合的视角看待和分析问题。

(三)学习目标

表 5-3-1　学习目标

学科目标	素养目标
能够运用多种地理工具获取区域信息,简要归纳地理特征	增进热爱家乡、热爱祖国的情感,形成人类命运共同体意识
提升社会调查等能力,了解家乡的自然资源,结合其他因素,对当地居民的生产生活有初步的了解	人地协调观的培育,有助于学生形成尊重和保护自然、绿色发展等观念,滋养人文情怀,增强社会责任感
善于用学科知识解决难题,提升合作与沟通能力	地理实践力的培育,有助于学生在真实环境中运用适当的地理实践活动方式,观察和认识地理环境,体验和感悟人地关系,并在活动中做到知行合一、乐学善学、不畏困难

(四)学情分析

1.七年级学生经过一个多学期的项目化学习,已具备了一定的沟通、协作能力。学生有了固定的合作小组,相互合作也很融洽,为后期项目化活动的开展准备了条件。

2.通过一个学期的地理学习,学生基本掌握了运用地图和相关资料认识区域特征的方法,为本次项目化学习的开展打下了基础。

3.学生大都生活在农村山区,在调查地理环境和居民生产生活之间的联系时有着优势。

(五)学习地图

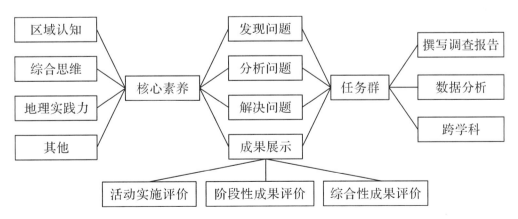

图 5-3-1　"从青梅大丰收看地理区域认知"项目化学习设计框架

三、项目实施

(一)任务一:小小农场手,青梅采摘(2课时)

1.学习目标

动手实践,采摘青梅,了解青梅的颜色、味道等特点,利用类比,对青梅进行分类。

2.核心问题

你对青梅这一植物了解多少? 青梅能够丰收的原因有哪些?

3.项目进程

(1)学校的青梅树结满了青梅,教师带领学生近距离观察青梅,并采摘青梅。活动分成六小组进行,对每个小组的劳动成果进行称重,比一比谁摘得多。

(2)请同学们尝一尝,说一说,记录下自己劳动体验的感受。

(3)青梅是什么味道? 你能从外观、味觉感受等角度描述一下吗?

学生的感受:酸,无苦涩味;果实较小。果实大的则不太酸。

(4)结论:由此可见,青梅的酸甜度和它的成熟程度有关。

(5)思考:很多同学家里都种有桃树、李树等,桃子、李子在成熟过程中是不是也这样呢? 这些作物的生长和我们妙西的地理环境有什么联系? 我们来研究一下影响这些果树生长的各种因素。

(6)我们怎样搜集到相关的资料?

去图书馆查阅资料;上网查阅资料;实地观察;去问问种植青梅的人……

(7)小结:我们有很多的方法搜集资料,现在我们就分组去搜集资料吧。教师为学生准备一些资料,学生根据自己的需要选取相应的资料,探究校园中青梅丰收的原因。

4.阶段性成果

(1)学生通过动手采摘,改变了对青梅的看法——青梅从单一的果实变成了自己的劳动成果,激发起他们对未知世界的探索热情。同时,在采摘过程中,他们感受到采摘并不是那么轻松的事情,从而体会父母平时劳作时的艰辛。

(2)整个品尝过程中,学生自己去发现事物的特点,会产生不同的感觉,甚至会引发争论。这激发出他们探索知识的动力,也为下一步探究地理环境和农作物生长关系做铺垫。

(3)在活动体验之后,学生形成了一系列文本类感悟。

图 5-3-2 学生编写的关于青梅的手抄报

(二)任务二:小小调查员,区域调查(2 课时)

1.学习目标

初步掌握获取生活信息的基本途径与方法;评估具体条件和需要,选用适当的社会调查方法。

2.核心问题

如何有效地开展社会调查,了解本区域地理自然环境的特点?

3.项目进程

环节一:确定主题

提出问题:什么是社会调查?

确定调查主题:妙西的区域地理环境。

环节二:拟定提纲

制定调查提纲(计划),包括调查目的、调查组成员、调查时间、调查对象、调查方法等。

环节三:实施调查

提出问题:(1)我们有哪些调查途径和方法?

(2)我们可以找哪些人(调查对象)调查?

环节四：总结

（1）基本调查方法包括：

①文献调查法：查阅相关的书籍、报纸、档案、网络等资料，从而获取信息。

②实地观察法：实地参观、考察，直接了解相关的人与物，从而获取信息。

③问卷调查法：以书面提问的方式从调查对象那里获取相关信息。

④访问调查法：有目的地直接与调查对象进行交谈，从而获取相关信息。

注意：实地考察要注意记录调查结果。

（2）设计问卷时应注意：

①问题尽可能做到科学、简明，不易产生歧义。

②问题一定要紧扣调查主题。

（3）访问内容应与调查主题有关联，侧重于文献资料较难查到的内容。

（4）访问对象包括：

①对调查内容较为熟悉的人员。

②对调查区域沿革、发展历程较为了解的人员。

注意：被访人员的层次应广泛（可按年龄、行业、受教育程度等划分）。

4.阶段性成果

（1）学生了解了什么是社会调查，学会了围绕具体的主题来完善整个社会调查的过程，化抽象为具体，一起感知、学习社会调查。

（2）在活动准备过程中，学生了解了基本的社会调查方法，并掌握了如何选择调查方法，合理利用一切有助于调查的资源。

（3）调查结果内容呈现具体，可信度高。

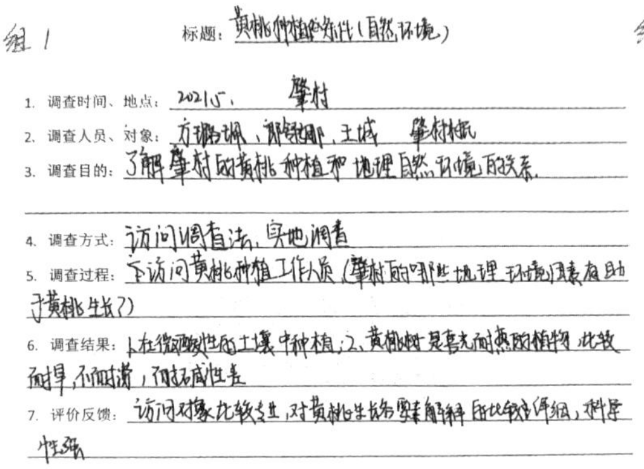

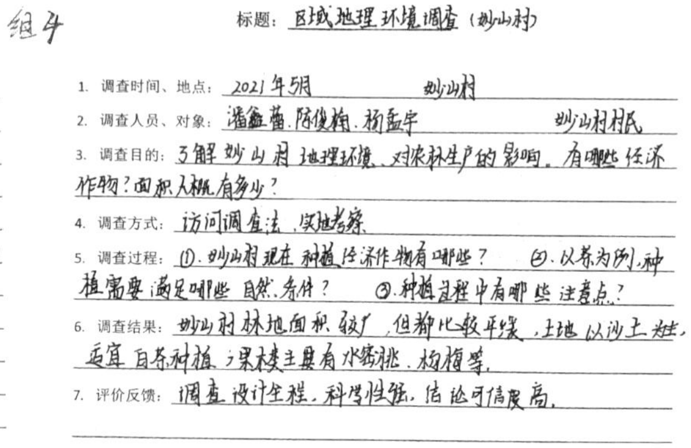

图 5-3-3　学生撰写的黄桃种植条件调查报告　图 5-3-4　学生撰写的区域地理环境调查报告

（三）任务三：小小技术员，创新实践（2课时）

1.学习目标

分析调查结果，利用周围的资源进行实践。

2.核心问题

如何将调查成果用于生活生产实践？

3.项目进程

前期我们已经通过调查得出了相应的结论，各小组的结论和实践意义都不相同，对我们下一个活动项目的指导也是不同的。我们可以根据小组调查的成果进行下一阶段的项目实践。例如：青梅单吃的话，滋味又涩又酸，怎样才能改变？黄桃大批成熟不易保存，该怎么办？很多同学家里都是从事农业生产的，可以把我们的调查成果用到哪些生产项目中去？

环节一：分配项目任务

子任务一：在学校"白鹭种植园"试种黄桃树。

子任务二：制作青梅副产品。

子任务三：指导家庭农业生产。

环节二：小组项目任务实施

（1）在学校"白鹭种植园"试种黄桃树

同学们根据实地走访调查，得出结论：黄桃生长对土壤要求不高，宜在微酸性土壤种植；黄桃是喜光耐热的植物，比较耐旱，但不耐涝，要选择光照充足、排水良好的地方。

我校的"白鹭种植园"正好有一片空地，地势较高，不易成涝，无遮挡，光照充沛。本地气候又适宜，适合黄桃生长。但考虑到桃苗需要嫁接等技术处理，故选择成活的桃树进行移植。

（2）腌制青梅等农副产品

同学们通过调查发现，青梅直接食用口感较差，可以用来腌制或者泡酒等。

方法汇总：将采摘回来的青梅筛选一次，保留那些直径在2—3厘米，有六七分成熟的梅子。在青梅里面加入大量的粗盐，用手大力搓揉，让青梅颜色加深。这样可以将青梅的表面破坏掉，去掉青梅的酸涩之味。

把青梅放进干净的消过毒的罐子，加入适量盐和白砂糖，盖上盖子，腌制至少10小时。之后，再将罐子里面腌制出来的水倒掉，再用清水漂洗梅子。

将梅子捞出来沥干水分，再加入一些白砂糖，搅拌好之后，再重新倒入罐子，放到冰箱冷藏一天。其间要多次翻动青梅，这样可以让每个梅子能够均匀地受到糖分的包裹。第二天,将糖水倒掉,再加入一些糖,重复这个步骤。

(3)参与家庭生产

妙西地处北亚热带南缘季风气候区,光照充足、气候温和、四季分明,适宜白茶生长;同时区域内山地资源丰富,植被覆盖率将近90%,森林覆盖率在70%左右;常年平均气温15.8℃,最冷的1月平均气温2.9℃,适合白茶生长,所以茶叶种植面积广。

4.阶段性成果

(1)通过项目活动实践操作,学生相互配合,形成共同目标;在实施过程中,培养了创造性思维,培育了敢于实践的勇气和探索精神。

(2)通过自己动手种植果树,学生了解了相关的种植技术,观察了植物开花结果的全过程,体验了劳动的艰辛与快乐。

(3)学生很少真正能参与到劳动中并体验劳动的艰辛和快乐,所以让他们回到家中对自家种植的白茶进行管理和养护,把学到的知识用在生活当中,在进行劳动实践过程中,养成做事细心和持之以恒的好习惯,树立"劳动最光荣"的思想。

图 5-3-5 学生栽种黄桃树　　　　　图 5-3-6 生长中的黄桃树

四、项目评价

(一)任务一活动评价

六个小组通过各自的努力,对采到的青梅做量化评价,重点比较采摘的质量和果实个体大小。

表 5-3-2 "采摘青梅"评价量表

组别	采摘质量(大小/质量)	评价等级
第一组	☆	☆☆☆
第二组	☆	☆☆☆
第三组	☆	☆☆☆
第四组	☆	☆☆☆
第五组	☆	☆☆☆
第六组	☆	☆☆☆

(二)任务二活动评价

各小组在调查目的、成员共同合作、调查成果汇报等方面进行量化评价,以此来反馈各小组在完成该任务时所取得的成效。

表 5-3-3 "区域调查"评价量表

评价项目	评价指标(2—5 分)	自评	互评
探究过程	思路清晰,及时、正确地完成了学案上的内容		
	学习过程中有自己的独立见解,并与其他成员一起交流共享		
知识技能	深入理解区域的农业生产与自然环境的关系		
	掌握搜集资料的方法		
	了解青梅种植的历史		
	善于用科学知识解决难题,培养良好的合作与沟通能力		
自我调控	耐心倾听同伴的意见,并给出积极的有价值的回应		
	遇到困难时想方设法解决,努力克服,求助老师或专家		
成果评价	手抄报美观大方,布局合理		
	加入一定的创意,制作青梅食品		

备注:每一项评分为 2—5 分:5 分表示"非常完美",2 分表示"在这方面还有待进步"。按照实际情况给分,标准为 1 分

（三）任务三活动评价

在前期调查结论的基础上，各小组开展创新实践，并根据实践情况做出相应的评价。

表 5-3-4 "创新实践"评价量表

序号	内容	自评	组评
1	在实践活动中，大家（或你）能否积极参与活动，主动交流探讨		
2	在实践活动中，查阅了多少资料，采用了哪些方法		
3	在实践活动中发现哪些问题，你们（或你）有什么思考		
4	在实践活动中有无战胜困难的经验，能否口头介绍体验过程		
5	在实践活动中有无完整的记录（如文字、照片、视频等）		
6	在实践活动中学到了哪些方法技能		
7	实践活动成果展示与评价		
8	下次实践活动有什么改进的地方		

备注：每一项评分为 2—5 分：5 分表示"非常完美"，2 分表示"在这方面还需要较大进步"。按照实际情况给分，标准为 1 分

五、项目反思

本项目共 6 课时，部分活动持续时间较长。与传统学习方式相比，项目化学习目的性更强，指向性更明确，师生都得到了成长。

（一）基于核心素养，以项目驱动学生学习的积极性

本次项目化学习把"青梅丰收与妙西自然环境有什么内在联系？"作为驱动性问题，问题本身就是校园生活的一部分，师生都比较关注，也能联系到人文地理调查的部分知识点。学生进行实践观察，调查研究，培养了参与力和创造力。

（二）借助项目化学习，对问题有了一定的深度思考

项目化学习充分发挥了学生的能动性，鼓励学生发现问题并进行讨论。在这一过程中，有跨学科知识的运用，也有知识、能力、品质的锻炼。同样在学习中也会发现

新问题,如:我们村茶叶种植比较多,这和妙西的地理环境有何联系? 这一系列问题引发了新的思考,而且是有深度的,简单的一次项目探讨衍生出绿色发展理念。

(三)重视学生的主体性,成果展示学生的个性特长

成果的展示与驱动性问题是相对应的。项目化学习成果强调向全校展示,展示的形式有画报作品、微视频、调查报告等。学生在劳动技术方面有了很大的进步,调查使得学生的交际能力和待人处事能力得到了锻炼。在项目化学习中,每位同学都能参与其中,特别是成绩不是很好的同学也能展现出动手能力强的一面,所有参与者都承担了相应的责任。

不过本项目化消耗的时间较长,尤其是针对初中学生,他们在完成家庭作业的同时,怎样利用好剩余时间做调查访问、制作农副产品,都是需要面对的现实问题。

六、专家点评

本项目化学习的选题具有较强的实践价值。本案例以校园发生的现实问题为驱动,紧紧抓住学生地理实践活动这一途径,培养学生的能力,对培育学生的人地协调观,促使学生形成尊重和保护自然、绿色发展等观念具有重要的现实意义。项目研究的组织管理工作扎实有效。本项目化活动结构合理,能较好地组织学生开展各项实践活动,结合学生自身实际进行统筹安排,从驱动性问题的提出、项目化活动的实施、阶段性成果的展示,都尽可能做到了规范、科学。

(吴兴区教育教学研究和培训中心　杨继明)

第六章　文化赋能　振兴乡村

根植乡土资源,探索乡村振兴

德清华盛达外语学校　沈晓杰

一、项目简介

三林村位于德清县禹越镇东北部。该村从 20 世纪 80 年代末至 21 世纪初一度出现"富了口袋子,穷了水塘子"的情况,成为当时全县有名的贫困村。为脱贫摘帽,三林村通过发展生态养殖业、绿色种植业、生态旅游业以及近几年的自媒体平台运营等一系列绿色环保产业,终于探索出一条可持续发展的新道路,近几年连续获得"全国文明村""全国 3A 级景区"等荣誉,走上了生态致富路。三林村的乡村振兴之路,令华盛达外语学校的环保志愿者们颇感兴趣。因此,环保志愿者小组决定通过研学三林村万鸟园,寻觅德清乡村绿色发展新道路。

项目时长:6 课时

适用年级:八年级

二、项目规划

(一)驱动性问题

2022 年 6 月 5 日是世界环境日,主题是共建清洁美丽世界。作为环保志愿者,我们如何探寻家乡三林村的绿色发展之路的形成过程? 如何为宣传家乡出谋划策?

(二)核心概念

学科概念:地理环境、人地关系、空间相互作用、地理实践能力。
跨学科概念:数据搜集与整理、创新能力、宣传作品设计。

(三)学习目标

表 6-1-1　学习目标与核心素养

主要学科	学习目标	核心素养
历史	①初步学会依靠可信史料了解和认识历史; ②初步学会有理有据地表达自己对历史的看法	史料实证 历史解释
地理	①初步运用区域综合分析、区域比较等方式,来认识区域特征和区域人地关系问题; ②运用适当的地理工具完成既定的实践活动,并会用地理眼光认识和欣赏地理环境; ③能够从多个维度对地理事物和现象进行分析,认识各要素之间相互作用、相互影响、相互制约的关系; ④正确认识地理环境对人类活动的影响;能够结合现实中出现的人地矛盾的实例,分析原因,提出改进建议	区域认知 地理实践力 综合思维 人地协调观
信息技术	针对某一具体技术领域的问题进行要素分析、整体规划,并运用模拟和简易建模等方法进行设计	创新设计 科学探究

(四)学情分析

　　经过七年级的学习,八年级学生已具备一定的沟通协作能力和基本的信息筛选能力,具备了一定的乡土情况调查能力,对家乡情况有一定的认知,对我国的环保理念、乡村振兴战略有一定的认识,但对具体战略方针的落实了解不深。因此,我们在项目化学习开展中要特别关注学生在课本之外知识面的拓展,结合本土农村发展实际,将理论与实践相结合,全面提高学生区域认知、地理实践力、综合思维等核心素养。

（五）学习地图

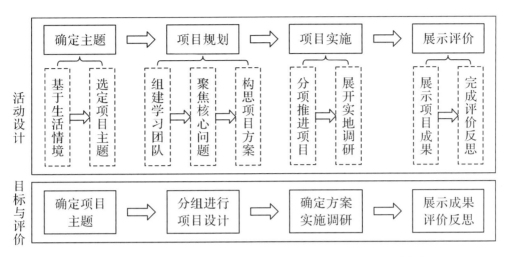

图 6-1-1　"根植乡土资源，探索乡村振兴"项目化学习设计框架

三、项目实施

（一）任务一：搜集资料，提炼问题（2课时）

1. 学习目标

（1）团队分工，多渠道获取三林村近 20 年生态环境与经济发展的相关资料。

（2）团队合作进行资料分析，发现并提炼问题。

（3）探寻生态与经济、人与自然的矛盾因素，绘制生态环境与经济发展关联图。

2. 核心问题

三林村近 20 年在发展过程中遇到的问题有哪些，最根本的问题是什么？

3. 项目进程

学生分工合作，搜集整合相关资料，探寻三林村生态环境与经济发展之间的关系。

表 6-1-2　任务一进程表

环节	教学活动	设计意图
环节一: 情境初现	观看视频:德清县三林村 20 世纪末的清波荡漾、鱼虾遍布、鸟类翔集的原始生态环境被 21 世纪初厂房林立、污水横流、飞鸟难觅的情况取代。 初问:为什么会出现这样的局面?	让学生深入开展一场有关农村经济发展、生态保护、人性善恶、城镇化发展的大讨论。最终让学生明白:经济的发展、社会的进步、城镇化的发展都不能以牺牲生态环境为代价。局部利益更不能有损整体利益。我们必须要走一条生态环境与经济发展相协调的新道路
环节二: 再现情境	观看德清县三林村获评全国文明村的视频以及万鸟园生态旅游的宣传片。 追问:如今的三林村万鸟园为什么能获得诸多国家级奖项?真实的三林村究竟是怎样的?	通过三林村的大变样,以及三林村发出的旅游邀请,激发学生对三林村一探究竟的好奇心
环节三: 资料搜集	团队分工,多渠道获取三林村近 20 年生态环境与经济发展的相关资料。 团队合作整合资料,寻找共性问题。获取生态与经济、人与自然的矛盾点,绘制生态环境与经济发展关系图	通过不同渠道的资料的寻找与整合,以及生态环境与经济发展关系图的绘制,从而探寻经济发展(工业化发展)与生态环境之间的关系,并提炼核心问题。培养学生分工合作能力,以及深层次多角度发现问题的能力;同时培养学生形成正确的人地协调观

4.阶段性成果

学生在教师的指导下分组合作,进入德清县档案馆和禹越镇禹悦书房查阅资料,了解三林村在经济发展过程中出现的生态问题。

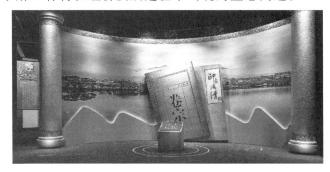

图 6-1-2　德清县档案馆

图 6-1-3　禹越镇禹悦书房

(二)任务二:聚焦问题,构思方案(1 课时)

1.学习目标

(1)合作探究,提炼核心问题。

（2）围绕核心问题，探讨调研方案。

（3）通过绘制思维导图、填写预案等方式初步建构实地调研方案。

2.核心问题

如何对三林村开展实地调研？

3.项目进程

学生通过合作探究确定调研方向，探讨出行之有效的调研方案，对三林村开展实地调研。

表 6-1-3 任务二进程表

环节	教学活动	设计意图
环节一： 确定调研方向	学生通过对资料的整合，以及对生态环境与经济发展相关性的探讨，进一步了解两者之间的变化关系。确定调研的核心问题：三林村是如何扭转困局做到经济效益与生态效益共同发展，实现人与自然的和谐共生的？	培养学生整合资料、提炼核心问题的能力
环节二： 探讨调研方案	学生开展核心问题的大讨论，并通过思维导图的形式，探讨实地调研的方案	通过思维导图的绘制，厘清调研流程
环节三： 初步建构方案	组内合作填写预案，初步建构实地调研方案，方案可用PPT的形式展现	通过方案清单的填写，进一步厘清项目开展思路。锻炼学生思维建构能力和表达能力。通过团队合作，不断培养学生自我探究、自主学习能力，提升学生综合思维能力

4.阶段性成果

团队成员通过小组分工，绘制思维导图，拟定三林村乡村振兴发展道路的调研提纲。

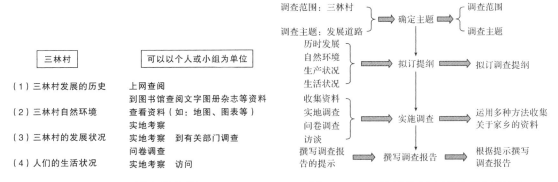

图 6-1-4 调查流程图　　　　图 6-1-5 三林村发展之路的调研提纲

（三）任务三：确定方案，实地调研（2 课时）

1.学习目标

（1）将书本知识迁移并应用于认识家乡的实践活动中，学以致用。

（2）通过采访、拍摄、大数据监测、绘制记录表等调查形式，深入了解三林村万鸟园的过去状况、现在的发展策略以及未来的发展方向，增强关注家乡、保护家乡、建设家乡的责任感。

（3）学习乡土实践的方法，提升社会调查、人际交往和跨学科学习的能力。

2.核心问题

通过实地调研，探寻三林村生态改善的因素有哪些？带来的效益是什么？

3.项目进程

小组成员使用预先制定的采访清单和调查问卷，开展走访和调研，探寻三林村生态环境改善的原因及影响。

表 6-1-4　任务三进程表

环节	教学活动	设计意图
环节一：访谈相关人员	学生利用采访清单、调查问卷，采访见证生态变化的长者、基层工作者、村委会负责人	通过对各类群体的调查访问，从不同层面、多种角度搜集三林村生态变迁的历史因素和政策变化。了解三林村在长期的历史变迁中获得了哪些生态效益和经济效益
环节二：探究湿地功能	实地调研三林村智能化水文监测站，获取第一手数据。通过大数据比对，了解近几年三林村水质变化情况。参观三林村万鸟园展览馆，并邀请馆内工作人员指导学生实地观察三林村万鸟园，进一步了解三林村万鸟园的生物多样性。学生完成万鸟园动植物考察记录表，从而寻找二者之间的相关性	通过水文站大数据的比对汇总，以及万鸟园展览馆资料的获取，结合实地观察到的万鸟园动植物的情况，进一步分析水质变化与生态多样性之间的关系。探寻水质对生物多样性的重要性；探究湿地对区域环境的作用
环节三：宣传三林风采	学生向老师或摄影较为出色的现场游客、自媒体达人请教拍摄技巧，拍出精美的风景照或素材，用于后期的宣传与展示	培养学生拍摄、剪辑等技术。在摄影中进一步感受家乡的景观之美、生物之美、功能之美、艺术之美，从而培养学生的综合素养能力

4.阶段性成果

（1）设计个性化采访问卷

调查小组围绕核心问题,针对不同职业进行个性化问题设计。通过个性化采访,小组成员深切认识到三林村在生态养殖业、绿色种植业、生态旅游业等发展模式中的独特优势。

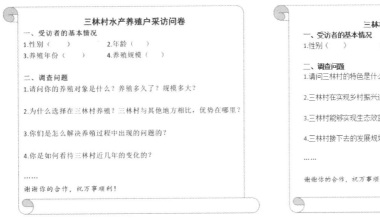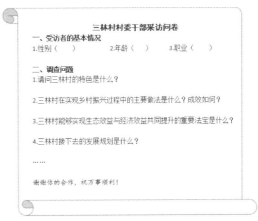

图 6-1-6　水产养殖户采访问卷　　　　图 6-1-7　村委干部采访问卷

（2）数字地图监测湿地动态变化

在村委会工作人员引导下,学生现场参观了依托德清县大数据局"数字乡村一张图"技术的三林村基层治理重要工具——"一图感知三林村",了解其运行模式、覆盖范围、实践效果等具体情况。数字地图赋能乡村振兴,对我们了解湿地功能、水质变化、生物多样性起到了巨大作用。

图 6-1-8　环保小组了解"一图感知三林村"

（四）任务四:成果展示,评价反思(1课时)

1.学习目标

（1）展示优秀成果,进行资源分享。

（2）制作 PPT 回顾本次活动流程。小组间交流答辩,反思不足,提出改进建议。

（3）参与答辩,展示个人思辨能力。

2. 核心问题

通过什么方式能用最佳效果将成果展示出来？如何规范回答专家、老师的问题？

3. 项目进程

环节一：优秀成果展示，资源互惠共享

小组成员对调研成果进行展示：

（1）展示生态环境与经济发展矛盾曲线图。

（2）展示调查报告、视频、音频合集。

（3）从群众环保意识、政府环保策略、村内绿色生态经济项目等角度，阐述三林村能实现人与自然和谐共生的原因。

（4）播放宣传视频，分享制作技巧。

环节二：项目过程再现，反思不足之处

对本次项目化学习中的过程进行经验总结，小组成员之间交流答辩，反思不足。小组书记员做好相关记录工作。

环节三：完成项目答辩，展现思辨能力

小组成员分别回答专家、指导老师等人员针对本小组提案提出的问题。

具体要求：

（1）评委提出问题时，应先明确问题、谨慎思考之后再作答。当遇到作答困难的问题时，可以向评委请求一定的考虑时间，稳定情绪再思考作答。

（2）参加答辩时，要向评委清晰介绍项目研究工作和背景知识，要注意证据和结论在逻辑上的对应关系，不要过多背诵多媒体展示内容。

（3）在答辩阶段，要随时做好简要的答辩记录，以便做出改进和调整。答辩过程体现良好的团队意识，配合默契，相互补充、完善。

4. 阶段性成果

通过资料的梳理与整合，小组成员以 PPT、视频等形式展示项目成果，并完成项目评价与答辩。

图 6-1-9　美丽乡村孝贤三林宣传视频展示

图 6-1-10　学生回顾项目流程，
反思不足，准备答辩

图 6-1-11　专家、教师、学生齐聚报告厅
对项目进行点评与总结

四、项目评价

本项目从多维度评价学生的学习效果，采用过程性评价（问题分析、方案设计、活动探究、成果展示）和终结性评价（自评、互评、师评）相结合的方式。

表 6-1-5　项目评价量表

评价维度	评价等级			评价形式		
	一星级	二星级	三星级	自评	互评	他评
问题分析	①未能围绕驱动性问题进行资料搜集整理；②没有绘制生态环境与经济发展矛盾曲线图；③没有对驱动性问题进行分析和记录	①资料有一定整理归纳；②绘制生态环境与经济发展矛盾曲线图，但不够完整；③有对驱动性问题进行分析和记录，但不够深入完善	①围绕驱动性问题能够快速有效地搜集并整理资料；②根据相关资料绘制出规范的生态环境与经济发展矛盾曲线图；③能对驱动性问题进行深入的分析和详细记录	☆☆☆	☆☆☆	☆☆☆
方案设计	①未能做到小组分工；②未能围绕驱动性问题设计实践任务；③未能设计出项目任务实施流程图	①做到小组分工，但分工并不合理；②能围绕驱动性问题设计实践任务，但任务实操性弱；③项目化流程图不规范，缺乏有效性	①合理完成小组分工；②能围绕驱动性问题设计实操性强的实践任务。③能设计出规范性、有效性强的项目任务实施流程图	☆☆☆	☆☆☆	☆☆☆

评价维度	评价等级			评价形式		
	一星级	二星级	三星级	自评	互评	他评
活动探究	①未能积极参与小组合作；②未能做好本职工作，无团队意识	①参与小组合作，有一定表现；②能够做好本职工作；③团队意识、补位意识较弱	①能积极参与小组合作，并在小组活动中积极建言献策；②自身任务完成出色；③有较强团队意识，能主动帮助他人且承担团队责任	☆☆☆	☆☆☆	☆☆☆
成果展示	①任务成果难以展示；②答辩语言不流畅，逻辑混乱，仪态不自然；③无项目成果反思	①有成果有体现，但创意不足，效果不佳；②答辩语言较流畅，逻辑较清晰，仪态较自然；③有项目成果反思，但反思不深入	①有成果有体现，有创意，效果佳；②答辩语言流畅，逻辑清晰；③有项目成果反思，反思深入，有借鉴意义	☆☆☆	☆☆☆	☆☆☆

五、项目反思

(一)强化实践调查,培育核心素养

要解码项目中的乡村绿色发展秘诀,一方面需要老师搭建解决问题的脚手架;另一方面,需要学生深入乡村去看、去品、去深入调查,在实践中探寻和总结乡村绿色发展的经验。在此过程中,需要学生具备一定的历史学科核心素养,如史料实证和历史解释能力;也需要学生具备一定的地理学科核心素养,如人地协调观、综合思维、区域认知和地理实践力。在本项目中,既有学生实地考察、问卷调查,又有调查报告撰写、短视频制作等。在活动实践中进一步提升了学科核心素养,实现了学习和核心素养的双向促进。

(二)革新教法学法,提升综合能力

本次项目的实施,整体来讲是有趣、有料、有效的。用鲜活的实践活动代替枯燥乏味的理论知识灌输,让鸟语花香的大自然代替狭窄拥挤的教室,让学生的主动探究代替被动学习。在社会快速发展的今天,书本对知识的更新和容纳速度已完全比不上社会新事物产生和发展的速度,了解社会的发展也不能平面化地利用书本或电子产品。

教育需要改革,更需要大胆的尝试。新时期教师的教法和学生的学法不能局限在书本知识的教与学上,更应该让学生主动去发现问题、解决问题,让学生在解决核心问题的过程中去寻师求教、去实践、去感悟。

(三)挖掘乡土资源,培养家国情怀

2022年课程标准的修订,充分体现了义务教育课程中立德树人的育人目标。立德树人过程中,提高学生的文化自信、培养学生家国情怀至关重要。教育即生活,教育即成长,从生活中学习,从经验中学习。

家乡的一花一叶、一砖一瓦、一江一河时刻滋养着我们,也等待着我们去挖掘、去学习。认识家乡自然事物,挖掘家乡的历史典故,感悟家乡的时代变迁,不仅能提升学生综合思维能力和实践能力,更是为立德树人、培养学生家国情怀提供了方向。

六、专家点评

本次项目化学习活动聚焦时代热点"乡村振兴"和"绿色发展",在城市化进程突飞猛进的今天,具有极强的现实意义。本项目让学生化身为"环保志愿者",以绿色的理念来探寻三林村的生态发展,并做好宣传。项目探究的主题明确,运用跨学科学习的方式解决问题,构建了学科间的联系,有利于培养学生的综合思维能力。本项目活动引导学生去关注现实问题,树立绿色发展理念,在探寻乡村发展变迁中,进一步热爱家乡、热爱祖国,成为一名有责任、有担当的人。

(德清县教育研训中心 吴 磊)

传统行业创新,助推乡村发展

南浔区双林二中　王　伟

一、项目简介

湖州素有"丝绸之府"之美誉。但部分湖州学生,却对这一美誉的由来、湖州蚕桑业现状和未来发展缺乏深刻认识。本项目涉及地理、历史、道德与法治等学科,依托查阅资料、实地考察和项目产品呈现(撰写湖州蚕桑转型之路建议书)等,引领学生了解湖州享有"丝绸之府"盛名的原因、湖州蚕桑业发展现状以及未来发展转型之路,树立人与自然和谐共生理念,培育学生区域认知和综合思维能力,在参与社会活动中进一步厚植家国情怀,发展核心素养。

项目时长:7课时

适用年级:九年级

二、项目规划

(一)驱动性问题

针对当前湖州蚕桑行业面临的发展困境及成因,我们如何为"丝绸之府"盛名下的湖州走蚕桑发展转型之路撰写一份建议书?

(二)核心概念

学科概念:地理要素、人地协调、因地制宜。

跨学科概念:社会调查、建议书撰写。

(三)学习目标

表 6-2-1　学习目标与核心素养

主要学科	学习目标	核心素养
人文地理	通过综合各地理要素分析历史上湖州蚕桑业发展的有利因素	区域认知
	通过项目学习,懂得桑基鱼塘的原理,感受人地之间的关系	人地协调观
	综合分析当前湖州桑蚕业发展面临诸多困境的原因	综合思维
	为湖州蚕桑业未来发展提出自己的合理化建议,增进对家乡的热爱之情和未来发展的责任之心	家国情怀
中国历史	能运用实地考察、访谈等不同形式的社会调查方法,开展历史研究	社会实践公民参与
	小组合作完成成果,为"丝绸之府"盛名下的湖州走蚕桑发展转型之路撰写一份建议书	

(四)学情分析

九年级学生已初步掌握社会调查的实施步骤,具备资料搜集、整理归纳能力和团队协作沟通能力,有开展小组合作探究的意识和经验。但在地理学习中,对于人地协调、地理要素对人文环境的影响等相关知识的了解并不深入,在综合思维能力养成方面还需要不断加强训练,学习中的主动性、探究性等需进一步强化。对此,教师在项目化学习实施过程中要关注学生对这些方面知识点的掌握与运用提升。

(五)学习地图

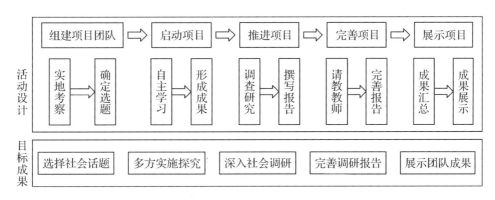

图 6-2-1　"传统行业创新,助推乡村发展"项目化学习设计框架

三、项目实施

(一)任务一:实地考察,确定探究主题(1课时)

1. 学习目标

(1)实地考察,明确探究主题。

(2)学会交流合作,权衡审辩,形成小组决策。

2. 核心问题

如何在社会观察和实地考察的基础上确定项目探究主题?

3. 项目进程

环节一:实地考察探究,引发学生深思

2022年2月,在开展古桥保护社会调查过程中,我们发现农村育种站、茧站等相关建筑逐步退出历史舞台。此外,美丽乡村建设中,许多乡村将农耕园文化作为特色展示,其中便有养蚕过程中所需的部分器具,而绝大多数学生对这些器具并不熟悉甚至感到陌生。

环节二:确定探究主题,正式启动项目

湖州自古便享有"丝绸之府"的美誉,但作为未来发展的建设者,很多同学缺乏对家乡这一美誉由来的深层次理解。随着社会经济的快速发展,蚕桑行业在湖州地区的发展前景显得有些落寞,导致这一现象的原因是什么? 未来湖州蚕桑行业发展之路又在何方? 经激烈讨论,最终确定开展"传统行业创新,助推乡村发展"项目探究活动,旨在通过活动的开展,增强学生探究、思考意识,为湖州未来高质量发展建言献策,贡献自己的一份力量。

环节三:资料汇总整理,开展分组分工

学生对实地考察中的资料进行整理,在交流讨论之后,明确下一阶段所开展探究的步骤、活动内容等,包括学习相关知识、开展社会调查等;在学生梳理探究活动步骤和内容的基础上,教师对探究方案进行指导,并提出相应的探究要求和注意要点。

4. 阶段性成果

学生在南浔区双林镇华侨村农耕园中拍摄到相关展品,很多学生对这些物品的名称及其功能不清楚。在经过讨论后,确定了本次项目化学习的主题。

图 6-2-2 农耕园蚕桑养殖相关展品

(二)任务二:查阅资料,了解湖州"丝绸之府"美誉的由来(2 课时)

1. 学习目标

(1)查阅资料,充分论证。

(2)信息分享,小组讨论,记录有效信息。

2. 核心问题

湖州为何能享有"丝绸之府"的美誉?

3. 项目进程

环节一:多方查阅资料,探究美誉成因

通过查阅资料,多角度分析湖州享有"丝绸之府"美誉的原因。

环节二:学习成果展示,交流分享提升

梳理归纳小组获取的资料,开展组内分享、讨论,由小组代表采用恰当方式展示本阶段学习成果,分享学习感悟。在听取学生的交流分享后,教师对表现突出的小组及个人进行表扬,并提出下阶段相关要求。

4. 阶段性成果

小组成员从网络上查询到桑树和桑蚕的生长习性,以此为切入口,来探究历史上的湖州为何会有"丝绸之府"的美誉。

桑树为落叶树,喜光,土壤适应性很强;能抗旱耐寒,耐温、湿,喜深厚疏松肥沃的土壤,能耐轻度盐碱(0.2%)。根系发达,生长快,萌芽力强,耐修剪,寿命长。

图 6-2-3 桑树

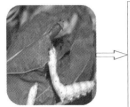

桑蚕的适养温度为 20—30℃，生长周期约 1 个月。桑蚕的饲养需要投入的劳动量较大。一条蚕一生吃桑叶 20—25 克。明代高启《养蚕词》写道："三眠蚕起食叶多，陌头桑树空枝柯。"

图 6-2-4　桑蚕

图 6-2-5　1958 年钱山漾遗址出土的绸片　　　图 6-2-6　2005 年钱山漾遗址出土的丝带

| 三国时，湖州民间丝织业发展起来；南朝时，吴兴郡丝生产交易进一步发展 | 唐代吴兴吴绫、花绸成为主要贡品之一 | 北宋时，湖州设有专门的丝绸管理机构"织绫务"；南宋，浙西湖州一带渐成蚕织中心 | 元代湖州"蚕桑如云，郁郁纷纷" | 元末明初，"湖丝遍天下"，沈万三海外贸易中很大一部分是丝绸贸易 | 清代，湖州成为国内四大绸市之一；1851年，辑里湖丝获伦敦世博会金奖 | 清末民初，湖州出现近代中国最大的丝商群体——"四象八牛" |

三国两晋南北朝（起始阶段）　唐、五代十国（奠定基础）　两宋时期　元明时期（形成时期）　清至民国时期（鼎盛时期）

图 6-2-7　湖州丝绸发展历史沿革（部分）

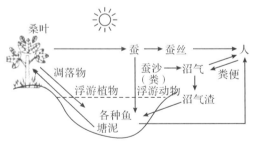

图 6-2-8　桑基鱼塘实景图和工作原理图

（三）任务三：社会调查，了解湖州蚕桑行业发展现状及成因（2课时）

1. 学习目标

（1）社会调查，发现问题。

（2）多方思考，分析问题成因。

2. 核心问题

分析当前湖州蚕桑行业发展面临的困境及成因。

3. 项目进程

环节一：实施社会调查，了解发展现状

通过文献调查、问卷调查、实地走访、人物访谈等相关形式，了解湖州当前蚕桑行业发展的现状。

环节二：调查结果汇总，梳理背后成因

学生对在社会调查中发现的相关现状进行梳理分析，针对梳理结果多角度全面分析造成现状的可能原因，教师在听取的过程中及时进行点拨和发问。

4. 阶段性成果

通过实地走访，小组成员拍摄了区域内曾见证蚕桑行业发展历程的相关典型建筑，并从文献资料中寻找当前我国蚕桑行业的发展现状。

图 6-2-9　菱湖丝厂入选第一批国家工业遗产名单　　图 6-2-10　堆满杂物的原莫蓉和公蚕茧站

《2018—2023 年中国茧丝绸行业需求调研与投资风险分析报告》(节选)

我国桑园主要分布在广西壮族自治区、四川省、云南省等地。数据统计,2017
年广西桑园面积达 318.4 万亩,占全国桑园面积的 29%,全国第一;四川省桑园面
积 195 万亩,占全国面积的 18%,位列全国第二。全国共有 7 个省区市桑园面积超
过 50 万亩,分别是广西、四川、云南、陕西、重庆、浙江和安徽,总面积 943.6 万亩,占
全国桑园面积的 79%。

从区域来看,受地理环境影响,我国桑园分布呈现西多东少的特点,且西部桑园
面积占比逐步增长,东、中部逐渐减少。2017 年,东、中、西部桑园面积分别为 199.
25 万亩、149.5 万亩和 834.78 万亩,占比分别为 16.8%、12.6%和 70.6%,东部、中
部地区占比较上年分别缩小 1.53 个和 0.03 个百分点,西部地区桑园面积占比扩大
1.56 个百分点。

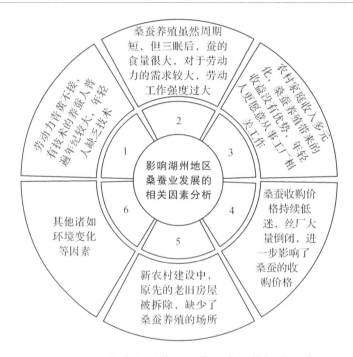

图 6-2-11 影响湖州地区蚕桑业发展的相关因素

(四)任务四:尝试撰写调查建议,为高质量发展建言献策(1 课时)

1.学习目标

(1)在调查及分析的基础上尝试撰写调查建议。

(2)针对问题成因,提出合理化的解决对策。

(3)学会利用周边资源,不断完善调查建议。

2.核心问题

"丝绸之府"盛名下的湖州如何走好蚕桑发展转型之路？

3.项目进程

环节一：数据整理分析，尝试撰写初稿

对上一阶段调查情况进行梳理分析，就问题成因提出合理化的解决对策，尝试初步完成调查建议。

环节二：求助身边资源，完善修改建议

学生将调查建议初稿送交指导教师审阅，教师就所提出的解决措施是否具有针对性和可操作性等，提出修改意见。

环节三：厘清建议思路，形成最终成果

针对环节二中教师所提出的指导修改意见，组内根据多维评价不断地对项目进行完善，以及对调查建议的撰写进行语句通顺与否、用词恰当与否等细节上的完善，并在此基础上形成建议最终稿。

4.阶段性成果

小组成员在走访调查中了解到，和孚镇获港村和练市镇朱家兜村化"危机"为"先机"，各自走出了特色化的蚕桑发展新路子。小组成员以此为突破，集思广益，提出蚕桑行业未来发展的积极对策。

> 获港拥有面积达1007亩的"桑基鱼塘"核心保护区，是中国农业文化遗产。人们为了充分利用土地，挖深鱼塘，垫高田基，田地和水塘间的阡陌也利用起来种植桑树。水塘养上了鱼，每年清理出来的淤泥是桑地最好的肥料。桑叶用来养蚕，蚕蛹作为鱼的食物，蚕粪则用于增加鱼塘的肥力。这种桑、蚕、鱼、泥互为依存、互相促进的有机循环，堪称农耕社会的高效种养殖形态。当前，养蚕的人少了，但桑基鱼塘成为旅游打卡点，而且采桑葚和喝桑叶茶成为游客到获港的必备活动。练市镇朱家兜村现有80亩果桑园，露天栽培的果桑甜糯可口，品种不同于传统桑树。在湖州蚕桑行业日益下滑时，朱家兜村调整产业结构，发展乡村旅游经济，基地每亩可产桑果1吨，80亩土地预计年收入达百万元。此外，该村还研发桑葚酱和桑枝赤松茸等特色产品，供游客选购。

> **"湖州蚕桑行业转型发展,助推乡村发展"的部分建议(节选)**
> (1)传承桑蚕养殖技艺,培养后备人才。
> (2)实施蚕桑规模化养殖,形成集团化、合作社模式。
> (3)优化桑蚕产业结构,融合蚕桑和文旅产业。
> (4)增强湖州丝绸的品牌意识,打造知名品牌。
> (5)依靠科技,实施蚕桑副产品的深加工。
> (6)其他。

(五)任务五:探究成果展示,为助力家乡发展献计献策(1课时)

1.学习目标

(1)制作成果展示PPT,学会交流分享,有效表达。
(2)参与答辩,展示思辨能力。

2.核心问题

如何对本次项目化学习的相关成果进行合理展示及陈述?

3.项目进程

环节一:调研成果展示,展示团队风采

小组呈现探究过程图片,并展示调研成果,以PPT的形式呈现,配以必要的文字、语言、视频等。要求展示过程清晰,展示者仪态大方。

环节二:基本内容陈述,展示集体智慧

探究小组成员就问题的发现、思考、解决等过程对本次探究进行阐述,并就提出的相关建议进行解读。要求能自信阐述,具有创新意识和说服力。

环节三:完成项目答辩,展示思辨能力

小组成员回答专家、指导老师等针对本小组项目学习提出的相应问题。
具体要求:
(1)听清问题后进行作答,反应敏捷,表达自信。
(2)回答问题重点突出,层次分明,体现探究的真实性。
(3)回答问题有理有据,体现探究思考的广泛性。
(4)答辩过程体现良好的团队意识,配合默契,相互补充、完善。

四、项目评价

本项目进行多维度综合评价,采取过程性评价和终结性评价相结合的方式。

表 6-2-2　项目评价量表

评价指标			评价等级		
一级指标	二级指标		自评	互评	师评
参与程度	星级：★★★ 描述：能积极、主动参与活动各个环节	星级：★★ 描述：能参与活动的各个环节，但主动性略显不够	星级：★ 描述：小组活动中参与讨论和交流较少	☆☆☆	☆☆☆	☆☆☆
合作程度	星级：★★★ 描述：在团队中与成员良好合作，在小组内起到领导作用或者能给出建议，对小组贡献大	星级：★★ 描述：在团队中与成员有一定的合作，能推动小组工作，对最终成果有一定的贡献	星级：★ 描述：能参与合作、讨论，但是合作次数明显偏少，对小组的贡献不明显	☆☆☆	☆☆☆	☆☆☆
探究程度	星级：★★★ 描述：有强烈的求知欲，在活动中能提出与项目有关的问题，并努力探究寻找答案	星级：★★ 描述：能够提出与项目活动有关的问题，能较好地参与活动，并寻求解决方案	星级：★ 描述：能够提出问题，但问题可能偏离项目的要求，缺乏深入思考与分析	☆☆☆	☆☆☆	☆☆☆
创新程度	星级：★★★ 描述：学习活动中能提出创新性的观点或建议，并且具有可行性	星级：★★ 描述：学习活动中能提出自己的观点，对改进活动有促进作用	星级：★ 描述：能够对别人的观点进行判断，但缺乏自己的创新思维	☆☆☆	☆☆☆	☆☆☆

五、项目反思

(一)学生收获

本次"传统行业创新，助推乡村发展"项目化探究活动，让学生从社会生活中的现象入手，关注家乡发展，增强自身主人翁意识；同时在探究活动中以社会调查为载体，促使学生将"地理学科学习"与"项目化学习"有机融合，将书本知识与社会实践相结合，开展学习的创新探索。活动中，学生相互合作，彼此成就，收获颇丰。

组长叶同学说："为充分论证历史上的湖州享有'丝绸之府'的盛名，我查阅了大量历史文献资料。这一过程中，我对'自然要素对人文环境的影响'有了更全面的认识；在对'桑基鱼塘'的实地考察中，我为古代劳动人民的智慧深深折服，对人地协调也有了更深刻的认识。"

组员马同学说:"在活动之前,我对社会交往还比较胆怯。经过这次探究活动,我不仅巩固了知识,在人际交往和表达能力方面也有了提高。尤其是我们小组提出的对湖州蚕桑行业未来发展之路的建议得到了老师和专家的认可,让我感受到了成功的喜悦。"

(二)教师反思

1.项目设计需要跨学科

本次项目设计主要围绕人文地理、历史和道德与法治学科,在跨学科的操作层面上还有待提升。比如基于 STEM 课程理念,还可以设置工程技术方面的项目活动,比如进行蚕蚁孵化温控器的研究与制作等。

2.项目实施需要多元化

本次项目化学习受限于时间、出行安全等诸多因素,各小组调查的范围比较小,局限于南浔区周边。若条件允许,调查活动还需进一步做大、做实、做细,比如实地参观缫丝厂、实践感知传统缫丝技术、采访湖州市丝业协会的相关负责人等。

3.项目结果需要科学化

项目的最终物化成果主要是调查报告和建议书,成果显得有点单薄。如何将项目活动的成果进行更好、更科学的展示,是后续需思考和解决的问题。

六、专家点评

本案例从学生观察和思考入手,选定"传统行业创新,助推乡村发展"为主题,以湖州蚕桑发展转型之路的探索为载体,来实施项目化学习。本项目立足湖州乡土,着眼未来发展,在驱动性问题的指引下,融合人文地理、历史和道德与法治等相关学科开展项目探究,具有较强的现实意义。作为项目实施者,学生在全过程中的探究主体地位明显,在项目的立项、入项和出项过程中,学生的高阶能力得到了锻炼,培育地理学科核心素养的同时,增进了学生对家乡的热爱之情和对未来发展的责任感、使命感,最终的项目成果具有较好的建设意义。本次项目化学习充分体现了学生的自主探究和主观能动性,关注学科高阶思维能力的养成,是一次较为成功的项目化学习活动。

(南浔区教育科学与研究中心　陈永兴)

未来"火星城"，创想飞天外

安吉蓝润天使外国语实验学校　陈向华

一、项目简介

近年地球灾难频发，环境问题不断恶化，引发人类对第二居住星球的探索。2020年"天问一号"发射升空，开启了我国探索火星之旅。2021年"天问一号"抵达火星表面开始了探索。随着科技的发展，人类移民火星的梦想或将成为可能。本项目涉及地理、物理、化学、艺术等学科。学生通过查阅资料、建立模型、科学实验、设计制作"未来'火星城'"模型，探究人类火星生活的可行性，开展太空生活的创想和实验。

项目时长：8 课时

适用年级：七年级、八年级

二、项目规划

(一)驱动性问题

面对地球环境恶化问题，人类移民火星在未来将成为可能，我们如何在火星建立供人类居住和生活的未来城市？

(二)核心概念

学科概念：区域地理、人与自然和谐共生。

跨学科概念：数据搜集与整理、实验实证、火星城设计制作。

（三）学习目标

表 6-3-1　学习目标与核心素养

主要学科	学习目标	核心素养
地理	①通过资料搜集,了解火星探测的进展,能够说出中国太空探索取得的成就; ②初步建立科学的宇宙观,认识人类太空探索的意义和价值,形成科学探究的兴趣和情怀; ③通过材料分析,知道气候对人们生产生活的影响	综合学习
地理	①通过材料分析,知道全球环境问题和区域气候特点; ②通过资料分析和实验研究,形成尊重和保护自然、绿色和谐发展的意识	科学精神
地理 物理 化学 艺术	①通过多种地理要素相互关系的分析比较,系统、动态、辩证地看待问题,解决问题; ②通过设计实验方案,利用模拟、虚拟等方式开展地理科学实验研究; ③通过火星城市建模,培养从科学家角度思考问题和解决问题的能力	实践创新

（四）学情分析

七年级和八年级的学生具备了一定的地理学科知识,具备基本的信息筛选能力,会查阅文本资料、筛选信息,具备解决简单科学问题的能力,有合作学习的经验,因此,在开展项目合作时更有自信。七年级和八年级的学生敢于接受挑战,但对太空探索最前沿的知识了解不多,对身边的科技发明了解还不深入,在动手创作上实践不多,需要在老师的指导下开展深入研究。

（五）学习地图

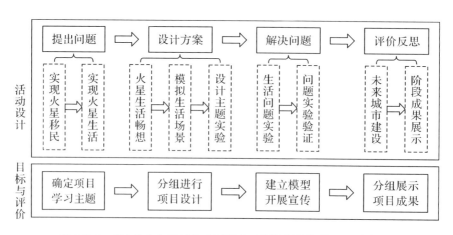

图 6-3-1　"未来'火星城',创想飞天外"项目化学习设计框架

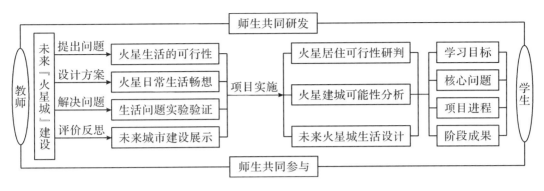

图 6-3-2　学习流程图

三、项目实施

(一)任务一:火星居住可行性研判(2 课时)

1. 学习目标

(1)通过资料查找、文献检索,了解八大行星的自然环境特点。

(2)通过数据分析比较,判断火星是否适宜人类居住。

(3)结合材料和已学知识,分析火星的哪个地方最适合人类生活。

2. 核心问题

火星是否适合人类居住?

3. 项目进程

环节一:文献检索

查找资料,检索文献,搜集八大行星地表的各项数据。

环节二:数据比较

设计表格,从天体运转、距离、温度、气压、水源等方面进行八大星球地表情况的比较,分析人类居住需要的条件,判断八大行星中的火星是否适合人类居住。

表 6-3-2　文献检索任务单

任务单一:文献检索	
检索时间	_____年____月____日_____时
检索问题	核心词(或核心概念)
检索方式	直接法、顺查法、倒查法、抽查法、追溯法、循环法等
检索结果	摘录与概括、数据分析与观点呈现等
检索过程中遇到的问题以及解决方法	列出 1—2 个问题,并说明解决的方法

4.阶段性成果

通过行星数据检索,从自转、气温、气压、距离、水分等角度进行比较。

表 6-3-3　行星自然环境比较表

	水星	金星	火星	木星	土星	天王星	海王星
自转/天	58.6	243	1.03	0.41	0.45	0.72	0.67
表面平均温度/℃	−170~350	464	−23	−150	−180	−216~−224	−214
气压	极小	地球的90倍	极小	无明确固体表面	无明确固体表面	无明确固体表面	无明确固体表面
距日距离/千米	5790	1.1亿	2.3亿	7.8亿	14亿	29亿	45亿
水分	不明确	不明确	有水冰	不明确	不明确	不明确	不明确
形态	固态	固态	固态	气态	气态	气态	气态
环境	太热	太热	较合适	太冷	太冷	太冷	太冷

经过比较和分析,大家得出结论:火星是与地球最接近的星球,适宜人类移民。同时通过分析火星的自转和公转,结合温度、日照以及能源供应等因素,大家发现火星的赤道附近温度最适宜,日照充足,适合采集能源,建立人类居住地。

(二)任务二:火星建城可能性分析(2 课时)

1.学习目标

(1)基于已有的科学知识,分析火星未来城市的生活可能遇到的问题,结合火星城设计方案,提高跨学科问题的研究能力。

（2）学会综合运用所学知识来解决人类在火星未来城市的衣、食、住、行问题,畅想人类在火星上的生活。

（3）通过实践活动,提升团队协作、调查研究、语言表达等能力,提高创造力,逐步确立人与自然和谐共生的观念,形成勇于创新、主动学习的品格。

2. 核心问题

人类如何解决在火星上的衣、食、住、行问题?

3. 项目进程

环节一:模拟生活问题分析

分析在火星建立适合人类长期居住的未来城市需要解决的问题。

表 6-3-4　火星生活需要解决的问题列表

需要解决的问题	问题具体指向
基本生存	人类和生物基本生存所需要的氧气等的来源问题
生产生活	人类生产生活所需要的水(尤其是液态水)的来源问题
衣	人类生存对环境温度的基本要求应该如何满足的问题
食	人类生存对食物饮食的基本要求应该如何满足的问题
住	人类生存对住房建筑的基本要求应该如何满足的问题
行	人类生存对出行交通的基本要求应该如何满足的问题

环节二:模拟生活问题解决方案设计

拆解需要解决的问题,进行实验方案设计细化和调整,形成改进的方案或产品。

4. 阶段性成果

（1）火星服设计图

表 6-3-5　火星上的未来太空服设计任务单

设计时间	_____年____月_____日_____时
设计目的	满足人类生存对环境温度的基本要求
制作材料	人工合成材料、地球天然复合材料等
设计草图	要求简明扼要,有各部分的分解图和功能说明
设计说明	说明未来太空服的外观、构造、创意、功能等

学生根据火星超低温特点和环境等条件设计了新型火星服。

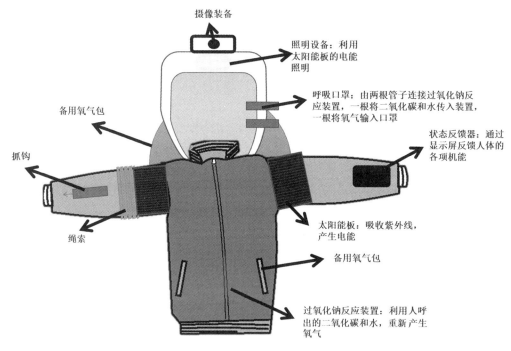

摄像装备

照明设备：利用
太阳能板的电能
照明

呼吸口罩：由两根管子连接过氧化钠反
应装置，一根将二氧化碳和水传入装置，
一根将氧气输入口罩

备用氧气包

状态反馈器：通过
显示屏反馈人体的
各项机能

抓钩

太阳能板：吸收紫外线，
产生电能

绳索

备用氧气包

过氧化钠反应装置：利用人呼
出的二氧化碳和水，重新产生
氧气

图 6-3-3　火星服设计图

太空服由外到内主要分为三层：

①防辐射层：可以抵抗火星上的各种宇宙射线，使其不能伤害到人体，并且能够抵御火星上的沙尘。

②保温层：内层用镜面做成，能够将外传的热能反射回去，达到保温的效果。

③存热层：吸收人体和过氧化钠反应时所产生的热能，并且存入容器中，在气温降低时将热量放出。

在太空服上设计九个外挂设施，具体设计如下：

①过氧化钠反应装置：利用人呼出的二氧化碳和水，重新产生氧气。

②呼吸口罩：由两根管子连接过氧化钠反应装置，一根将二氧化碳和水传入装置，一根将氧气输入口罩。

③太阳能板：吸收紫外线，产生电能。

④照明设备：利用太阳能板的电能照明。

⑤备用电池和氧气罐：在应急时使用。

⑥食物供给装置：从后背的食物液供给罐中供给浓缩食物液。

⑦状态反馈器：通过显示屏反馈人体的各项机能。

⑧电脑控制设备：参考人体数据，自主控制资源调配。

⑨人工控制设备：在紧急情况下用手动代替电脑控制。

（2）未来火星城设计

满足人类生存和生活的火星城市，应该有生活区、生产区和能源基地，同时配备实验室、仓储区和垃圾回收处理中心。

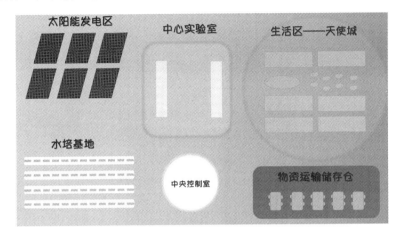

图 6-3-4 火星城市设计图

(三)任务三:未来火星城生活实验设计(4课时)

1.学习目标

(1)基于已有的科学知识,结合火星未来城市的生活可能遇到的问题,设计实验方案进行验证,提高科学实证能力。

(2)学会综合运用科学方法来解决人类在火星未来城市的衣、食、住、行问题,实现人类在火星上的生活。

(3)通过实践活动,提升团队协作、科学分析、实验设计等能力,提高创造力,逐步确立人与自然和谐共生的观念,形成勇于创新、主动学习的品格。

2.核心问题

通过实验解决人类在火星上的生产生活需求,创建火星城市模型。

3.项目进程

环节一:火星氧气实验——如何在火星上呼吸到氧气

环节二:火星种植实验——如何在火星上获取食物

环节三:火星交通工具——如何在火星上自由往来

环节四:火星未来城市创建——如何在火星上居住生活

4.阶段性成果

(1)火星氧气实验

资料显示,火星的大气密度只有地球的大约1%,非常干燥。火星的那层薄薄的大气主要是由二氧化碳（95.3%）加上氮气（2.7%）、氩气（1.6%）和微量的氧气（0.15%）和水汽（0.03%）组成的。空气实在过于稀薄，所以人类在火星上无法正常呼吸。研究小组在科学老师的指导下，发现通过过氧化钠可以使二氧化碳转化为氧气。

图 6-3-5　与科学老师一起进行氧气实验

（2）火星种植实验

火星的土壤中含有大量的重金属，比如高氯酸盐和过氧化物，这些重金属会随着植物的生长被植物吸附，人类食用的话就会被吸收到人体内，对健康造成危害。因此，研究小组找到了一个更安全的办法——水培种植法，水培法只需要水和营养液就足以支持植物生长了。为了更好地实践水培法，研究小组向学校申请设立了一个专门的水培实验室。

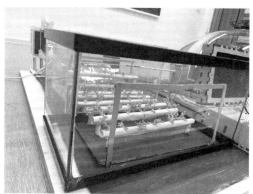

图 6-3-6　水培实验室立项申请书和实验搭建的水培室

（3）火星交通工具

火星与地球之间的交通需要快捷便利的交通工具。我们利用反冲力原理，设计了"超级水火箭"，研究小组在老师的指导下进行"超级水火箭"的制作和发射实验。

图 6-3-7　"超级水火箭"制作与发射

（4）火星未来城市模型

根据火星环境特点,研究小组设计了一个火星未来城市基地,搭建了一个火星城市基地模型——火星天使小镇,有蓝润天使分校,有居民区,有山,有水,还有各种生活设施。整个小镇由大大的玻璃罩着,里面保证了空气、温度、湿度等条件,让人们在里面可以和在地球上一样自由生活,外面是一个水培实验室模型、一个太阳能发电站。整个火星基地分为两个大大的城市:一个蓝润城,一个天使城。它们中间有一个中央控制系统,控制着两个城市的灯光、运输等。

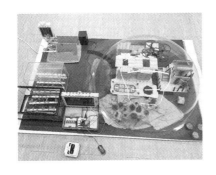

图 6-3-8　火星未来城市模型　　图 6-3-9　研究小组参加项目化学习成果展示评比活动

四、项目评价

在项目化学习过程中,教师通过形成性评价和过程性评价的方法和工具,了解学生的学习情况,为他们提供具体的反馈和指导,从而帮助学生改进学习策略和方法。

(一)形成性评价

表 6-3-6　项目形成性评价量表

评价维度	学科素养	初级（☆）	中级（☆☆）	高级（☆☆☆）
信息搜集	信息意识	能参与调查、搜集信息	能从不同角度调查、搜集信息	能从不同角度调查、搜集信息，且系统全面
信息整理	信息意识	能将信息进行整理	能用不同方法对信息进行整理	能用不同方法对信息进行整理、分类，提炼关键词
方案设计	综合思维	从一个维度设计方案	能综合两个及以上的维度设计方案	能综合两个及以上的维度设计方案，并有一定的逻辑性
主动合作	责任担当	能与同伴进行浅层次的合作	能与同伴合作，并提出不同意见进行讨论	能与同伴深度合作，并提出创新性的思考和建议

(二)过程性评价

表 6-3-7　项目过程性评价量表

评价维度	未达标	接近期望	达到期望	超过期望
表达聆听	未能流利表达观点或主张	能够简单重复讨论中的一般观点	能够认真聆听，清晰表达自己的观点	能够认真聆听，清晰而有说服力地表达观点，与他人观点进行联系，并提供新的讨论方向

五、项目反思

(一)学生学而有思，培养了科学家思维

像科学家一样思考，是世界经济合作与发展组织在 2015 PISA 测试中首次倡导的理念之一。在本次项目化学习中，同学们第一次像科学家一样系统思考和解决问题。通过资料搜集分析、亲身观察、与科学家对话、动手实验等过程，综合运用多学科知识，揭示自然世界和实验室中一些现象的成因，合作完成了学习任务。这对于同学们来说，挑战非常大，收获也非常大。同学们也认识到，任何科学研究都不是简单的，需要严谨的逻辑思维和科学的验证。

(二)教师教有所得,提高了专业化水平

教师的专业化水平,是项目化学习质量的有效保证。新的学习方式,对教师提出了更高的要求,不仅要有专业和规范的活动设计能力,还需要更专业的组织协调管理能力。在活动过程中,教师要及时搜集处理信息、引导学生探究解决问题;需要在同学们遇到困难时搭建学习支架,引导学生完成任务;要建立合理的评价体系,对学生的学习过程和结果采取多样化、区别化的评价,充分发挥评价功能,促进学生发展。

(三)成果呈现精彩,促进了项目化学习

学生在批判性思考和修改反馈的循环中不断改进作品,项目成果非常好地表现了科学研究的过程和深度思考后的设计。"超级水火箭"发射活动引发社会广泛关注! 视频一经发布,仅半天播放量就高达1300万次! 全网转载,《人民日报》等央媒点赞,央视摄制组更是两次进学校采访报道。这给同学和老师带来了极大鼓舞,反过来又促进了项目化学习的持续深入。

六、专家点评

本案例中,学生通过查阅资料,增加了对航天知识的了解,借助科学知识提出了在火星定居生活的基本需求,制作出承载着无限创想的"未来火星城"模型,在建筑、空气、能量、生活、运输、往返工具等方面有独到创想,展现出学生热爱科学、勇于探索、向往未来的精神风貌。整个项目中,学习活动都和驱动性问题联系在一起,帮助学生持续聚焦学习目标;项目的每个阶段,老师在过程中评估和引导学生学习,为学生铺设了通往成功的道路。

(安吉教育科学研究中心　丁爱国)

湖州市教育学会
湖州市教育科学研究中心 组织编写

唐波
黄丽君
总主编

社会类学科项目化学习案例设计精选

义务教育道德与法治

项目化学习案例设计精选

何振华　盛新凤　主编

浙江工商大学出版社
ZHEJIANG GONGSHANG UNIVERSITY PRESS
·杭州·

图书在版编目(CIP)数据

义务教育道德与法治项目化学习案例设计精选 / 何振华,盛新凤主编. — 杭州：浙江工商大学出版社，2023.8

("优教共享：项目化学习实践的湖州探索"丛书. 社会类学科项目化学习案例设计精选)

ISBN 978-7-5178-5644-3

Ⅰ. ①义… Ⅱ. ①何… ②盛… Ⅲ. ①政治课－教案(教育)－初中 Ⅳ. ①G633.202

中国国家版本馆 CIP 数据核字(2023)第 152800 号

义务教育道德与法治项目化学习案例设计精选
YIWU JIAOYU DAODE YU FAZHI XIANGMUHUA XUEXI ANLI SHEJI JINGXUAN

何振华　盛新凤　主编

策划编辑	俞　闻　任晓燕
责任编辑	金芳萍
责任校对	林莉燕
封面设计	朱嘉怡
责任印制	包建辉
出版发行	浙江工商大学出版社
	（杭州市教工路 198 号　邮政编码 310012）
	（E-mail：zjgsupress@163.com）
	（网址：http://www.zjgsupress.com）
	电话：0571－88904980,88831806(传真)
排　　版	杭州朝曦图文设计有限公司
印　　刷	杭州钱江彩色印务有限公司
开　　本	787mm×1092mm　1/16
印　　张	27.25
字　　数	566 千
版 印 次	2023 年 8 月第 1 版　2023 年 8 月第 1 次印刷
书　　号	ISBN 978-7-5178-5644-3
定　　价	85.00 元(全 2 册)

"优教共享:项目化学习实践的湖州探索"丛书

(湖州市教育学会、湖州市教育科学研究中心组织编写)

丛 书 编 委 会

主　任:金淦英

副主任:黄丽君

编　委:(按区县排序)

魏　钧　周　凌　唐　波　费利荣　张建权

沈勤勇　张平华　叶　军

本 册 编 委 会

主　编:何振华　盛新凤

副主编:嵇永忠　袁和林

编　委:(按姓氏笔画排序)

丁爱国　王春伟　田　恬　杨继明　吴建琴

沈　莉　陈永兴　陈明亮

总　序

项目化学习是把学科知识与真实生活情境有机联系起来的一种学习方式,强化做中学、用中学、创中学,为学生提供整体认识世界的机会,对促进学生全面发展、深化学校教学改革有着深远的意义。

在全面深化课程改革、落实立德树人根本任务的背景下,湖州市从 2016 年开始探索以 STEAM 教育为切入点的项目化学习实践,通过构建城乡教研共同体,实施面向全学段"课程育人"跨学科项目化学习、普通高中"提质增效"学科项目化学习、义务教育"落实双减"项目化作业推进行动计划,并从保障机制、资源建设、师资培训、成果展示等多个维度,探寻架构城乡教育"共同富裕"的整体框架,彰显湖州优教共享的教研支撑力量。经过 6 年多的实践探索,形成了以下几条主要经验:

一是规划项目化学习的整体框架。2016 年,湖州市启动以 STEAM 教育为抓手的项目化学习实践,在试点学校实践的基础上,从基础、特色、热点三个方面确立学科、跨学科、超学科三类项目制课程,规划了项目化学习整体框架。

二是确立项目化学习的重要地位。2017 年,湖州市对 25 所样本学校(15 所小学和10所初中)的科技创新教育和综合实践现状开展调研,发现学生科技创新教育的主阵地多限于课堂,学生动手实践能力整体较弱,创新思维水平整体较低,与区域人才战略目标存在落差,因此确立了STEAM教育在提升学生科技素养方面的重要地位。

三是物化项目化学习的研究成果。2018年,"一点二线三维,区域推进STEAM教育实践的湖州行动"被评为2018年浙江省教研工作亮点,"区域推进STEAM教育的策略研究"立项为中国教育科学院专项研究课题,《融合·创新·分享:STEAM教育实践的湖州样本》由浙江教育出版社正式出版发行。

四是发挥项目化学习的示范作用。2019年,浙江省人民政府《每日要情》第9期刊发《湖州市全面推进STEAM教育成效明显》的报道;浙江省第二届中小学STEAM教育大会在湖州召开,会议讨论了"STEAM教育实践的湖州样本"。

五是创新项目化学习的实践样态。2020年,湖州市以"STEAM＋生态"项目课程的开发与实施为载体,创建共同体学习社区。"'STEAM＋生态'学习实践共同体"入选教育部科技司2019年度教育信息化教学应用实践共同体项目。以牵头学校带动成员学校、成员学校带动实验学校层层推进,形成跨区域、跨学段、跨学科的项目化学习实践新样态。

六是实施项目化学习的提升计划。2021年,启动《湖州市中小幼项目化学习三年行动计划》,全域推进项目化学习。到2023学年,培育湖州市"项目化学习"示范区2个、领航学校20所、示范学校40所、实验学校80所,完成精品课程100门、优秀项目案例300项,编印各学科项目化学习丛书,指导学校项目化学习实践。

湖州市6年多的项目化学习研究与实践,从STEAM教育到学科项目化学习的常态化开展,丰富了课堂教学的形态,形成了区域特色鲜明的项目化学习整体框架,顺应了新课程改革的需要,有效实现了课程育人的价值。

《义务教育课程方案和课程标准(2022年版)》明确各门课程用不少于10％的课时设计跨学科主题学习,以培养学生应用知识解决实际问题的意识和能力。跨学科学习若以项目化学习来进行,会极大促进跨学科意识的形成与发展,因此项目化学习丛书的出版,正是呼应新课程改革的诉求,为学校和教师提供可复制可操作的经验。

丛书按学科类别分为4个系列,分别为语言类(包括小学语文、初中语文、小学英语、初中英语 4 个分册)、社会类(包括义务教育道德与法治、初中历史与社会 2 个分册)、科技类(包括小学科学、初中科学、初中数学 3 个分册)、跨学科主题(包括生命、生态、生涯 3 个分册)。

丛书既有突出国家课程特色的学科项目化学习典型案例,又有基于"五育融合"的跨学科项目化学习实践样态,呈现湖州市基础教育全学科多领域项目化学习的实践与研究成果。

丛书由各学科教研员及一线骨干教师在实践基础上共同研发,是 2018 年《融合·创新·分享:STEAM 教育实践的湖州样本》的迭代升级,普适性好,操作性强,可以为学校开展项目化学习实践提供良好的借鉴。我们希望通过这一套系统学习方法,让学生在探究复杂、真实问题的过程中,掌握所学知识和技能,促进深度学习的真实发生,实现核心素养的真正落地。

丛书选编的案例均从湖州市项目化学习基地学校的实践成果中产生,项目案例包括项目简介、项目规划、项目实施、项目评价、项目反思。项目实施中的每个任务环节都有相应的支持性活动,并有设计意图说明。

在实现"共同富裕"背景下,湖州市充分发挥教育科研的支撑作用,协同多方力量,聚焦项目化学习,全力打造以项目化学习为载体的"优教共享"教育新名片,体现了湖州教研人"实干争先"的精神风貌。相信"优教共享:项目化学习实践的湖州探索"丛书,有助于湖州教育高质量发展,也能够供兄弟地市学习与借鉴。

2023 年 6 月

前　言

　　思政课是落实立德树人根本任务的关键课程,道德与法治课程是义务教育阶段的思政课。在《义务教育课程方案和课程标准(2022年版)》出台的背景下,发展学生核心素养成为教育教学的主旋律,也是我国教育改革的重要突破口和未来人才培养最基本的路径。在回答"培养什么人、怎样培养人、为谁培养人"的教育的根本问题时,"方法"至关重要。

　　《义务教育道德与法治课程标准(2022年版)》在"教学建议"部分明确指出:"要积极探索议题式、体验式、项目式等多种教学方法,引导学生参与体验,促进感悟与建构。"学科项目化学习作为一种教育方式和学习方法,在引导学生持续深入探究学科相关问题,创造性解决问题,并在新情境中迁移运用所学知识方面,具有重要的指导意义。这样的学习历程,有别于传统教学的先学习理论知识再解决问题,而是强调"做中学"。学生基于现实世界中的真实问题展开探究、规划方案、解决问题,并进行评价反思,从而学习相关知识,在解决问题的过程中完成自我学习,从而成为心智自由的终身学习者。由此来看,项目化学习正是助力核心素养培育的重要抓手之一。

　　教学实践表明,科学实施学科项目化学习,能帮助学生解决知识学习与实际应用相割裂的问题,引导学生不仅"知",而且体验如何"行",它能有效提高学习质量,通过让学生参与解决复杂的、新的问题,促进学生高阶思维的发展。但在实践过程中,很多教师表示,在初次面对项目化学习时感到手足无措,甚至有点焦头烂额。需要指出的是,如果教师指导方式不科学,学生学习方法不正确,那么学科项目化学习的效果就会大大减弱。本书编写的初衷就是帮助更多的学校和道德与法治学科教师更有效地开展学科项目化学习。

　　湖州道德与法治学科教师立足本土历史文化资源和学科核心素养,从生命安全与健康教育、道德教育、法治教育、中华优秀传统文化教育、革命传统教育、国情教育等六大板块入手,创设了 18 个与学生的生活、学习实际密切相关的学科项目,引导学生在项目化学习中强化政治认同。

　　建设文明湖州,助力文化传承。湖州有着 4500 多年的文明史、2300 余年的建城史,悠久的历史蕴含着丰富的中华优秀传统文化和革命文化。围绕湖州节日民俗文化、二十四节气文化、稻俗文化、孝亲美德等内容开展的项目化学习,能帮助学生触摸、回味和体悟中华优秀传统文化,为现代文明湖州建设注入精神力量。在革命传统教育中,红色遗迹和文物记录着先烈们顽强斗争的红色故事。学生通过寻访南浔红军长征追踪馆、长兴新四军苏浙军区旧址、德清龙山村烈士陵园等,铭记党的历史,继承革命传统,传承红色基因。

　　建设法治湖州,弘扬新风正气。国无法不治,民无法不立。建设法治湖州是湖州人民共同的事业,法治湖州的建设离不开青少年的参与。青少年如何弘扬社会主义法治精神,做社会主义法治的忠实崇尚者、自觉遵守者和坚定捍卫者? 如何学习《民法典》,用它来保障我们的公共生活? 如何设计一份《交通安全宣传手册》,宣传交通法律法规,提高社区居民知法守法、依法维权的意识? 如何开展模拟法庭活动? 如何有效地撰写法治宣讲稿及普法倡议书? ……学生通过项目化学习,了解了法律知识,形成了法治意识,在心中播下了法治的种子。

　　建设健康湖州,发展"美丽经济"。健康湖州不仅体现为湖州人民的身心健康,也体现为湖州生态经济的可持续发展。在信息技术如此发达的今天,媒体的繁杂、信息的泛滥也成为影响青少年身心健康的重要问题。围绕"青少年如何合理利用网络""小学生如何科学合理地看电视""中学生如何让青春绽放生命之花"等问题进行的项目化学习,帮助学生提升媒介素养,感知生命的意义,塑造健全人格,养成健康文明的生活方式。湖州市安吉县作为"绿水青山就是金山银山"理念的诞生地,近几年通过对"竹林碳汇"的探索,找到了生态文明建设的新道路。湖州市长兴县通过大力发展公有制经济和非公有制经济,连续多年进入全国百强县名单。我们以此开展项目化学习,帮助学生坚定了为建设绿色低碳共富的现代化新湖州而努力奋斗的决心。

　　湖州道德与法治学科的项目化学习在教师们的广泛实践中不断推进,所形成的案例还有许多不足之处,如今结集出版,希望得到各地专家的指正,以促使我们不断改进。期待我们共同携手,以学科项目化学习等教育教学新方法推动教育改革,为全面推进中华民族伟大复兴注入教育力量!

目　录 |

第一章 生命安全与健康教育

看电视，有讲究

湖州市吴兴区第一小学　闻燕萍

一、项目简介

本项目基于统编版小学四年级《道德与法治》教材中"健康看电视"的相关内容，又结合学校心理咨询工作中因看电视导致亲子冲突的案例，围绕"小学生如何科学、合理地看电视"这一核心问题，通过"分析需求，聚焦核心问题""调查采访，了解电视信息""分析利弊，提出可行性建议""制作优化，可视化表达"等任务环节，最终形成健康看电视的《电视用户手册》，帮助学生学会科学、合理地看电视。

项目时长：7 课时

适用年级：四年级

二、项目规划

（一）驱动性问题

最近，学校黄绿橙工作室接待了很多因为看电视的问题和父母发生矛盾的学生来访者。小学生如何科学、合理地看电视呢？让我们做一份《电视用户手册》来帮助他们吧！

（二）核心概念

生命安全与健康、信息素养、国情教育。

(三)学习目标

1.能用辩证的眼光看待电视,知道电视能给我们的生活带来欢乐、帮助我们增长知识的同时,也能给我们的身体和生活带来不利影响。

2.懂得科学、合理地看电视,知道看电视时要注意的事项,养成良好的看电视习惯。

3.通过小组合作交流,培养调查、表达、合作探究、综合分析的能力。

(四)学情分析

一方面,四年级是从小学低年级向高年级的过渡阶段。这一阶段的学生已经有了一定的自我意识,对外部的依赖性也逐渐减少,但是内部的自控能力和对事物的判断能力还没有完全形成。如:他们只知道看自己喜欢看的电视,但对看电视的时间、姿势、环境、内容、距离等问题没有特别重视,因此导致视力下降、与父母发生矛盾等现象。所以,让学生在自主探究的过程中掌握科学、合理地观看电视的方式尤为重要。

另一方面,四年级的学生对世界、社会充满着好奇心和探索欲,也有了一定的发现问题、解决问题的能力。因此,在学习的过程中,应鼓励学生通过自主观察、与同伴交流互助,逐渐学会全面、辩证地看问题。

(五)学习地图

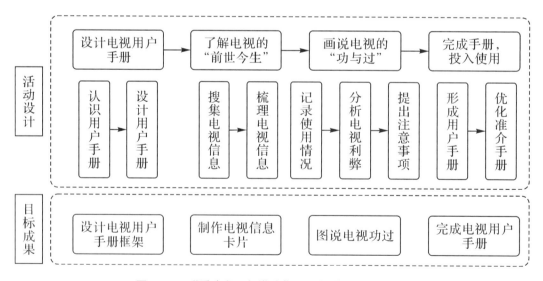

图 1-1-1 "看电视,有讲究"项目化学习设计框架

三、项目实施

(一)任务一:设计电视用户手册(1 课时)

1. 学习目标

(1)通过比较生活中的各种用户手册,初步了解用户手册的基本结构。

(2)通过讨论分析,确定研究的内容和方向。

2. 核心问题

《电视用户手册》的基本结构是什么样的呢?让我们一起来设计《电视用户手册》的基本框架吧。

3. 项目进程

环节一:都是电视"惹的祸"

学校黄绿橙心理工作室的咨询中,有不少学生因为看电视的问题和父母发生矛盾的案例。请学生结合自己的生活实际,在看电视这件事情上,讨论交流会因为什么问题和家长发生矛盾冲突。学生总结梳理出的矛盾点是看电视的时长、内容、姿势等问题,并明确了研究方向——学会科学、合理地观看电视。在此基础上,学生展开了激烈讨论,最终决定以《电视用户手册》的形式呈现学习成果。

环节二:认识用户手册

我们在生活中用到过很多产品的用户手册,那么用户手册都有哪些基本结构呢?

环节三:设计用户手册

在参考其他用户手册的基础上,筛选并明确《电视用户手册》需要呈现的内容有哪些。学生设计《电视用户手册》的基本框架,据此确定研究的问题和方向。

例如,学生提出:要向用户介绍电视;要分析为什么大家那么喜欢看电视,电视对人们的生活有什么影响;要向用户提出看电视的具体方法,让他们学会科学、合理地看电视……

4. 阶段性成果

学生在对比生活中用户手册的基础上,绘制了《电视用户手册》的基本框架。

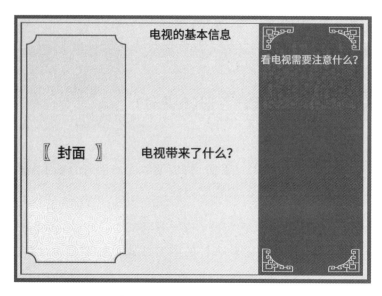

图 1-1-2　学生设计的《电视用户手册》基本框架

(二)任务二:了解电视的"前世今生"(2 课时)

1.学习目标

(1)通过多种调查方式,学会发现问题、理解问题。

(2)通过采访、网络搜索等方式,了解电视机的发展史及观看电视方式的变化史,从而感受科技的发展对生活的影响。

(3)通过讨论交流、信息分享,整理记录有关电视的基本信息。

2.核心问题

你了解电视吗?请给电视做一份基本信息卡片。

3.项目进程

环节一:电视信息知多少

制作《电视用户手册》,少不了制作者对电视的认识了解。学生围绕电视在外观、观看方式、电视内容等方面,通过网络调查、采访家人、查阅书籍等方式,做好资料的搜集、整理工作。

环节二:我来梳理——你知道了电视的什么信息?

小组成员共同讨论、筛选有用的信息,结合教师提供的视频资料,梳理形成电视的基本信息。

4. 阶段性成果

学生在课前调查的基础上,以图表的形式梳理形成了电视的基本信息,对电视的发展有了一定的认识。

项目	以前的电视	现在的电视
外观		
观看方式	手动换台	遥控器换台
观看内容	直播,到时间才能看	可以点播,应有尽有
其他	较小,黑白	较大,彩色

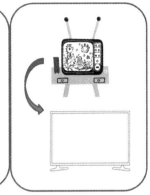

以前的电视机很重,有两根天线,屏幕很小,看的内容很模糊,有按钮,看电视需要按键换台;现在的电视很轻便,没有天线,屏幕很大,看的内容很清楚,看电视的时候可以按遥控器、触屏或者直接语音控制。

图 1-1-3　学生收集的电视信息

(三)任务三:画说电视的"功"与"过"(2 课时)

1. 学习目标

(1)感受电视在我们生活中的重要性。

(2)能用辩证的眼光看待电视,知道电视能给我们的生活带来欢乐、帮助我们的增长知识的同时,也能给我们的身体和生活带来不利影响。

(3)通过网络搜索等方式,懂得科学、合理地看电视,知道看电视时要注意的事项。

2. 核心问题

电视在我们的生活中发挥着怎样的作用? 让我们一起画说电视的"功"与"过"。

3. 项目进程

环节一:我来记录——我家的电视使用情况

学生记录一周内家庭电视使用对象、节目内容、时长。用视频、海报或者口头介绍的方式分享自己喜欢的电视节目。

环节二:我来分析——电视的"功"与"过"

学生讨论交流,电视深受欢迎的原因有哪些? 家长为什么反对我们看电视呢? 据此,用思维导图的方式,呈现电视带给我们的好处和不利的影响。

图 1-1-4　电视的"功"与"过"

环节三：我来提议——看电视时，我们要注意什么？

学生通过思维导图的形式归纳、梳理电视的利弊。各小组确定所要研究的方向——看电视时，我们要注意什么？各小组围绕其中一个需要注意的方面深入调查，并在此基础上，通过用户手册的形式呈现调查结果，并提出具体、可行的建议和做法。学生通过自主调查，弄清楚应该如何做，为什么要这么做。

梳理总结如下：

（1）电视亮度和对比度一定要调节适中、柔和。

（2）观看电视的距离应适当。电视机屏幕越大，观看距离就应越远，可以伸出一只手，手掌横放，再闭上一只眼睛，如果手掌刚好可以把电视屏幕遮住，这时的距离就比较合适。

（3）晚上看电视，屋里光线不要太暗，也不要太亮，可以在电视旁边放一盏光线柔和的灯。

（4）观看时间不宜过长，以 20—30 分钟为宜。

（5）观看内容以少儿、新闻、益智类节目为主。

……

4. 阶段性成果

学生对关键环节问题——观看电视的注意事项进行调查、整理后，绘制了相关图页，纳入《电视用户手册》中。

图 1-1-5　看电视的注意事项

(四)任务四:完成手册投入使用(2 课时)

1. 学习目标

(1)通过尝试制作《电视用户手册》,提高语言表达、合作探究、活动组织、沟通交流等实践能力。

(2)在制作《电视用户手册》的基础上,创新形成更具推广性的成果,培养创新能力。

(3)能在生活中运用《电视用户手册》,并对用户手册进行修改和完善,提高反思能力。

2. 核心问题

将之前的成果制作成册,我们需要做些什么? 如何更好地推广、落实与完善学习成果?

3. 项目进程

环节一:做一做,形成手册

(1)在前期研究的基础上,学生整理项目各阶段成果,最终形成《电视用户手册》。

(2)小组成员交流成果并修改,成册。

(3)学生尝试向同龄人宣传推广《电视用户手册》,并收集了解使用反馈意见。学生发现,《电视用户手册》存在可读性不强、说教性太浓等问题,以致"用户"对此提不起兴趣。《电视用户手册》也没有发挥应有的作用。

环节二:改一改,更好推广

就如何提升《电视用户手册》的可读性及推广性的问题,学生尝试通过更喜闻乐见的方式向同龄人推广,其中,呈现出看电视的注意事项及与电视有关的其他知识。

环节三：用一用，体验反馈

（1）开展一次成果推介会，邀请班内其他同学体验使用，并做出评价及反馈。在体验游戏活动的过程中，强化了解科学、合理使用电视的方法。

（2）根据用户的体验反馈，二度修改完善，并形成最终的《电视用户手册》。

4.阶段性成果

学生考虑到让更多同龄人乐于接受《电视用户手册》并为之宣传，在前期制作完成的《电视用户手册》的基础上，利用飞行棋、迷宫等形式，绘制了《电视用户手册》的附页。

图 1-1-6 《电视用户手册》附页（飞行棋、迷宫）

四、项目评价

本项目聚焦学习过程和学习结果两个评价维度制定了评价量表，展开自评、互评与师评相结合的多主体评价。

（一）过程性评价

表 1-1-1 "我参与，我快乐！"——项目过程性评价量表

评价指标	具体内容			同伴评	教师评
	☆☆☆	☆☆	☆		
我会参与	积极发言，积极参与讨论与交流	能发言，会参与讨论与交流	少有发言，较少参与讨论与交流		
我会合作	善于团队合作，起到领导作用，能给出建议，并对小组贡献很大	帮助协作，推动小组合作，对最终结果有一定贡献	有参与讨论、协作，但是参与度不高		

评价指标	具体内容			同伴评	教师评
	☆☆☆	☆☆	☆		
我会探究	有强烈的求知欲，不断提出与项目有关的问题，并努力寻找答案	能提出与主题有关的问题，能在遇到困难时与同伴讨论寻求解决方案	能提出问题，有时问题偏离主题，对问题不做进一步思考		
我会创新	学习中有明显的创新意识，且观点有一定的合理性	学习中有一定的创新意识	在学习中开始培养创新意识		

（二）结果性评价

表 1-1-2　"我制作，我来秀！"——项目结果性评价量表（一）

评价项目	评价指标			同伴评	教师评
	☆☆☆	☆☆	☆		
手册外观	外观精美，细节精致，包含电视元素	整体结构完整，色彩搭配，外观精美	整体结构完整，外观得体		
手册内容	手册内容明确，基本信息完整，框架清晰，富有创意，且有可读性和创新性	手册内容明确，基本信息完整，框架清晰，且具有可读性	手册内容较明确，基本信息较完整，有基本框架		
手册价值	科学合理看电视的方法明确、多样，且具有创新性、可推广性	科学合理看电视的方法明确，且具有可推广性	科学合理看电视的方法较为明确，有一定的思考		

表 1-1-3　"我坚持，我健康！"——项目结果性评价量表（二）

	①___月___日	②___月___日	③___月___日	……
我家观看电视最佳距离是___米				
不躺、不趴				
看电视时间不超过___分钟				
晚上开灯看电视				
会选择合适的电视节目				
请根据家庭实际情况，和家人一起完善这张打卡表，并记录 21 次看电视的情况				

五、项目反思

(一)学生学有所思

本项目通过采访、网络调查、小组合作探究等多元化的活动方式,让学生懂得科学、合理地看电视,知道看电视时要注意的事项,树立正确看电视的观念,养成良好的看电视习惯。

此项目化活动基于学情,层层推进,引导学生深入思考探究。首先借助调查记录表,学生得以了解电视的"前世今生";接着在画说电视的"功"与"过"环节中,学生能辩证地看待电视,提出看电视的具体注意事项,进阶思维;最后通过制成电视用户手册将前期所得加以整合,学生知道如何正确看电视,如何在休闲娱乐的同时,既能利用好电视这个神奇宝盒,也能够学会做电视的主人!

班上小朱同学说:"经过这段时间的学习,发现原来生活中常见的电视也有很多我们所不了解的。我和爸爸妈妈也做了交流,健康地看电视,给我的生活带来了快乐。"

(二)教师教有所想

德国教育家第斯多惠说过:"教学艺术的本质,不在于知识传授的本领,而在于激励、唤醒和鼓舞。"学生若是存在学习动力,效率自然而然得以提升。此项目化知识为活动,跳出课本的狭隘范围,不仅将道法、美术、信息技术等多学科融合,还链接生活中的真实情境,从而大大激发了学生的学习兴趣。在整个项目化活动中,学生既在自主探究活动中不断学习科学、合理地看电视的方法,又锻炼了选择能力、理解能力、质疑能力、评估能力、创造和制作能力,以及思辨的反应能力,可谓是一"项"多得!

(三)项目成效困惑

道德与法治课程讲求"知情意行",这个项目最大程度上让学生知道了"看电视有利也有弊",有了"看电视时应该注意一些事项"的意识,也有了要平衡"电视"与"家人"、"电视"与"学习"的"情"的天平。但是,学生是否真正落实于生活实践,实践的效果如何,在该项目中还没有特别凸显和落实。

六、专家点评

信息化时代,随着媒体的更新换代与媒介环境的日益复杂,儿童不仅需要了解媒介信息给生活带来的便利,而且要学会如何安全、有效地获取、判断、传播信息,能够充分利用媒介资源完善自我,参与社会发展。此项目基于真实情境,围绕设计《电视用户手册》这一驱动性问题展开,在一个个子项目活动中,学生学会了辩证地看待电视,会用电视,用好电视,形成了正确看电视的意识。此项目化扁平的书面知识为一个个趣味的立体活动,学生在调查中自主认识电视的变迁史;在设计"电视用户手册"中,创造性地将画、写、玩、学融为一体。较之于以往的照本宣科,这样的形式大大提升了学生的学习兴趣。心中有把标尺,做事方能有分寸。有时候,不是学生做不好,而是缺少一个标准,不知道该如何去做。本项目中可量化的评价表,让学生有据可依,在完成学习的时候也会尽力朝着标准努力。每每完成之际,他们的阶段性成果也能得到回馈,面对出现的问题,也能做到有则改之、无则加勉。

(湖州市吴兴区教育局教学研究与培训中心 杨继明)

合理利用网络

安吉县梅溪中学　梁　娇

一、项目简介

以抖音为代表的短视频社交软件成为青少年的重要社交和娱乐平台,在短视频中,既有一些弘扬社会正能量的内容,也有一些散播消极情绪、肤浅低俗的内容。因此,本项目围绕"如何学会合理利用网络"这一核心问题,以抖音短视频为载体,通过网上查阅、问卷调查等方式收集信息,创建、完善学校抖音号。通过征集抖音内容、微型讲座等活动宣扬正确的价值观,以健康的短视频内容强化主流意识形态的价值引领,发挥抖音在青少年生活中的积极作用。

项目时长:8 课时

适用年级:八年级

二、项目规划

(一)驱动性问题

抖音成为青少年的重要社交和娱乐平台,对青少年的思想和行为产生了好坏不一的影响。我们如何通过创建、完善学校抖音号,学会合理利用网络?

(二)核心概念

合理利用网络、媒介素养、健全人格、健康生活。

(三)学习目标

1.通过资料收集和分析,感受互联网给人们的学习、生活和工作带来的改变,观察、探究、理解互联网对青少年的影响。

2.通过撰写调查报告、开展讲座,树立团队意识,学会合作交流;学会正确认识自己,能够自我反思,保持乐观的态度。

3.通过创建、完善学校抖音号,提升媒介素养,发现生活的丰富多彩,健全人格,养成健康、文明的生活方式,懂得生命的意义。

(四)学情分析

1.八年级学生已经掌握了基本的理论学习方法,已具备初步自主学习、合作探究的能力,懂得社会调查的基本过程和方法,初步学会了运用简单的信息技术处理复杂问题。

2.进入八年级,学生思维能力发展较快,对新事物充满好奇,接受新鲜事物的能力逐步增强,已具备一定的沟通协作能力和基本的信息筛选能力。

3.学生在社会实践方面经验不足,动手能力不足,在社会调查、视频剪辑、摄影等方面还存在着不足。

(五)学习地图

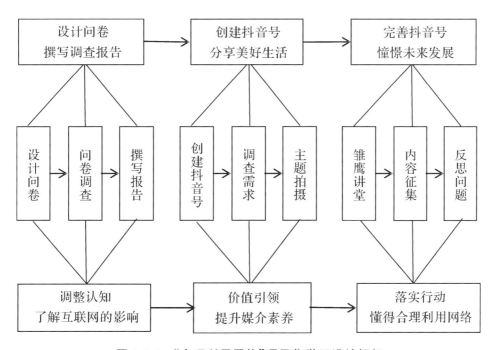

图 1-2-1　"合理利用网络"项目化学习设计框架

三、项目实施

(一)任务一:设计问卷,深入调研,撰写调查报告(2课时)

1.学习目标

(1)学会发现问题,理解问题,整合共性问题。

(2)学会设计调查问卷,换位思考,多角度设计调查问卷的问题。

(3)收集、分析信息,提取、记录有效信息,撰写调查报告。

2.核心问题

如何设计初中生抖音使用情况的调查问卷,并撰写调查报告?

3.项目进程

环节一:情景驱动,入项准备

806班张飞宇妈妈发来一封名为《我的儿子被手机"绑架"了》的求助信。原来,张飞宇同学近期沉迷于"刷抖音"。张飞宇妈妈希望老师和同学们一起帮助她的儿子学会正确使用手机,合理利用网络。

环节二:头脑风暴,提出问题

要解决张飞宇沉迷抖音的问题,首先要了解抖音短视频的基本特征,了解抖音吸引人的原因。因此,可以从是什么、为什么、怎么做三方面提出想要了解的问题。

(1)抖音的主要用途有哪些?

(2)初中生每天使用抖音的平均时间是多少?

(3)初中生为什么容易对刷抖音上瘾?

(4)使用抖音的利弊有哪些?

(5)如何合理使用抖音短视频?

......

环节三:设计问卷,深入调研

教师微项目指导:如何设计一份有效的调查问卷。学生在了解调查问卷结构的基础上,整合共性问题,确定调查对象,拟定调查问题,设计一份有效的调查问卷并修改完善。以本校为单位,分别向学生、老师、家长发放并回收500份无记名调查问卷。

环节四:整合信息,撰写报告

学生对回收的调查问卷进行数据分析、统计,整合相关信息,绘制统计图表,撰写

《初中生抖音使用情况》的调查报告初稿。请教相关教师,根据教师修改建议进行完善,形成调查报告定稿。

4.阶段性成果

调查报告共分为三部分,包括抖音 App 的基本情况、初中生抖音使用情况、初中生使用抖音存在的问题及对策。通过饼状图、柱状图等统计图和表格对比,学生对初中生使用抖音的时间、内容等基本情况有了全方位的了解,初步了解了初中生使用抖音 App 存在的问题。

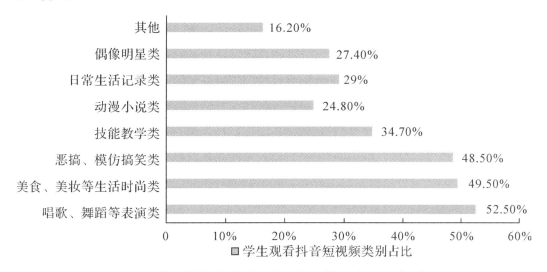

图 1-2-2　学生撰写的《初中生抖音使用情况》调查报告(节选)

(二)任务二:创建抖音号,规划内容,分享美好生活(3 课时)

1.学习目标

(1)收集、分析信息,提取有效信息,对有效信息进行分类整合。
(2)学会拍摄、剪辑等信息技术手段,提高艺术审美的鉴赏和创造能力。
(3)学会用"大单元"概念对学校抖音内容进行科学统筹、合理规划。

2.核心问题

学校抖音号应该发布和分享哪些主旋律和正能量的内容?

3.项目进程

环节一:投票取名,创建抖音号

学生分组讨论,每组综合考虑学校特色、抖音关注度、社会接受度等方面的因素,为学校抖音号取一个合适的抖音名。在全校组织投票,以票数最高的名称作为学校抖音号的名称,并正式创建学校抖音号。

环节二:调查需求,规划内容

(1)面向学生、家长、老师下发并回收《学校抖音发布内容意向表》,收集用户感兴趣的内容,做好用户需求调查,内容大致如下:

①我想在学校抖音上看到有关_____方面的内容。

②我想在学校抖音上分享有关_____方面的内容。

③你对学校抖音号内容发布还有什么好的建议?_____。

(2)学生整合意向表的内容,筛选学生、家长、老师关注度比较高的内容,并进行分类和主题规划。如规划为校园风貌板块、学校活动板块、知识普及板块等。

环节三:主题拍摄,分享美好

(1)学生分组选择自己感兴趣的内容并完成拍摄任务:

①校园风貌组:拍摄一组校园风景宣传片。

②学校活动组:拍摄学校体育活动宣传片。

③知识普及组:拍摄一段有关网络安全的知识普及大片。

(2)学生对拍摄内容进行剪辑、配乐、美化,并编写适合的文案后发布。

4.阶段性成果

学生正式建立以"安吉县梅溪中学"为名的学校抖音号,并根据调查内容拍摄、剪辑、发布了多个以校园生活为主题的视频。学生在学会合理利用抖音短视频的同时,也增强了对学校的认同感和归属感。

图 1-2-3　学生创建的学校抖音号

(三)任务三:完善抖音号,反思问题,憧憬未来发展(3课时)

1.学习目标

(1)初步掌握微讲座的技巧,学会合作交流、有效表达。

(2)学会整体构思、团队合作,为完善学校抖音号设计一场比赛。

(3)撰写反思笔记,养成解决实际生活问题的思维范式。

2.核心问题

如何完善学校抖音号?

3.项目进程

环节一:雏鹰讲堂,言传身教

教师进行微项目指导:如何开展一次有效的讲座?学生讨论本次讲座的主要内容,罗列讲座发言提纲,确定中心发言人。学生制作课件,梳理发言稿,请教相关教师,根据老师的意见对讲座的内容进行润色。最后,利用学校校本课程"雏鹰讲堂"开展一次校级微讲座"我与抖音的'爱恨情仇'",为学生合理利用网络提供直接的现实教材。

环节二:内容征集,强化宣传

学生制作并下发"征集抖音内容"的宣传文件,向全校师生征集学校抖音内容素材,包括图片、文字、视频、音乐等素材。精选素材,将优秀作品发布到学校抖音平台上。

环节三:反思问题,憧憬未来

学生思考学校抖音号创建和完善过程中遇到的问题,并为未来学校抖音号的发展提出可行性意见。

①我认为学校抖音号发展存在哪些问题?

②我认为学校抖音号未来发展该如何改进?

③本次项目化活动对我合理利用网络有哪些启示?

4.阶段性成果

学生以自己的经历为内容开展微讲座,让其他学生理解初中生合理利用网络的重要性。

图 1-2-4 学生交流分享

四、项目评价

在本次项目化学习中,指导教师尝试多维评价内化学科价值,关注真实情景条件下学生正确价值观的树立、思维能力的激发与实践技能的提升,实现学生组内评价、组间评价、教师评价、家长评价等评价主体的多元化,多维度激发学生开展项目化学习的热情。

表 1-2-1 项目评价量表

评价项目			评价形式				
			组内自评	组间互评	教师评价	家长评价	总评
项目过程评价	项目参与度	参与到项目的多个环节,按时认真完成学习任务					
	信息素养	能辩证地对获取的信息进行评价,形成独到见解					
	沟通协作素养	组员间任务分配很明确,组员间、组员与指导老师间沟通及时					
	问题解决素养	在项目实施过程中,能发现问题,并能协作探索出解决问题的方法					
项目结果评价	成果质量	有多种形式的项目成果,项目成果完全到达预期目标					
	展示效果	主题明确,设计新颖,思维活跃,语言流畅,图文精美,师生参与度高					
	价值体现	身体力行,为学校抖音号的创建和推广做力所能及的事,对中学生学会合理利用网络有极大的价值和意义					

五、项目反思

(一)学生收获

1.学生学习状态转变,学习内驱力增强

组长沈同学:"我是负责课件制作和微讲座的,不要以为这项任务很简单,为了完成任务,我们组查阅了很多资料,也看了很多视频。我把搜集到的资料做成课件,并对课件的内容、图片、音乐、背景进行美化。虽然很辛苦,但是我觉得很有趣,所以才会不余遗力地做好,为我们组拿到高分。"

2.学生学习方式转变,学习能力提高

组长桂同学:"我平时不怎么爱发言,只顾自己写作业,老师经常要我多交流。在这次项目化学习中,我需要跟组员一起发放调查问卷和采访别人。一开始我很害怕,哪怕自己做好了充分的准备,在采访时依然会紧张,但身为组长,我也不得不以身作则。最后,我发现不是自己能力不行,而是自己平时发言太少,缺少锻炼。以后在课堂上,我会积极发言,还请大家监督。"

(二)教师反思

1. 提升专业素养,体现价值导向的"教"

在本次项目化学习过程中,教师需要做好大量的准备工作,在项目选题时需要寻找学生的价值冲突点,项目设计时需要秉承正确价值观贯穿整个项目的理念,项目实施时需要与跨学科、跨领域人员沟通协作,项目成果展现时需要引导学生制作有内涵、有价值的项目成果。

2.重视学生参与,实现行为修正的"评"

在项目实践中,学习的评价途径不再只是一张试卷,学习的成果也不再只是一份成绩单,而是更重视学生在项目探索过程中表现出来的交际、协作、沟通、信息处理能力,以及项目作品体现出来的逻辑感、思辨力、价值导向等。

六、专家点评

新媒体平台的广泛运用带来的如何因势利导、趋利避害、合理利用的问题,是我们教育工作者不得不面对的现实问题。本案例将合理利用网络这一显性教育与学生的自我感悟、自我学习这一隐性教育,直指初中道德与法治课程目标,培养道德修养、责任意识、健全人格等核心素养,并实现跨学科学习。

项目实施从学生的兴趣点入手,以学习制作学生自己的校园抖音号为驱动性任务,以道德与法治为核心,融合了数学、信息技术、语文、艺术等多学科要素,培养学生信息时代网络综合素养。项目化学习围绕驱动性问题精细谋划、细致实施,活动性强。项目将驱动性问题按实施的逻辑结构一分为三,设置了三个子任务,先后开展了社会调查、数据分析、拍摄制作、竞赛推广等系列实践活动,实践性强。在实践中达成育人目标,促进了知行合一。

本案例要素齐全、环节完整、针对性强,教育意义明显。特别是主张在课程标准与现阶段学情的基础上,从学生真实的现实生活中寻找合适的情境来设计符合课程特点的真实问题,有效地激发了学生的活动兴趣,使学生增强了自主学习意识、产生了较强的认同感,具有很强的现实教育意义。当然,案例撰写中学生活动成果的展现还可以更加丰富和充实一些,从而进一步增强说服力和感染性。

(安吉县教育科学研究中心 丁爱国)

青春之我绽放生命之花

湖州市行知中学　赵莉英

一、项目简介

生命教育是教育大厦的基础工程,是生命质量的奠基工程,是人生出彩的阳光工程。中学教育对学生进行生命观念的培养并不是一蹴而就的,而是一个逐渐积累的过程。本项目围绕"如何让青春绽放生命之花"这一核心问题,通过图说生命之源、分享典型事迹、投身激情宣讲、展开具体行动等系列任务开展,创新培养策略,通过项目式教学方法,引导学生参与体验,促进感悟与建构,让学生建立健全的人格,形成正确认识生命的态度。

项目时长:6课时

适用年级:七年级

二、项目规划

(一)驱动性问题

当前社会竞争日益激烈,社会的发展不断呼唤对中学生进行生命教育。我们如何通过宣讲让大家坚定珍爱生命的信念,积极活出生命的精彩?

(二)核心概念

生命的意义、延伸生命的价值。

(三)学习目标

1.通过实践性活动,掌握讲故事、宣讲、绘制漫画等技巧。

2.通过探究分享、激情宣讲、有效践行等活动,用积极的情感、健康的心态发现生命的意义、培育健全人格,在关爱他人的暖人之举中提升责任意识和道德修养。

3.通过绘制漫画、打磨宣讲稿、分享推优等多种形式的团队合作活动,树立团队意识,提升人际交往能力和团队合作能力。

(四)学情分析

1.通过小学阶段的学习,学生对道德与法治、语文、美术学科的相关知识有一定的积累。

2.学生已具备基本的信息收集和整合能力。学生通过前期的学习,已学会自主查阅资料,有的放矢地选取自己需要的信息,有利于项目化学习的有力推进。学生已经具备了一定的自主、合作探究能力,为本次项目化活动的开展奠定基础。

3.学生的分辨能力、理解能力以及自控能力并不是很高,因而对于发生在自己身上的事情以及所见到的社会现象不能全面分析,容易陷入迷茫和彷徨,经常只看到一些消极的东西,缺乏正确的分析和理解问题的能力,需要通过引导、感悟加以提升。

(五)学习地图

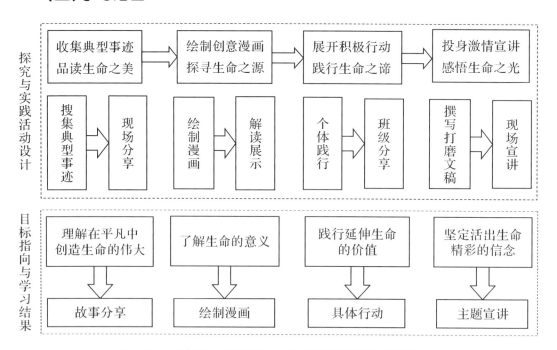

图 1-3-1 "青春之我绽放生命之花"项目化学习设计框架

三、项目实施

(一)任务一:收集典型事迹,品读生命之美(1 课时)

1.学习目标

(1)通过网络或者观察身边的事物搜集典型事迹。

(2)从典型事迹中品读生命之美。

(3)现场分享典型故事并能有所感悟。

2.核心问题

你能从典型事迹中品读出生命之美吗?

3.项目进程

环节一:自主探究,整理图文

通过网络或者仔细观察身边的人、事、物,探寻在平凡中创造生命的伟大的典型事迹。选择一张该事迹的典型照片,并用文字对该典型事迹中蕴含的生命之美进行梳理。

环节二:组内分享,小组推优

自由组建项目小组,组内进行典型事迹品读分享,小组推选组内最佳典型事迹,并明确入选理由。

以《红色接力》为例:能选择自己身边熟悉的人的典型事迹,观察仔细;选择的事迹典型能使人产生共鸣;能从事迹当中品读出生命之美,感悟有真情实感。最后,通过小组合作,进行脚本的打磨。

环节三:现场展示,分享感悟

每组派代表进行典型事迹分享,品读生命之美。以《红色接力》为例。

4.阶段性成果

小组代表分享彰显生命之美的典型事迹。在此过程中,选定了人物和事迹、搜集了相关图片资料、撰写了发言文稿,在现场展示中实现生命之美的品读。

红色接力

一次,我无意间打开了家里的一个抽屉,发现里面有许多证件,我逐一翻开,原来爸爸一直在无偿献血。看着一堆的无偿献血证,我不由得为之震撼。他从未提起,这些事情都是他默默做的。

我去问了妈妈,她说,爸爸已经坚持献血很久了;并且,他还加入了造血干细胞后备库,准备为有需要的人捐献干细胞。我之前一直以为献血是件不平凡的事,没想到竟然就发生在身边。我未曾知晓的时候,爸爸一直在坚持献血,这可能拯救了很多未曾相识的生命。我在生活中也听到了许多不同的声音,他们认为献血会损害自己的身体健康,那是因为他们不了解人体的血细胞会不断地循环更新,合理地献血,身体是可以很快恢复的。我成年之后,也会加入这个队伍,传递自己的一份爱心,让一场红色接力汇集成爱的海洋。

图 1-3-2　学生爸爸的无偿献血证

图 1-3-3　学生分享张桂梅典型事迹

(二)任务二:绘制创意漫画,探寻生命之源(2 课时)

1.学习目标

(1)掌握绘制漫画的技巧。
(2)运用漫画解读生命的意义。
(3)通过交流合作实现共享共进。

2.核心问题

如何用漫画的形式将生命的意义呈现出来?

3. 项目进程

环节一：学习研究，明确分工

教师提供漫画样例《生命》《生命的绽放》供同学们学习研究，帮助掌握漫画创作的相关要领。自由分组时明确组内成员的各自特长，明确在此子项目中的各自分工，展开探究。

环节二：群策群力，完成作品

自主浏览"漫画网"，掌握漫画绘制的要领后进一步拓展创作的思路，搜集创作的素材，寻找创作灵感。小组合作全员参与设计，执笔绘画者完成漫画作品。组内成员集体参与漫画解读的文字撰写，执笔人完成文稿，小组不断打磨形成定稿。

环节三：现场解说，深入剖析

小组通过移动终端提交小组群策群力完成的漫画作品，并进行现场解说。

图 1-3-4　《探生命之源》漫画作品

《探生命之源》漫画解说词

　　童年时期，心智尚未成熟，还未开始拼搏；老年时期，年老力衰，已经历过拼搏。第一幅漫画中，这两个年龄段的人，在中秋之夜团圆、野餐，感受并享受生活。

　　少年时期，年少气盛，正是追求梦想的好年华。不断奋斗和攀登的历程，让每个人都拥有自己的精彩，体现人生的价值。第二幅漫画中的人，就是为了梦想而拼搏。因此，少年时期，生命的意义在于拼搏向上，奋力创造未来。

　　壮年时期，有了以往的学习做铺垫，已经有能力实现在社会中的价值了。一分耕耘，一分收获。要为社会的和平和发展奉献自己应有的力量，不虚度年华。如同第三幅漫画中，各种职业的人各司其职。因此，壮年时期，生命的意义在于付出，在于帮助他人、报效国家。

　　在不同的年龄阶段，生命有着不同的意义。

4.阶段性成果

同学们在合作学习过程中,群策群力,各展所长,绘制了以"探寻生命之源"为主题的漫画作品。同学们通过文字解读和现场展示的形式,对漫画蕴含的生命韵味进行了深入的解读和阐释。

图 1-3-5 "探寻生命之源"主题漫画作品

(三)任务三:展开积极行动 践行生命真谛(2 课时)

1.学习目标

(1)通过践行探究延伸生命价值的具体方式。
(2)在具体行动中感悟生命的价值。

2.核心问题

如何在行动中更好地延伸生命的价值呢?

3.项目进程

环节一:组内研讨,探究方式

围绕"如何在行动中更好地延伸生命的价值"主题展开小组讨论,共同探究延伸生命价值的具体方式。根据学生个体的实际情况,独自或组团选定具体方式,制定践行方案。

环节二:积极践行,感悟分享

根据自己的实际情况,从我做起,从身边小事做起,践行延伸生命的价值,形成照片资料并谈感悟,通过移动终端分享到班级空间。

图 1-3-6 敬老院志愿服务

敬老院志愿服务感悟

今天我和小伙伴们来到雨花敬老家园看望老人、做志愿者,我还表演了节目。活动接近尾声时,我和一名同学自告奋勇地为居家老人送餐,老人高兴得像个孩子,拍打着我的后背,连声说:"谢谢！谢谢！"老人更需要关爱和温暖,如果我们每个人多一份爱心去关爱他们,他们的生活就会充满阳光。今天是我第一次做义工,但这只是开始,我会尽我所能地一直坚持做下去,一定会坚持做下去！让自己的生命更有价值和意义。

4.阶段性成果

志愿者行动是同学们对延伸生命价值的一次践行。他们用照片记录美好的瞬间,用文字记录志愿服务后的心得体会,在践行中感悟生命的价值。

图 1-3-7 卫生志愿服务

(四)任务四:投身激情宣讲,感悟生命之光 (1 课时)

1.学习目标

(1)学会聚焦主题撰写宣讲稿。

(2)掌握宣讲要领,展开激情宣讲。

(3)在宣讲的过程中坚定活出生命精彩的信念。

2.核心问题

如何通过宣讲让大家坚定珍爱生命的信念,积极活出生命的精彩?

3.项目进程

环节一:明确要领,学习内化

指导学生通过学习掌握宣讲的要领,了解"怎样的宣讲才能打动人心"。从观点要有针对性、思路要有条理性、语言要有吸引力等维度展开指导,学生对照老师推送的宣讲范例文稿和视频进行学习内化。

环节二:合作推进,团队打磨

以小组为单位,明确分工,确定宣讲主题、宣讲稿执笔人和宣讲人员。组内成员通力合作,展开宣讲稿的撰写并完成组内打磨稿,定稿后以小组为单位集体宣讲展示,从语言表达、体态呈现等维度不断完善。

环节三:现场展示,感悟提升

以小组为单位进行现场宣讲展示,感悟坚定活出生命精彩的信念,以期持之以恒。以《生命因美丽而永恒》为例。

4.阶段性成果

学生通过小组合作选定宣讲主题、撰写宣讲文稿、展开激情宣讲,在现场分享中进一步坚定活出生命精彩的信念。

生命因美丽而永恒

　　臧克家在诗中写过"有的人死了,他还活着"。每个人都有生命,但是每个人生命的价值是不一样的。

　　美丽因生命而存在,生命因美丽而永恒,所以我们要绽放生命之花,让我们的生命更美。但是怎么才算绽放生命之花呢?就拿近代的名人来说吧!

　　为了让腐朽的中国重新振作起来,1839 年 6 月 3 日,林则徐在虎门海滩当众销毁鸦片两百多万斤,此举震惊世界。

　　让自己的光照耀到别人的身上,让自己创造生命的伟大。一代一代的传承,不断的进步,都是由无数人对世界或多或少的贡献组成的。平凡中也能创造生命的伟大,活出生命的精彩,尽情绽放生命之花。

图 1-3-8　学生宣讲"绽放生命之花"

四、项目评价

　　本次项目化学习中,教师从终结性评价和过程性评价等维度入手,通过评价量表展开精准评价,激发了学生的学习热情,提升了项目化成果的品质。

表 1-3-1　项目评价量表

评价项目		评价指标	评价等级
过程性评价	人际交往	①能认真倾听他人观点,不打断他人讲话; ②友善表达自己的观点,让他人愿意接受; ③在组内承担组员或组长的角色,积极参加讨论,认真完成组内任务	
	过程资料	①在活动中有图文资料的记载; ②文字脚本详细具体,包含动作等设计; ③文字脚本有修改痕迹	
结果性评价	图文成果	①图文成果都能聚焦子项目主题; ②图文成果完整,有示范性; ③图文成果具有美感和创新性	
	现场展示	①落落大方,能流畅展示项目化成果; ②在项目化成果展示中能进行收获分享; ③能对项目化展示成果形成客观的评价	
综合评价			
提升建议			

注:评价等级分 A(达成三项指标)、B(达成两项指标)、C(仅达成一项指标)、D(未达标)四级。

五、项目反思

(一)学生学而有思

1.在质疑释疑中提升能力

组长 A 同学说:"在每一个子项目学习中,老师仅仅给我们抛出了问题,需要我们通过自主探究和合作探究来释疑。在此过程中,我们充分发挥了自己的聪明才智,也通过小组合作形成了项目化成果,并进行了展示。对照评价量表展开的多元评价也让我们认识到了不足,找到了努力的方向。在此过程中,我们的自主探究、合作探究能力都得到了极大提高。"

2.在感悟体验中升华情感

组长 B 同学说:"我们在老师设置的任务驱动下开展活动,有了深刻的体验和感悟。漫画的绘制和解读让我们用图说的方式来感悟生命的意义;在故事的分享中,我们体会到了要充盈自己的生命；无论是自己参与宣讲还是聆听同学们的激情宣讲，我们都更加坚定了珍爱生命的信念；在参与一些公益活动的过程中，我们深刻感受到了帮助他人让我们的生命更有意义。在项目化学习中我们一直在体验和感悟，实现了思想和情感的升华。"

(二)教师教有所思

1. 充分信任,给予空间

项目化学习活动的开展，对学生的知识储备、能力修养等方面有着更高的要求。在学习中教师要把驱动问题进行细化落地，在此过程中要对学生给予充分的信任，设置的任务驱动要有开放性，给学生自由发挥的空间。

2. 搭建舞台,共享提升

项目化探究需要学生投入大量的精力，学生形成的项目化成果丰硕，需要给学生提供足够的舞台让他们进行展示。这既是对学生探究成果的一种肯定，也能更好地实现在分享中共同提升。

六、专家点评

彰显学为中心的理念。本案例调整了传统的教学模式，以学为中心的理念给予学生充裕的实践体验，帮助学生开展自主合作、探究学习，提供自主建构和展示的平台。

遵循德育认知规律。该案例通过故事分享、漫画解读、激情宣讲、实地践行四个项目化学习形式，实现知、情、意、行的统一，助力学生价值塑造的系统推进。

体现评价的多元化。该项目采用量化评价方法，评价兼顾过程和结果，从图文成果、现场展示、人际交往等多维度展开。多元评价有利于学生的成长，以及项目化学习案例的设计与实施的优化和完善。

(湖州市教育科学研究中心　何振华)

第二章 道德教育

"稻"亦有道：一粒米的故事

湖州市湖师附小教育集团　黄丽华

一、项目简介

在道德与法治教学中渗透劳动教育,旨在帮助学生树立正确的劳动观念。本项目围绕"美好生活的源泉是什么? 所有的劳动者都值得尊重吗?"这一核心问题,以"筹办一个稻米展"为任务驱动。学生通过社会调查,探究稻米的生长历程,了解稻俗文化;参与农事实践,认识农耕工具和现代农业机器;参观探访,了解食品的工艺制作,探寻美食身世"秘密";场馆体验,升华道德情感。本项目的实施让学生认识到劳动是美好生活的源泉,激发了他们对劳动的热爱和对劳动者的尊重。

项目时长:8 课时

适用年级:四年级

二、项目规划

(一)驱动性问题

湖州素有"鱼米之乡""丝绸之府"的美誉。以"湖州传统文化"和"珍爱劳动成果"为主题筹办一个稻米展,我们可以给观众展示什么内容,让大家认识到劳动是美好生活的源泉?

（二）核心概念

工农业生产、劳动者、美好生活。

（三）学习目标

1.通过查阅资料、实地参观和访谈活动,了解农作物的种植和生产过程,感受工业产品给人们生活带来的便利。

2.通过在项目中发现、探究和感悟,了解工农业生产与人们生活的密切关系,树立劳动意识,体验劳动者工作的艰辛,尊重各行各业的劳动者。

3.通过团队合作设计展览方案和举办展览等活动,增强思维能力和自主创新能力,懂得珍惜劳动成果,节约资源。

（四）学情分析

1.四年级的学生已经具备相应的知识储备、沟通合作能力和基本的信息处理能力。本次活动有参观农业基地和食品加工厂、搜集信息等任务,匹配四年级学生的学习情况。但是,学生的社会调查经验缺乏,在活动过程中,可以让学生初步了解社会调查的方法,进一步增强学生自信交往和信息筛选的能力。

2.学生了解了农作物的种植和生产过程,探访了粽子的身世"秘密",但他们从小生活在城镇,缺乏相应的农业知识和生活常识。本次活动中认识稻米的种类、参与农事实践、认识现代农业机器等任务,对学生的能力提出了挑战和新的要求。

3.湖州是鱼米之乡,但小学生对于家乡文化的了解还不够具体、深入。借助学校附近的八里粮仓、博物馆、食品加工厂等实践基地开展活动,能增进学生对美食制作工艺和家乡传统文化的了解。

(五)学习地图

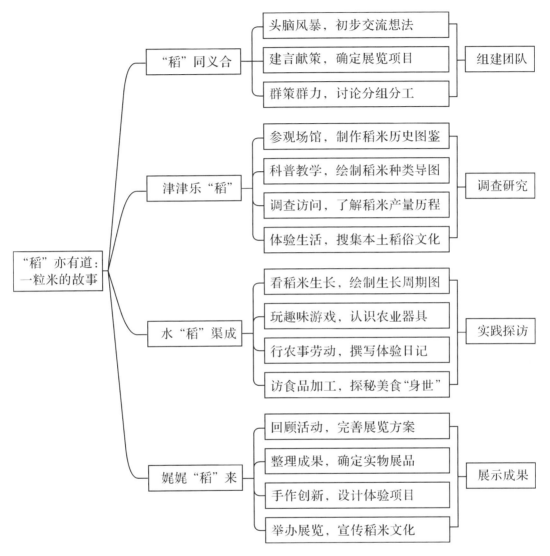

图 2-1-1 "'稻'亦有道:一粒米的故事"项目化学习设计框架

三、项目实施

(一)任务一:组建团队,确定展览方案(1课时)

1.学习目标

(1)组织讨论,初步设计稻米展的活动方案。

(2)权衡审辨,确定本次活动的过程方案。

2.核心问题

如何在小组讨论的基础上确定稻米展方案?

3.项目进程

环节一:头脑风暴,初步交流想法

学校要筹办一个稻米展,作为承办团队中的一员,你希望给观众展示什么内容?教师建议学生从湖州地域特点和传统文化入手,以树立劳动意识为重点,以弘扬湖州传统文化为目的。结合《道德与法治》四年级下册第三单元《美好生活哪里来》和湖州地域特点、传统文化来设计展览方案。将班内学生分成若干小组,组内进行头脑风暴,提出与湖州地域特点相关的稻米文化主题内容,初步交流想法。

环节二:出谋划策,确定展览项目

湖州是一座有着悠久传统历史文化的城市。湖州与稻米有关的地域文化众多,在每个小组头脑风暴的基础上,派小组代表分享组内交流成果,为稻米展出谋划策。其中,有的方案深受同学们欢迎,也有的方案遭到了质疑,经过激烈的讨论,我们最终决定开展以"'稻'亦有道:一粒米的故事"为主题的稻米展,其中包含了稻米发展史知识、稻米生长知识、农耕知识、文化习俗以及食品加工等多方面的活动内容。

环节三:群策群力,讨论分组分工

同学们初步讨论稻米展内容,按照活动流程分配每个小组任务,明确每一阶段的分工,包括资料收集、实地调研、展览讲解等,确保每个小组的组员都能够在活动中充分参与。分工完毕后,教师提出对每个活动环节的具体要求。

4.阶段性成果

任务一中同学们选定了与湖州稻米文化相关的活动内容,确定了稻米展的展览项目,进行了小组分工,并根据"'稻'亦有道"关键词(稻与道)自主设计了项目任务表。

表 2-1-1　项目任务表

"稻"亦有道：一粒米的故事	
任务一	"稻"同义合——组建团队，确定展览方案
任务二	津津乐"稻"——调查研究，搜集稻米知识
任务三	水"稻"渠成——实践走访，深入实地探究
任务四	娓娓"稻"来——展示成果，举办稻米展览

(二)任务二：调查研究，搜集稻米知识(1课时)

1. 学习目标

(1)了解稻米的历史，知道稻米的种类，了解稻米产量进化历程。

(2)感受粮食来之不易，树立珍惜粮食的意识。

2. 核心问题

你能在本次展览中展示出湖州本地稻米的发展历史、产量进化历程和稻俗文化吗？

3. 项目进程

环节一：参观场馆，制作稻米历史图鉴

教师组织学生参观博物馆，在博物馆的文化熏陶中获得知识；再教学生绘制稻米历史图鉴，从纵向历史上先认识稻米，对稻米的发展史有初步的认知和整体的把握，并在这个过程中培养学生对信息的归纳、整理能力。

环节二：科普教学，绘制稻米种类导图

城区学生对农村生活不太熟悉，认识稻米种类的学生很少。因此，教师利用课堂时间开展科普，拓展学生的农业生活认知，丰富学生的生活常识，再通过绘制种类导图，梳理稻米相关知识。

环节三：调查访问，了解稻米产量进化因素

为引导学生主动探索知识，培养学生针对具体问题或现象的调查能力，教会学生设计针对性强的调查问卷，教师组织实践队走访田间稻米达人——八里粮仓负责人，通过实地访问了解稻米产量进化因素，搜集影响稻米产量变化的相关知识。

环节四：体验生活，搜集本土稻俗文化

学生在实地走访中搜集湖州民间稻俗文化，感悟风土民情；并在此过程中锻炼沟通能力、调查能力和信息搜集能力。了解湖州本地的节令稻俗或生活稻俗，如清明节制作清明团、新生儿送三朝圆子、考试送步步糕等，明白稻俗文化背后蕴含着人们对生活美好的期望。

4.阶段性成果

学生在博物馆中参观并了解了稻米的发展过程,并结合自己的知识绘制了"一粒米的演变史"。除此之外,学生通过图文、视频和现场实物,知道了稻米的不同种类,并为它们绘制了种类导图。在稻俗文化的体验中,学生还通过口口相传和民俗学习,搜集了不少稻俗谚语。在田间走访稻米达人时,小记者们记录下了访问过程。

图 2-1-2　学生自制的稻米历史图鉴

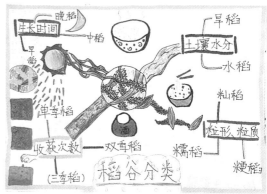

图 2-1-3　学生绘制的稻谷分类图

稻俗谚语
1.播种不过清明天,移栽不过立夏天。
2.谷雨到立夏,就把小苗挖。
3.立春三场雨,遍地都是米。
4.晚稻不过秋,过秋久不收。
5.肥猪出好肉,好秧出好谷。
6.立秋雨淋淋,遍地是黄金。
7.白露白迷迷,秋分稻秀齐。
8.六月热,稻头结。

图 2-1-4　学生搜集的稻俗谚语

稻米产量访谈记录表

小记者:沈同学

日期:2022 年 10 月 24 日

小记者问:水稻会像人一样生病吗? 如果病了怎么办?

种粮大户答:水稻也会生病,可以通过打农药(一般为 2 次)来去除病虫害。重在预防,防治方法有:选择抗病能力较强的品种种植,收获后及时拔除稻草和田间杂草等。

问:给水稻施肥是越多越好吗?

答:不是。一般一亩为 30—35 千克底肥,再加 12.5 千克追肥。超量施肥反而会减产。

问:水稻的生长对环境有要求吗? 有哪些要求呢?

答:有,水稻适宜生长在温暖的环境中,30—32℃ 最佳,要有充足的光照和水分。在水稻扬花—抽穗期间温度尽量低一些,25—30℃、湿度 50%—90% 较为适宜。

问:插秧有时间要求吗? 过了插秧期还能插秧吗?

答:一般 6 月插秧,秧苗长到 11—12 厘米后可插秧。过了插秧期也可以,但产量会受影响。

问:种植水稻的步骤有哪些?

答:选种—浸种—播种,全程机械化操作。约 5 月播种,10 月收获,之后可种小麦或油菜。

问:杂交水稻和常规稻有什么区别?

答:我们平常吃的常规稻,亩产最高 600 千克,口感较好,但产量略低。杂交水稻属于国家储备粮,亩产最高 800 千克,但口感较差。

(三)任务三:实践走访,深入实地探究(3 课时)

1.学习目标

(1)实地观察稻米的生长,绘制稻米生长周期图。

(2)通过观察实践,认识常见的耕作农具和现代化农业机器。

(3)下农场进行插秧、割稻等农事实践,撰写劳动体验日记。

2.核心问题

在本次展览中,如何让观众深刻了解与体会稻米的生长过程?

3. 项目进程

环节一：看稻米生长，绘制生长周期图

教师带队，组织学生下乡调查，了解稻米的生长过程，为学生搭建支架，引导学生绘制稻米生长周期图，把自己学到的稻米生长知识在绘制生长周期图的过程中消化、整合、表现，实现知识的再运用。

环节二：玩趣味游戏，认识农耕工具（现代农业机器）

组织学生走访农业基地，认识以前常见的农耕工具和现代农业机器，如秧凳、打稻机等，并在学校组织开展趣味游园活动——认识农具和现代农业机器，同时感受科技的力量。在亲身实践中丰富学生的农业知识，拓展学生的认知，开阔学生的眼界，把社会资源有效整合进校园，整合进课堂。

环节三：行农事劳动，撰写体验日记

组织学生前往湖州尹家圩粮食基地，进行实践体验，感受耕种乐趣；体验插秧、割稻等农事实践活动，获得真实的劳动体验；并把农事实践的感受用图文形式记录下来，写成劳动体验日记。

环节四：访食品加工，探秘美食"身世"

组织学生探访国芳粽子加工厂，了解粽子的制作流程和制作工艺。比较家里自己制作和厂里制作粽子工艺的区别，了解粽子的生产、包装要经历哪些环节，交流感兴趣的工艺制作，并针对问题（从生活需要出发，我们还可以对粽子加工制作进行哪些改良）提出"我的设想"。

4. 阶段性成果

学生在下乡调查的过程中见证了水稻的生长过程和状态，并在图文、视频科普中了解了水稻的生长过程，最后绘制了水稻的生长周期图。

图 2-1-5　学生绘制的水稻生长过程图

(四)任务四:展示成果,举办稻米展览(3课时)

1.学习目标

(1)整理消化,梳理学到的稻米知识,设计展览内容。

(2)丰富形式,呈现本次学习成果,举办展览。

2.核心问题

你能具体落实本次的稻米展吗?

3.项目进程

环节一:回顾活动,完善展览方案

引导学生回顾之前的学习活动,借助表格、方案等工具,开展讨论会,以小组为单位进行问题讨论,完善前期的稻米展活动内容,确定本次展览的详细方案。

环节二:整理成果,确定实物展品

确定稻米展的实物展品,如前期制作的导图、年鉴、小报、劳动日记等,整理自己的活动成果。

环节三:手作创新,设计体验项目

运用创新性思维,设计稻米展中能让观众亲身体验的实践项目,如简易农具的制作与使用、稻米美食的制作与品尝等,把学到的知识加以运用,丰富活动形式,以趣味性的活动带动更多学生体会稻俗文化的魅力。

环节四:举办展览,宣传稻米文化

利用先进的信息技术,拍摄视频并在微信、抖音推送,再利用新媒体,通过创意秀、分享会、博物会、知识讲座等方式,讲解本次活动过程,科普稻米知识和稻俗文化,了解与稻米相关的食品加工工艺,多种途径宣传家乡的稻米习俗,领略稻俗文化背后蕴含的传统文化魅力,感悟家乡人民的勤劳与智慧,引发学生亲近家乡优秀传统文化、热爱劳动的思想感情。

4.阶段性成果

(1)学生设计了展览活动方案,并根据设计布展(学生手绘图)。

(2)学生制作了讲解视频和课件。

图 2-1-6 学生手绘的稻米展图

四、项目评价

本次活动评价分为过程性评价和结果性评价,试图以多维评价方式引导学生进行反思,激发学生的学习热情,丰富学生项目化体验。

过程性评价:对"活动参与情况与体验""搜集数据的质量与能力""小组合作活动参与情况""成果处理及呈现情况""知识技能、过程方法掌握情况"等五个方面进行评价,以任务二、三为例,评价量表如表 2-1-2 所示。

表 2-1-2 项目过程性评价量表

评价内容	自评	同学评	老师评	家长评
我知道了水稻的生长规律				
我知道了水稻的相关知识(选种、育种、产量、防灾等)				
我尝试了收割水稻				
我参与了农耕用具趣味游园会				
我撰写了农事体验日记,提出了关于粽子工艺的新想法,并向同学说出了自己的想法				

结果性评价:整个项目以"认知水平、实践能力、合作表达、思维方式"等四个学习表现维度进行评价,以"自己评、同学评、老师评、家长评"四个评价主体强调个人评价

与他人评价相结合，并在评价量表中给出具体的等级表现，引导学生对项目化学习任务的结果进行评价，知道努力的方向，进而自主完善每个阶段的成果和作品。

表 2-1-3　项目结果性评价量表

素养达成	评价指标			自己评	同学评	老师评	家长评
	★★★	★★	★				
认知水平	正确掌握稻米相关知识	较好掌握稻米相关知识	形成对稻米的基本认识				
实践能力	熟练采访并参与劳动	主动采访并参与劳动	参与了走访与劳动				
合作表达	善于合作，专心聆听，能主动表达观点	有较好的合作意识，能表达观点	有合作意识，表达能力有待提高				
思维方式	思维有条理，独立思考有创意	思维有条理，能独立思考	思维有条理				

五、项目反思

（一）以问题为导向，倡导真实的思政学习

学习围绕"学校要筹办一个稻米展，作为承办团队的一员，你希望给观众展示什么内容"的真实问题展开，促进学生真实学习与深度学习，构建学生可迁移应用的大概念，成为学习的价值取向，注重教育实效，实现知行合一。但在学习的过程中，还可以更加注重问题解决的真实性、自主学习的真实性，如在科普稻米知识时，教师由于自身经验不足，只能通过网络、书籍等媒介为学生讲解知识，学生自身体验较少，教师指导能力不强。体验农事的过程中，还可以让学生参与稻米的生长发展过程，注重认知环境的真实性，促进学习的有效迁移，在学习中实现知识、技能、情感的迁移，真正提升道德与法治学科素养。

（二）坚持评价的多元化，实现"教学评"一体化

学生思想品德的评价，不只是思政课教师的事情，还要动员教师、学生、家长和社会有关人员积极参与评价，从各个渠道全面观察和收集学生品德发展和日常行为表现，提升评价的客观性和准确性。在项目活动的开展中，我们努力从多角度去评价，但家长评和社区评还很难实施，不能准确地发现学生思想品德的进步和存在的问题，

这给促进教师反思和改进教学带来了困难,所以还需在"教学评"一体化上下功夫。

六、专家点评

项目化学习是开展思政教育的一条重要路径。在该项目化学习过程中,学习目标从道德与法治学科的核心素养出发,能运用科学的思维方式思考问题、解决问题、指导行为等。在实践过程中培养了学生的社会调查能力和家国情怀。学生在设计、调查、实践、宣传等活动中,道德修养、责任意识等得到了有效提升,沟通合作能力、思维能力也得到了有效进阶。学生在布置稻米展中学习和借鉴他人的经验,主动尝试新方法、探索新技术,形成了劳动常识认知,发现了劳动的价值,体悟了节约资源的重要性。

（湖州市吴兴区教育局教学研究与培训中心 杨继明）

探索食物中的"大学问"

德清县上柏小学　徐莉剑

一、项目简介

《义务教育道德与法治课程标准(2022年版)》明确指出:道德与法治课程是义务教育阶段的思政课,旨在提升学生思想政治素质、道德修养、法治素养和人格修养等。本项目结合《道德与法治》四年级下册第三单元《美好生活哪里来》第7课《我们的衣食之源》的内容,引导学生初步了解农作物的种植和生产过程,体会农业劳动者的辛苦,尊重农业劳动者,珍惜劳动成果;围绕"小学生如何树立勤俭节约、爱惜粮食的意识"这一核心问题,提升学生的道德认识水平;通过发现问题、收集资料、实践探究、拓展反思,学生对食物的来源、生产、消费等一系列过程有清晰的认识,体会劳动的辛苦,培养勤俭节约、珍惜劳动成果的美好品质。

项目时长:6课时

适用年级:四年级

二、项目规划

(一)驱动性问题

勤俭节约是中华传统美德。学校正在开展争做"光盘小达人"活动。作为学校的小主人,你打算如何帮助大家达成这个目标呢?

(二)核心概念

节约意识、光盘行动。

(三)学习目标

1.通过调查、计算,学习营养知识,了解学校食堂、家庭、社会三个层面每天浪费的粮食的重量,设计科学、营养的食谱。培养民主管理和互助的意识,积极参与集体活动。

2.通过种植、参观等方式,了解某一农作物的生长过程,并拍照记录,探索食物的来源,体会劳动的辛苦。树立劳动的意识,积极参加劳动实践,懂得劳动光荣、劳动不分贵贱。

3.搜集了解古今有关节约粮食的诗词、俗语等资料,在查找资料的过程中体会"粒粒皆辛苦"的道理。通过设计标语、海报等形式进行宣传。培养公益意识,参加力所能及的社会公益和志愿者活动。意识到作为一名小学生、社会公民,有责任积极响应"光盘行动",节约粮食、珍惜粮食。

(四)学情分析

四年级的学生对"食物的来源"已经有了一定的认知,但不全面。如今的学生即使出生于农村,也基本没有下过田、种过地,缺乏种植农作物的生活体验。对于"食物是怎么来的"的问题,学生的认识也是非常模糊的。同时,对于"如何健康饮食,如何节约粮食"的问题,学生也缺乏深刻的认识。

四年级的学生已具备一定的搜集资料、调查、计算的能力,也具备与人沟通的表达能力。四年级的学生在平时的课堂上,有小组合作的基础,在实际生活中,也有种植、参观的相应经验,学生有能力分小组完成各项任务。这一系列的子项目,能提高学生的道德认知水平和综合素养。

(五)学习地图

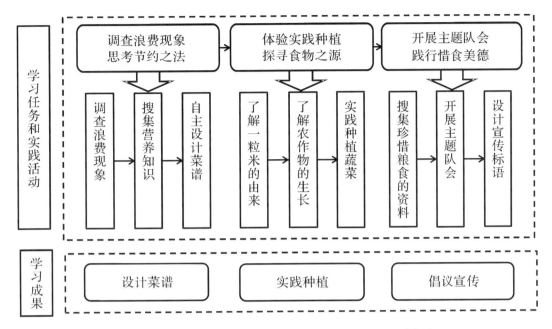

图 2-2-1　"探索食物中的'大学问'"项目化学习设计框架

三、项目实施

(一)任务一：营养菜谱我设计(2 课时)

1. 学习目标

(1)通过调查、计算,初步了解学校食堂、家庭、社会三个层面浪费粮食的基本情况。

(2)查找资料,学习营养知识并做好记录。

(3)小组合作,设计营养菜谱。

2. 核心问题

如何吃得营养健康且不浪费呢? 请你设计一份营养科学的菜谱。

3. 项目进程

环节一：知"光盘"

结合学校当前开展的"光盘小达人"活动,明白"光盘"的意思。所谓"光盘",就是珍惜食物,不浪费。联系生活,发现身边的浪费现象。

环节二:查浪费

学生以学校食堂、家庭、社会为调查范围,设计调查表。食堂调查,事先与食堂工作人员做好沟通,准备好调查表和称重的工具。家庭调查,调查自己家一周晚餐的浪费情况,称重记录。家里开饭店的同学调查一周饭店的浪费情况。

学生调查并记录一周食堂、家庭、饭店的粮食浪费情况,并估算一个月浪费的总量,得出结论,引发思考。

问题1:为什么会有这么多的浪费?

问题2:怎样才能减少浪费?

问题3:……

环节三:学营养

查找资料,了解食物的营养成分及其与我们身体的关系。

环节四:设计菜谱

如果让你来设计食堂或家里的菜谱,你打算怎么做呢?说说你的理由。

4.阶段性成果

学生调查学校食堂、家里等场所一周的剩菜剩饭情况,并进行称重、记录,估算一个月的剩饭剩菜总量,探究食堂剩饭剩菜多的原因。由此引发对食物浪费现象的深度思考:如何才能减少浪费?学生查找资料了解食物营养成分与我们身体的关系,有的学生给家里设计菜谱,有的学生给食堂开出了一周的菜谱。

表 2-2-1 "光盘小分队"调查表

班级:402 班			调查员:詹家锦　严晨航			
调查时间	9 月 12 日	9 月 13 日	9 月 14 日	9 月 15 日	9 月 16 日	合计
剩菜剩饭 /千克	121.6	128.5	144.8	112.2	138.7	645.8
调查结论	我们学校有师生 1100 多人,每天中午剩菜剩饭一般都有四大桶,以上调查数据只是一个概数。从调查中我们得知这些剩菜剩饭里面还有骨头等食物残渣,还有很多是水分。从一周的调查统计看,即使除去一半重量,每天剩余的饭菜还是比较多的,浪费现象比较严重					

(二)任务二:实践种植我体验(2 课时)

1.学习目标

(1)以"一粒米的由来"为任务开展调查,了解大米的生长过程。

（2）小组合作开展资料的搜集工作，上网或询问长辈，了解某种农作物的生长过程。

（3）种植某一种农作物，观察记录其生长过程，体会到劳动的辛苦。

2. 核心问题

一粒米的一生是怎样的？

3. 项目进程

环节一：提出问题

教师的学生展示实物——一粒米，激发学生兴趣。我们每天吃的大米是怎么来的？

学生分工合作，结合搜集的资料，绘制"大米的一生"生长过程图。

教师可引导学生调查了解其他食物的来源。

环节二：交流汇报

开展"食物的一生"交流汇报会，调查结果以图片或思维导图等形式呈现。

环节三：种植农作物

学校有一块"红领巾菜地"，学生可以咨询有种植经验的老师、家长或上网查找，现在可以种植哪些蔬菜。

师生一起种植蔬菜，学生在教师指导下浇水、观察蔬菜的生长过程，并做好记录。

4. 阶段性成果

学生通过查找资料了解大米的由来，以图片、PPT 等形式交流汇报一粒米的生长和生产过程，明白食物来之不易；通过在校园的"红领巾菜地"实践种植小青菜，真实体验种植过程，观察蔬菜的生长过程，真切感受到劳动的辛苦。小青菜成熟后，学校还让食堂加工，看着自己亲手种的小青菜，学生倍感珍惜，无一浪费现象。

图 2-2-2　米的生长过程思维导图

图 2-2-3　学生种植小青菜

(三)任务三:节约粮食我宣传(2 课时)

1.学习目标

(1)搜集古今有关节约粮食的诗文或俗语。
(2)主题队会交流,体会珍惜粮食不浪费的重要性。
(3)设计节约粮食、倡导"光盘"的宣传标语。

2.核心问题

从古到今,有哪些宣传节约粮食的诗文和俗语呢?

3.项目进程

环节一:提出问题

"谁知盘中餐,粒粒皆辛苦。"中华民族有着勤俭节约的美好传统,从古至今,留下了不少这样的诗句和俗语,你还知道有哪些吗?

环节二:交流展示

开展"爱惜粮食"主题队会。学生交流搜集到有关节约粮食的名言警句、诗句或故事,分享节约粮食小妙招。

环节三:设计标语

学生将搜集到的或自己编撰的有关节约粮食的内容进行设计,做成宣传标语或海报。

4.阶段性成果

学生进一步深入了解古今有关节约粮食的诗文或俗语,明白节约粮食是中华民族的优良传统。在此基础上,学生开展"爱惜粮食"主题队会,交流节约粮食小妙招;制作节约粮食小报、宣传海报,并把作品张贴在食堂、家等场所,营造了"节约粮食、践行光盘"的良好氛围。

图 2-2-4 "爱惜粮食"主题队会

图 2-2-5 学生设计的宣传海报

四、项目评价

本活动评价分为过程性评价和结果性评价,多维度的评价注重学生的过程体验和核心素养提升。

(一)过程性评价

表 2-2-2　项目过程性评价量表

项目	评价标准	分值	自评	互评	师评	总评
营养菜谱我设计	明确活动目标,能小组合作完成浪费情况的调查	10				
	能查找资料,了解某一种食物的营养成分	10				
	能自主设计一份营养食谱	10				
实践种植我体验	能查找资料,了解某一种农作物的生长过程	10				
	种植某一种农作物,观察其生长过程,并做好记录	10				
节约粮食我宣传	小组合作搜集有关节约粮食的资料	10				
	能交流展示搜集到的有关节约粮食的诗句	10				
	合作创作节约粮食的宣传标语	10				

(二)结果性评价

表 2-2-3　项目结果性评价量表

维度	评价标准	评价星级
道德修养	在调查中发现浪费粮食的现象,从而体会到浪费粮食的可惜,树立节约的意识	☆ ☆ ☆
健全人格	在活动中能清楚地表达自己的想法,能倾听他人的意见,能与他人平等地交流、合作,有良好的同伴关系	☆ ☆ ☆
责任意识	通过搜集资料、实践种植,认识到劳动的不易。明白不仅要有节约粮食的意识,更要积极参与"光盘行动",做节约粮食不浪费的践行者	☆ ☆ ☆

五、项目反思

(一)学生学而有思

项目化学习对于学生来说是非常具有挑战性的,需要学生具备一定的搜集信息、动手实践、语言表达等综合能力。此项目对于小学四年级学生来说有一定的难度,学生在调查探究中引发思考,提出问题,主动探究,使学习真正发生。

组员严同学说:"在设计宣传标语的过程中,同学们觉得标语过于单一,大家提出设计成海报或手抄报,效果更好,可以张贴在食堂进行宣传。在整个活动过程中,我们查找资料,动手实践,对'节约粮食'有了更深刻的认识。"

(二)教师教有所思

项目化学习对于教师来说是个全新的领域,需要教师具备统筹设计活动、善于创新等综合素质。虽然核心的学习内容没有改变,但教师原有的教学模式,评价模式改变了。最具挑战的是教师必须结合项目的核心问题,核心目标,设计符合学生年龄特征又可操作的活动项目。本案例中,以统编版《道德与法治》四年级下册第 7 课《我们的衣食之源》为依托,探究食物的来源,从而提升"节约粮食,不浪费"的道德认知水平,活动任务在一次次实践中不断调整。

(三)项目成效困惑

此项目化学习中主要设计了"从浪费现象引发思考设计营养科学的食谱""从探究食物的来源去体验种植的辛苦""从搜集有关节约粮食的语言中去创作设计宣传标语"三项任务,三项任务的合理性还有待不断完善。在项目的实施过程中,每个子项目在学生能力和道德认知的落实效果上,笔者觉得还未达到最理想的状态。反思其原因,除学生能力上的客观差异外,还欠缺老师尽可能细致的指导和帮助,将任务更细化、更明确,这也是后续需要改进的。

六、专家点评

本案例中,教师围绕"食物来源"这一核心问题,设计项目化学习任务,引导学生发现问题、收集资料、实践探究,对食物的来源、生产、消费等一系列过程有清晰的认识,体会劳动的辛苦,培养学生勤俭节约、珍惜劳动成果的美好品质。

　　项目化学习是学生在完成真实的任务过程中的综合性深度学习。本案例中，教师设计了三项学习任务，一系列活动的开展让学生能够从主题活动中获得基本技能，增长道德才识，体验到劳动的愉悦感。教师针对三个项目化学习任务设计了过程性评价指标，既为学生的探究提供支架和工具，同时也将学生的思维过程呈现出来，将学生的探究轨迹记录下来，帮助学生建构、发展探究能力，助力学生成为积极的自我评价者。另外，教师还设计了项目结果性评价量表，从道德修养、健全人格、责任意识三个维度考查学生的道德认知和道德行为，以此来检验项目化学习开展的效果，从而真正促进学生的发展。

（德清县教育研训中心　陈明亮）

赏最美家书,悟身边之爱

长兴县李家巷镇中学　冯　婷

一、项目简介

　　2022 年 5 月 31 日,由中国妇女杂志社、中国家庭文化研究会共同主办的"新时代最美家书"征集活动启幕。在当前信息化的时代背景下,亲笔写下一封家书对于绝大多数的人来说都是一件奢侈的事情。人们已经无法静下心来认真地表达,或是感受文字背后的情感力量。本次项目结合了《道德与法治》七年级下册《亲情之爱》单元的内容,围绕"'最美家书'何以为'美'"这一核心问题展开。从寻最美家书、悟家书之美、书最美家书,到集众人之力借由推介会展最美家书,学生在这一系列的过程当中感受到家庭之爱,学会感恩家庭、朋友、社会,提升了自身的道德素养。

　　项目时长:6 课时

　　适用年级:七年级

二、项目规划

(一)驱动性问题

　　当前时代生活节奏快,人们在奔波的同时忽视了身边的"美",青少年如何通过家书的撰写发现身边的"美"呢?

(二)核心概念

亲情之爱、诚信、友善、礼仪。

(三)学习目标

1.通过对资料的搜集与归类,对一封封现实的家书案例的解读,理解最美家书之"美"。

2.通过制作家庭名片、挖掘家庭之美等活动,认识到家庭之中所蕴含的成为合格社会人的重要品格,自觉践行良好的个人品德和家庭美德。

3.通过多种方式探究家庭结构、关系以及个人经历,理解家庭成员的立场,学会换位思考,并且运用合理的方式方法进行沟通,共同构建和谐家庭。

(四)学情分析

1.学生已经在小学阶段学习了如何书写书信,掌握了书信书写的基本格式,对于项目的开展会更加自信,便于最终成果的展现。

2.学生已经掌握了信息收集的基本方法和技能,能有效开展信息收集。

3.学生正处于小学到初中的衔接阶段,对一切有着极大的好奇心,有了初步的合作精神,这有利于项目的推进。但此阶段也正是学生自主意识逐渐增强的时期,他们大多与父母沟通不顺畅,甚至产生了尖锐的矛盾。因此在项目推进过程中还要注意情感和方法的指导。

(五)学习地图

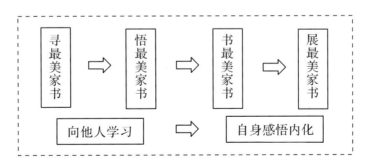

图 2-3-1　"赏最美家书,悟身边之爱"项目化学习设计框架

三、项目实施

(一)寻最美家书(1课时)

1. 学习目标

(1)学会关注生活,发现生活之美。

(2)学会运用思维工具 6W、PDCA 等梳理问题和解决问题。

(3)学会深入剖析问题,多角度、多途径收集信息。

2. 核心问题

如何寻访最美家书?

3. 项目进程

环节一:情景导入,激发好奇心

展示视频:全国妇联宣传部、家庭和儿童工作部指导,中国妇女杂志社、中国家庭文化研究会共同推出"新时代最美家庭家书"征集活动。家书的字数、数量不限。

这是由国家层面推出的一个面向大家征集的活动,你有意向参加吗?什么样的家书才是最美的呢?

环节二:自由分组,确定进程表

(1)教师准备 6 种类型的糖果,每种类型 5 或 6 颗,让学生自由选取,选好后再告知学生选择同一类型糖果的人为一组。此举既让同一小组的学生乐于接受,又能避免学生落单或分组不匀的状况。

(2)利用 SWOT 分析法,分析组内成员的优势与劣势,推选组长,确定记录员、材料管理员,并熟知各自的职责。教师提供项目活动安排表,小组依据此表讨论后自主拟定个性化进程表。

环节三:借助 6W,寻最美家书

Which:通过哪种方法可以寻到最美家书?

Who:家书是谁写的? 家书主要是写给谁的呢?

When:什么时候写下的家书?

Where:在哪里写下的家书?

Why:为什么要写家书?

What:家书的主要功能是什么呢? 家书的内容一般是什么? 通过家书这种方式传递信息,效果怎么样?

教师提供 6W,帮助学生搭建学习的支架。学生对问题有所思考的基础上,能更加精准地寻找到解决问题的方向以及自身行动的目标。

环节四:运用 PDCA,深入你我他

根据 6W 信息的汇总,学生基本确定了三条主线:一是通过网络等渠道搜集历史名人或其他人的家书;二是寻找自己家中的家书;三是通过访谈等方式寻找他人眼中的最美家书。

学生组内指定计划(P),按照分工以及任务表进行实施(D),在过程中不断进行检测(C)与修正(A),最终搜集到对自己有用的信息。

(二)悟家书之美(2 课时)

1. 学习目标

(1)学会运用图表等工具整理信息,分类归纳。

(2)学会运用思辨等思维方式分析案例,得到深入认识。

(3)学会小组合作交流,运用多种方式解析“最美”的表现。

2. 核心问题

最美家书的“美”在何处?

3. 项目进程

环节一:运用成果树,分类归纳

(1)运用表 2-3-1 将通过网络等渠道搜集的关于家书的信息进行整理。

表 2-3-1　家书信息整理表

书写人	
主要内容	
美在何处	

(2)将采访所得的信息进行整合,整理出主要的故事。

(3)找到自己家里的家书,在阅读以及访谈背后的故事后,整理写出自己的感受。

(4)小组合作将所有获得的信息通过成果树进行分类汇总,主要按照美的不同主题进行分类整理。

运用一封封现实的家书案例展现给学生一个个生动的道德教育故事,更能引发学生的共情。根据学生的整理,家书之美大概可以分成亲情之美、礼仪之美、友善之美、诚信之美等几个部分。

环节二:案例研读,领悟“最美”

(1)展示学生所收集的案例当中的典型之美:诚信、礼仪、友善、亲情之美,朗读体会其中的深意。

表 2-3-2　学生家书信息整理表

被采访人	董有计（王同学的外公）
主要内容	1946年,外公和他的朋友正在庄稼地中挥动着锄头。他抬头看到军人们从他眼前经过。16岁的他正值少年,满腔热血,抛下锄头拉着朋友便偷偷一路跟在军人身后,等上了火车才被发现。当时的队长很无奈,就让队员记了名,外公这才入了伍。后来朝鲜战争爆发,外公响应号召奔赴朝鲜。再后来他去了独立营剿匪,因为剿匪有功当了班长。有次,秋冬之际,夜里温度骤降,外公看到队员没有厚裤子,就将自己的棉裤给了他,还说自己有裤子,让队员放心穿。结果自己连续两个月穿着薄裤子,最终将腿冻出了病,但外公依然坚守在岗位上
美在何处	爱国,友善,敬业

（2）深入解读。展示案例中的冲突内容:王同学的外公自己都没有棉裤,还要谎称自己有棉裤不冷来帮助战友,这是诚信吗? 自己在外面生活过得很拮据,但是跟父母说自己的生活各方面都过得很好,这是诚信吗? 学生进一步理解家庭、朋友间相处的方式,以及这背后的亲情之爱与朋友之谊。

4. 阶段性成果

学生以成果图的形式,对收集的家书中折射出"责任之美"进行分类整理。

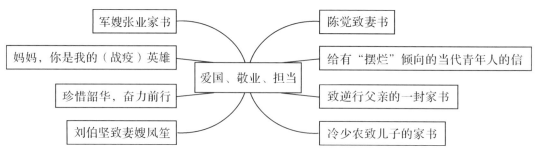

图 2-3-2　学生绘制的成果图

（三）书最美家书（2 课时）

1. 学习目标

（1）学会知识迁移,挖掘家庭之美。

（2）利用跟踪调研,加深对家庭美的认知和对家人的理解。

（3）在制作美德家庭名片的过程中,提升综合能力。

2.核心问题

你家庭的"最美"是什么？有什么样的故事可以展现？

3.项目进程

环节一：层层设问，回归自身

(1)你的家庭结构是怎么样的？有哪些家庭成员？家庭成员之间的关系如何？

(2)你想把家书写给谁？

(3)为什么写给他(她)？

通过层层设问，从了解自身家庭结构，到反思家庭的成员关系，让学生回归到自身，学以致用，通过发掘别人家书中的美，找到自身家庭的"最美"，学会迁移。

环节二：跟踪调研，挖掘"最美"

在上面环节的实施过程中，多数学生对家庭的美了解得比较片面。因此，我们开展跟踪调研活动，学生选择一位家庭成员，根据自己选择的对象，开展为期一天的调研；用生活卡片的形式记录这位家庭成员一天的主要活动以及学生自身对此的感受。

用文字、表格等形式来展现实践性探究过程，激发学生的创造性。这是理论回归实践的过程，学生在实际体验观摩的过程中加深了对道德品质内涵的认知，也在跟踪调研的过程中更多地了解了自己的家人，对自己的家人多了一份包容、理解。这能促进和谐家庭的构建。

课上，学生一起交流自己的所思所感所悟，并在交流中发现一些共性的地方。

环节三：制作美德家庭名片

引导学生把前面过程中所学所感所悟的内容通过文字、图片等形式展现出来，制作一份美德家庭名片。

每个小组推选出优秀代表进行课堂展示，其他小组派出代表进行评价。分享交流讨论，形成成果。

环节四：反思形成最终家书

学生整理清楚自己所接收到的信息，运用书信格式，找准对象，明确自己想要表达的主题，书写一份自己满意的家书。

4.阶段性成果

家庭成员调研成果简介：学生用表格的形式记录了爸爸从早上出门到晚上回家的所有行程，并写出了对爸爸为了家庭辛苦工作的感激之情，与此同时也感受到了爸爸在工作中表现出的敬业、勤劳、坚持等品质。

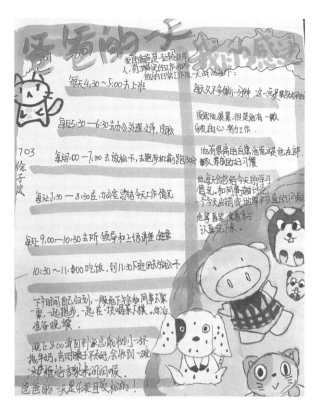

图 2-3-3　家庭成员调研成果

美德家庭名片简介:学生绘制了一张全家福,并用文字的形式展现了家庭对出门礼仪方面的要求。

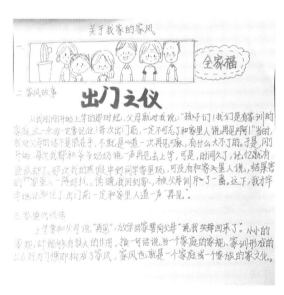

图 2-3-4　美德家庭名片

(四)展最美家书(1 课时)

1.学习目标

(1)制作、推介、展示 PPT,学会合作交流、有效表达。

(2)学会正确对待他人的评价,正视问题,修正问题。

2.核心问题

如何开展最美家书推介会?

3.项目进程

环节一:组内推选

每个小组精心策划,明确最美家书的标准,并根据标准选出每个组的最美家书代表。

环节二:求助优化

每个小组将自己选出的内容上交教师,教师提出修改意见。书信格式是否正确规范,主旨表达是否清晰,语言表达是否还可以优化,情感有没有得到很好的传递?

环节三:推介展示

每个小组根据教师提供的意见进行修改,并且编写推介词。在开展的家书推介会上,每个小组轮流推介组内家书,展示形式不限。

环节四:优化升级

学生访谈教师和家长,得到反馈信息,从而进一步修改自己的家书,突出主题、把握细节、体现情感,形成最终稿,投稿参加评选。

4.阶段性成果

在本阶段,学生完成了最美家书的最终稿。以下是学生的家书节选,展现了"亲情之美"。

致未来的你(节选)

亲爱的女儿:

你好!

我们素未谋面,但我已经为你规划了许多。我希望你小时候就培养兴趣爱好,有一技傍身,这对你未来会有很大帮助;我希望你每天晚上都能通过阅读增加你的知识;我希望带你去世界各地旅游,领略各国风光之美。

但我转念一想,这是我主观的思考,我从来没有听过你的想法,所以我最大的希望就是你能和我倾诉你的想法……

我想给你最好的,但没人能陪伴你一辈子,这点你最好早点明白。只有自己才是自己的救世主,所以你别想什么事我都会给你兜底,不能!你要为自己的行为负责,这才是一个独立的个体应该有的魄力。

祝

一切安好!

你的妈妈:周子仪
2022 年 10 月 10 日

四、项目评价

本项目从多维度评价学生的学习效果,采用过程性评价(学科知识、团队协作、过程资料、成果展示)和结果性评价(自评、互评、师评)相结合的方式。

表 2-3-3 项目评价量表

评价项目	评价指标	自评	互评	师评
学科知识	①知道项目所涉及的学科核心知识,能进行陈述; ②能够在项目探究过程中有效运用学科核心知识; ③在已有的学科认知基础上得出新的认识	☆☆☆	☆☆☆	☆☆☆
团队协作	①在团队中能认真倾听他人观点; ②友善表达自己的观点,让团队成员愿意接受; ③在组内承担组员或组长的角色,认真完成分工任务,并能协助他人	☆☆☆	☆☆☆	☆☆☆

评价项目	评价指标	自评	互评	师评
过程资料	①能够运用多种方法收集资料,并且能够正确分类; ②能够运用图表等形成有效展现跟踪调查报告; ③能收集家庭故事,了解家风,运用喜欢的方式向大家展现家庭美德; ④能完整写出具有真情实感的家书	☆☆☆	☆☆☆	☆☆☆
成果展示	①语言表达清晰,交流流畅,逻辑性强; ②能够运用 PPT、表格、文字等多种形式展现成果; ③格式正确,主题明确,情感真实	☆☆☆	☆☆☆	☆☆☆
综合评语				

五、项目反思

(一)学生收获

本项目从国家家书征集活动的真实情境入手,通过设计多项子任务,给学生提供学习支架,并辅之以多元化的评价量化表,逐步推进学生进行项目化学习。项目实施门槛比较低,有利于全体学生的参与,调动学生的积极性。学生在开放多元的环境中充分发挥了自我的主观能动性,提升了团队合作能力和情感领悟力。

组长杨同学:"一开始还觉得任务很简单,但是随着任务的逐渐深入,我的内心还是发生了很大的变化。我慢慢地认识到了自己一天天长大,以及对家庭和社会的责任。感恩父母、朋友、老师对我的帮助。"

组员李同学:"这次活动让我重新认识了家庭的重要性,让我再一次看到了家庭的力量。我在以后的学习中还需要不断提高自己的能力,以便更好地服务好我的家庭、回报社会。"

(二)教师反思

1. 细化评价,形成有效驱动

本项目在任务的层层推动下,学生一项又一项出色地完成了学习任务,并且在推介会中展示出比较满意的作品。学生也在项目实施过程中逐步改变了自身对书信的认知。他们意识到书信不仅是沟通的工具,也是时代的折射,是道德品质的传承。但是在部分同质的子任务中,出现了学生比较懈怠的情况,还需要教师完善设计方案以及评价体系。

2. 多元体验,助推情感内化

项目从真实的情境出发,引导学生关注家书这一在现在比较没落的载体,通过阅读家书,理解家书背后所承载的家国情怀等情感。从身边事出发到写身边事,项目都是围绕着学生的最近发展区展开的,但是学生因为环境与自身因素等原因,对家书背后的情感体验还是比较有限的。

六、专家点评

此项目化学习以国家最美家书评选活动为依托,以社会调查、活动探究等形式充分调动学生的积极性,真正为学生营造了一个建构知识、寓学于实践的环境,突出了在"做"中学的思想。在活动中,以"家书"作为主线,学生通过自己的探究和合作,尤其是在家庭的角色、家庭的文化等方面,在认知和情感上有了较为深刻的变化。在一次次的师生交流中,学生的情感又受到一次次碰撞,在过程中不断深化对家庭美德的理解,提升道德素养。

（长兴县教育研究中心　王春伟）

第三章

法治教育

法律伴我同"行"

安吉县第二小学 姚 丹

一、项目简介

交通安全案例是六年级法治教学中的常用案例,本项目通过对贴近学生生活的常用交通安全案例的分析,引导学生参与实践,增强遵纪守法意识,提高运用交通法规解决实际问题的能力。本项目通过"聚焦交通安全案例,问题驱动""整理交通安全案例,咨询推进""宣传交通法律法规,分工合作""实地调研手册使用,反馈问题""研究推广宣传手册,扩大宣传"等五个子任务,让学生更加深入地了解公民的基本权利和义务,真正做到"知法守法,依法维权"。

项目时长: 5课时

适用年级: 六年级

二、项目规划

(一)驱动性问题

法治建设是公民基本权利的重要保障。作为小公民,我们如何设计一份交通安全宣传手册,宣传交通法律法规,提高社区居民知法守法、依法维权的意识?

(二)核心概念

法治文明建设、公民的权利和义务。

(三)学习目标

1.通过整理交通安全案例,了解学习与交通案例有关的法律法规,理解宪法在法律体系中具有最高的权威,任何个人和组织都必须遵守宪法和法律、尊崇宪法和法律。

2.收集分析与交通法规有关的案例,熟知公民的合法权益一律平等地受到法律保护,任何人的违法犯罪行为都会被依法追究。

3.制作《交通安全宣传手册》,利用手册更好地宣传交通法律法规知识,帮助自己以及身边的人树立法治意识,养成守法用法的思维方式和行为习惯。

(四)学情分析

1.六年级学生具备了一定的规则意识,但这种认识一般还停留在道德、纪律等层面上,法律规则意识淡薄,法治思维尚未形成。

2.从以往的生活经历中,六年级学生已经能够感知到生活中的一些法律问题,但这些交通安全案例不会引起他们过多的关注和思考。

3.六年级学生的理性思维和心理能力都在发展,对生活中的法律问题有了一定的理解能力、判断能力和承受能力。

(五)学习地图

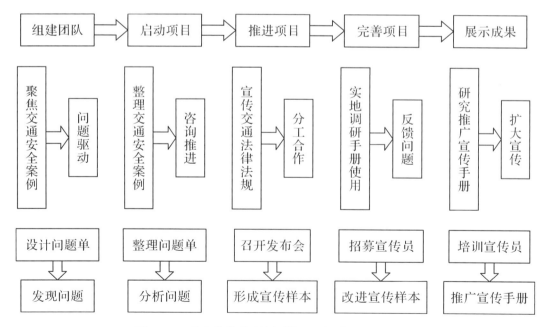

图 3-1-1 "法律伴我同'行'"项目化学习设计框架

三、项目实施

(一)任务一:聚焦交通安全案例,问题驱动(1 课时)

1. 学习目标

(1)根据调查问卷结果组建项目团队。

(2)借助 KWHL 思维工具,激活已有知识,暴露在相关问题上的难点和盲点。

(3)通过 MECE 问题拆分法,梳理驱动性问题及解决路径。

2. 核心问题

如何借助 KWHL 思维工具和 MECE 问题拆分法,梳理项目中的问题?

3. 项目进程

环节一:问卷调查,启动项目

2022 年 3 月 28 日是第 27 个全国中小学生安全教育日,学校对六年级学生及学生家长进行了《交通安全法规我知晓》的问卷调查,发现学生及家长对很多必须知道的交通法规缺乏了解。针对这种情况,六年级道德与法治备课组向全体六年级师生发出招募令:召集师生志愿者加入交通法规的学习与宣传工作,争做"守法、普法好公民"。

环节二:疑问收集,问题驱动

学生进行头脑风暴,进行问题驱动,提出有价值的问题,例如:常见的交通法律法规有哪些? 小学生可从哪些渠道搜集交通法律法规知识? 通过哪些方式可以向身边人宣传交通法律法规?

环节三:分解设计,多向探索

围绕驱动性问题,分解出四个核心问题,再根据核心问题分解出多个子问题,形成问题树。

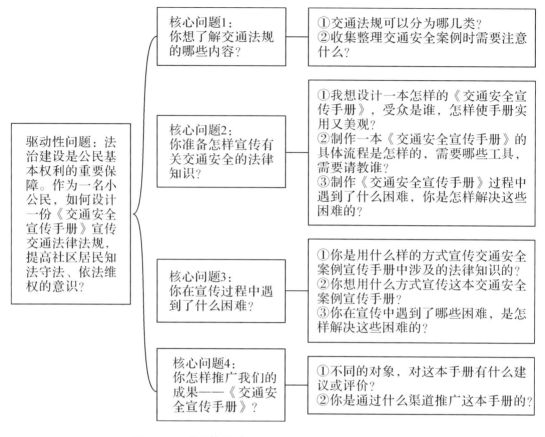

图 3-1-2 "法律伴我同'行'"项目驱动核心问题树

4.阶段性成果

学生利用 KWH/KWL 表格回忆自己的已有知识并提出相关问题。自行设计问题流程图,分小组汇总有价值的问题,最终形成问题树。

(二)任务二:整理交通安全案例,咨询推进(1 课时)

1.学习目标

(1)学会从不同方面收集整理交通安全案例,形成"交通安全案例库"。

(2)分析交通安全案例,查阅相关法律条款,从中提炼与交通安全案例相关的法律知识。

2.核心问题

(1)怎样收集有用的交通安全案例,收集过程中需要注意什么?

(2)有关部门处理交通安全案例时主要依据的法律法规是什么?

3. 项目进程

环节一:查阅法律条款,学习相关法律内容

查阅《中华人民共和国道路交通安全法》,对比学习旧版交通法规和新版交通法规。

环节二:收集交通违法案例,分类整理问题单

分组调研:第一组学生搜集有关交通安全案例以及依法处理的情况;第二组学生深入社区,借助问题调配单,调查老百姓对交通法律法规的了解现状。

将收集到的问题进行汇总、筛选、阅读、分析,在此基础上进行分类整理。

表 3-1-1 学生设计的问题调查单

调查日期		调查社区		调查人	
您对交通法律法规,有想问的问题吗? 如果有,请写在下面区域内!					

环节三:咨询专业人士,链接学习法律知识

学生咨询学校的法律顾问,了解每一个搜集到的交通安全案例中依法处理的法律依据,准备汇编成册。

学生带着收集到的问题单,前往法院咨询专业人士,学习用法律法规解答这些问题,准备汇编成册。

4. 阶段性成果

学生细致全面地了解交通安全涉及的法律法规,为"依法出行,安全出行"做好充足准备。

学生整理交通安全案例和相关问题单,发现了比较普遍的三个问题,如:

居民 A:"能罗列一下与我们出行有关的最主要的几条交通法规吗? 这样可以方便我们集中了解。"

居民 B:"如果违反了这些交通法规,会有什么后果? 最好能在手册上了解到这些信息。"

居民 C:"小学生设计的有关《交通安全宣传手册》可信吗,有专业人士审核吗,我们能联系相关专业人士咨询吗?"

这些问题为宣传手册的板块设计打好了基础。

(三)任务三:宣传交通法律法规,分工合作(1 课时)

1. 学习目标

(1)组织讨论,确定《交通安全宣传手册》的封面、板块、内容等,形成设计方案。

(2)合理分工,确定每个板块的具体负责人,《交通安全宣传手册》的样本初具雏形。

(3)探究样本的可行性,提出改进方案。

2. 核心问题

怎样制作一份既实用又美观的《交通安全宣传手册》?

3. 项目进程

环节一:讨论交流,形成设计方案

市场调研: 对市场上的《交通安全宣传手册》进行调研,分析利弊,找到我们团队制作的《交通安全宣传手册》存在的价值。

头脑风暴: 确定设计思路,突出设计亮点,形成设计方案。重点商量了手册的栏目安排,确定了两个栏目:"一起学法""交通在线"。

环节二:合理分工,分头行动,形成样本

表 3-1-2 《交通安全宣传手册》制作分工表

板块	要求	负责人	组员
封面、封底设计	手册名称醒目,配图突出"交通安全"和"法治宣传"		
目录汇总	整理编排目录,配图与封面风格保持一致		
栏目一:一起学法	本栏目提供交通安全涉及的常用法律法规,与大家一起学习法律知识		
栏目二:交通在线	本栏目呈现搜集到的典型交通案例,知晓这些案例依法处理的具体情况		
校对	解决手册样本中存在的语言表述、错别字等问题		

"封面设计"征集活动:面向全校学生征集《交通安全宣传手册》封面设计样稿,全校 50 多名爱好设计的学生参加了本次活动。从中评选出特等奖 1 名、一等奖 3 名、二等奖 5 名、三等奖 10 名。在汇集优秀设计样稿的基础上,团队协作,呈现了最终的手册封面。

两个栏目的汇编:由两个学习小组承担,同步推进,相互帮助,相互学习。要求:突出栏目特色,内容精炼易懂,配图精美,方便社区宣传。

学生在组内分享自己在活动过程中遇到的困难以及采取的解决办法。

环节三:召开《交通安全宣传手册》样本发布会

4. 阶段性成果

设计团队的学生在教师的带领下根据设计方案制作《交通安全宣传手册》。

图 3-1-3 《交通安全宣传手册》最终封面

(四)任务四:实地调研手册使用,反馈问题(1课时)

1. 教学目标

(1)宣传手册投入使用,进行市场调研,借助反馈单调整手册内容。

(2)根据受众需求,修改手册内容。

2. 核心问题

小区居民喜欢这本《交通安全宣传手册》吗? 它还存在哪些问题?

3. 项目进程

环节一:投入使用,发现问题

学生印刷了 50 本手册样本,在蓝天花园小区和丽景湾小区进行宣传使用,发现宣传手册没有达到预期的效果。于是,立即停止宣传手册的发放,召开会议,研究如何解决这一问题。

环节二:市场调研,修改内容

通过口头询问、意见反馈单等方式进行市场调研,了解小区居民对于宣传手册的需求,及时调整内容和宣传方式。

表 3-1-3 《交通安全宣传手册》市场意见反馈单

日期	2022 年 9 月 4 日	小区	蓝天花园小区
亮点	整理的案例比较好,一看就能明白!	意见	我们对交通法规方面有很多问题,最好能给我们解答一下!
日期	2022 年 9 月 7 日	小区	丽景湾小区
亮点	整理的法律法规挺好的,很用心!	意见	我们小区的老年人比较多,这个宣传手册的字太小了,我们看不太清。最好有讲解员或视频,我们学习起来方便一些!

根据这两条意见,增加了栏目三"答疑解惑",本栏目搜集整理了来自小区居民对于交通法规方面的问题,邀请专业人士解疑解惑。另外,将《交通安全宣传手册》可视化,拍摄成"交通安全宣传视频"。宣传手册和宣传视频同时投放市场。

4.阶段性成果

根据受众需求,项目组及时调整了宣传手册的内容和投放方式,真正解决市场调研中存在的问题。法治宣传志愿者和社区居民一起观看交通安全宣传视频,并利用宣传手册在小区宣传交通法案相关内容。

图 3-1-4 志愿者与社区居民一起观看交通安全宣传视频

(五)任务五:研究推广宣传手册,扩大宣传(1 课时)

1.学习目标

(1)明确手册的公益性,宣传手册定稿。

(2)加大宣传力度,多种方式推广宣传手册。

2. 核心问题

你会怎样推广我们的成果——《交通安全宣传手册》?

3. 项目进程

环节一:宣传手册定稿,批量印刷,发放至小区居民手中。

环节二:招募交通安全法治宣传志愿者,对他们进行培训,使他们能够借助宣传手册对小区居民实现面对面普法宣传。

环节三:利用街道政府、家长资源、自媒体等拓宽推广渠道,让更多居民了解这本公益宣传手册。

4. 阶段性成果

在大家一起努力下,这本公益性的《交通安全宣传手册》完成定稿。

法治宣传志愿者开展上门宣传服务,与社区志愿者一起宣传交通安全案例的相关内容。这本公益宣传手册进入小区,发到小区居民手中,为交通安全普法教育起到一定的作用,得到社会认可。

图 3-1-5 《交通安全宣传手册》栏目页

图 3-1-6 "交通在线"板块

图 3-1-7 "小小法治宣传员"上门宣传

四、项目评价

根据项目准备、项目实施和项目验收三个阶段的特点,本项目通过自评、互评、师评三种评价方式,落实过程性评价和结果性评价,关注学生在项目中的表现和收获。

表 3-1-4　项目评价量表

评价指标	评价标准	评价星级		
		自评	互评	师评
项目准备	项目设计:符合学生学习阶段和课程标准	☆☆☆	☆☆☆	☆☆☆
	整理资料:资料整理全面、有效	☆☆☆	☆☆☆	☆☆☆
项目实施	自我管理:严格按计划实施项目,自我调节和管理,提高效率	☆☆☆	☆☆☆	☆☆☆
	探究过程:运用有效的技术手段和方法达成项目目标,进行技术创新	☆☆☆	☆☆☆	☆☆☆
	交流合作:团结合作,遇到问题主动与同学或老师沟通,解决技术问题	☆☆☆	☆☆☆	☆☆☆
项目验收	成果展示:展示作品,汇总总结,成果达成预期目标	☆☆☆	☆☆☆	☆☆☆
	项目评价:对项目成果进行自我评价	☆☆☆	☆☆☆	☆☆☆
总评	总评级别			

五、项目反思

(一)学生收获

在该项目启动之前,对于道德与法治课程中法治内容的学习,我们基本停留在课堂内,对法律知识的了解不深入,更别谈运用。此项目启动之后,为了解决出现的一个个问题,老师带领学生启动一个个任务,完成一个个小项目。从"想"到"做",从"做"到"做好",真正践行了"躬行"!正如项目组长刘同学说:"在这个过程中,深入了解与交通有关的法律知识,剖析了鲜活的案例,同学们学会了运用法律知识解决实际问题,并将自己所学到的知识宣传开去,守法普法的意识进一步增强了。"

（二）教师反思

整个项目基于道德与法治学科，按照学生的认知水平从低到高层层推进。在推进的过程中，遇到了种种困难。但是通过团队合作，借助头脑风暴、问题反馈单等方式，依托 KISS 复盘反思助思等方法，项目组成员一次又一次战胜了困难。最终同学们设计的宣传手册得到了肯定。组员张同学说："看到设计的宣传手册变成了实物，在小区里分发，内心十分激动！"不只是学生，老师们看到项目成果也是十分兴奋的！

当然，此项目也存在一些不足之处：(1)部分学生兴趣高但能力弱，在项目实施过程中，存在"被嫌弃"的现象，成了阻碍项目正常推进的一大原因。(2)教师对项目的指导方式单一，缺乏多样性。教师的综合素养欠缺，需要组建一个教师团队来指导，以弥补自己的短板。(3)评价的及时性和有效性需要改进。

我们相信，在一次次反思与改进中，我们的项目会越来越成熟，越来越完美！

六、专家点评

项目化学习强调学生的话语权与学习机会。从《交通安全宣传手册》的设计来看，学生的探究活动更多是在教师设计好的教学活动中一步一步地进行的。如果教师在此过程中能够更放手一些，让学生自主设计（包括任务设计、成果设计、评价设计等）基于驱动性问题的解决方案，能更好地发挥学生的主动性、积极性和创造性，最后呈现的产品也可能会更加丰富多彩。

项目化推进过程中，教师是起协助和指导作用的。即使学生在不断的尝试过程中仍失败，也是没有关系的。这些失败就是项目推进过程中真正的价值。并不是成果越完美越好，真实地呈现问题，让学生在寻求问题的解答过程中逐步养成自主探究的良好品质，才是我们应该不断追求的！

（安吉县教育科学研究中心　袁和林）

做普法先锋，悟法治精神

湖州市志和中学　赵秋萍

一、项目简介

　　法治社会是构筑法治国家的基础。教学要引导青少年弘扬社会主义法治精神，传承中华优秀传统法律文化，努力做社会主义法治的忠实崇尚者、自觉遵守者、坚定捍卫者。本项目围绕"如何弘扬社会主义法治精神"这一核心问题，通过绘制思维导图、设计模拟法庭脚本、模拟法庭当演员和进社区做宣讲员等活动，环环相扣，螺旋上升，让学生从书本走向现实、从校内走向校外，从提升自我法治修养到帮助他人提升法治素养，由点及面，逐步形成全民知法、学法、守法和用法的新局面。

　　项目时长：4课时

　　适用年级：八年级

二、项目规划

（一）驱动性问题

　　当前社会，中小学生乃至社会公民的法治意识较为淡薄。我们如何设计一个法治宣讲方案，促进公民养成知法、学法、守法和用法的意识？

（二）核心概念

　　公平正义、法治精神。

（三）学习目标

1.通过绘制可视化思维导图,理解公平与正义的价值,并学会在生活实践中践行法治精神,树立学法、知法、守法、用法的意识。

2.通过脚本设计和模拟法庭角色扮演,了解并熟悉司法审判的基本流程及过程。

3.增强知法、学法、守法、用法的意识和自觉性,从根本上落实立德树人的根本任务。

（四）学情分析

1.八年级学生已具备较好的沟通、协作能力。学生经过七年级的学习,已经有成立合作小组、互助合作的经验,再开展项目化合作学习,会更自信、更配合,与同伴合作的团队意识也会更高。

2.通过七年级道德与法治知识的学习,学生已初步具备一定的法治知识,但是实际运用能力较差,同时缺乏学习兴趣和主动性。所以开展模拟法庭和法治宣讲,有利于帮助学生提高实际应用能力。

（五）学习地图

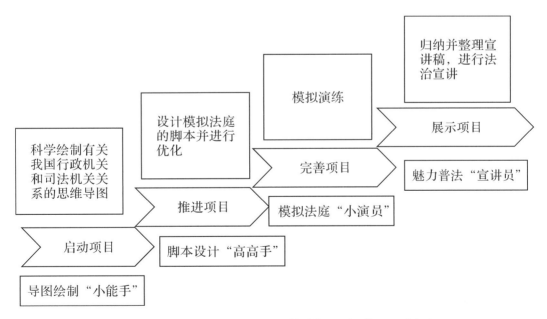

图 3-2-1 "做普法先锋,悟法治精神"项目化学习设计框架

三、项目实施

(一)任务一:科学绘制有关我国行政机关和司法机关的思维导图(1课时)

1.学习目标

(1)了解国家行政机关的性质、职权,理解行政机关必须依法行政。

(2)了解人民法院的性质、职权,理解人民法院要依法独立公正地行使审判权。

(3)了解人民检察院的性质、职权,理解人民检察院要依法独立行使检察权。

2.核心问题

如何绘制我国行政机关与司法机关性质和职权的可视化思维导图?

3.项目进程

环节一:我深思

2022年3月3日是第九届世界野生动植物保护日。湖州南太湖新区人民法院发挥环境资源案件"四合一"集中管辖职能,持续守护着太湖沿岸的生态环境,保护生物资源的多样性。但是在日常生活中,学生发现仍有一些伤害野生动植物的行为。这引起了学生的深思。

环节二:我寻访

从生活情境入手,要求学生自学法治微课视频,了解伤害野生动植物的违法行为会受到怎样的处罚。初步了解我国行政机关、司法机关的性质与职权的知识,并通过咨询身边从事行政、司法工作的公职人员,对行政机关与司法机关有科学、具体的阐述与理解。

环节三:我绘制

绘制行政机关与司法机关的可视化知识思维导图,培养学生归纳整合信息的能力,进一步厘清我国行政机关和司法机关的职权与性质,以此培养学生的法治思维,培育学生的法治学科核心素养。

4.阶段性成果

学生在自学法治微课视频、咨询公职人员的基础上,广泛搜集资料,基于自身对法治的理解,尤其是我国行政机关和司法机关的性质、职权等内容,认真学习并绘制可视化思维导图,分享自己的学习成果。

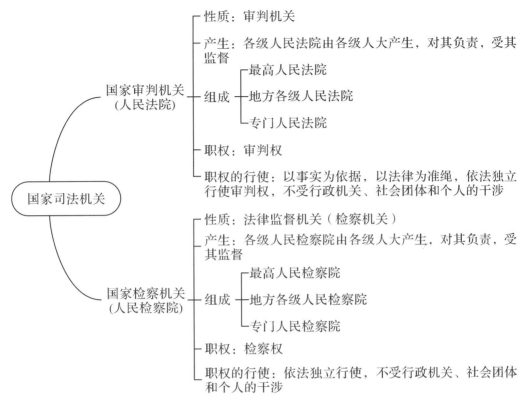

图 3-2-2　学生绘制的我国司法机关的思维导图

(二)任务二:设计模拟法庭的脚本并进行优化(1课时)

1. 学习目标

(1)了解脚本设计的基本内容,确定脚本主题,并进行脚本设计与优化。

(2)了解我国司法审判的基本流程。

2. 核心问题

如何设计法庭具体审判案件的脚本并优化?

3. 项目进程

环节一:我设计

结合真实法治案例情境,了解案例中司法审判的基本流程,明确角色的分工与职责;小组讨论确定脚本主题,并根据法治案例模板进行初步的脚本设计与内在优化,在此基础上形成初步的法治思维。

4.阶段性成果

(1)学生根据教师提供的脚本模板进行设计与优化。

××案件脚本设计模板

1.审判长入庭(大家都在位置上站好后):请坐下(敲法槌)。

(书记员报告后)审判长:现在开庭,传被告人××到庭。

2.被告人带到后,法警跨立站在被告两侧。

核实被告人身份:姓名、出生日期、年龄、文化程度、职业、家庭住址,在本案中是否受过法律处分、是否收到起诉书、什么时候收到的。

3.审判长:××人民法院××审判庭依照《××》第几条的规定,今天在这里依法公开开庭审理,由××人民检察院提起公诉的被告人××一案。合议庭由审判员××、××、××组成,由××也就是本人担任审判长,书记员××担任法庭记录,××人民检察院指派检察员××、××出庭支持公诉,受被告人××委托,××律师事务所律师××出庭为被告人××辩护,根据《××》规定,当事人、辩护人在庭审中享有以下权利:

(1)可以申请合议庭组成人员、书记员、公诉人回避。

(2)可以提出证据申请通知,新的证人到庭调取新的证据,重新鉴定或者勘验。

(3)被告人可以自行辩护。

(4)被告人可以在法庭辩论终结后做最后陈诉。

审判长:上述各项权利,被告人听清楚了吗? 被告:……。

审判长:被告人是否申请回避? 被告:……。

---

(2)学生针对自己设计的脚本,在访问、查阅、搜集学习资料后,用 PPT 的形式向大家分享自己的学习成果,为模拟法庭的顺利开展做铺垫。

(三)任务三:进行模拟法庭演练(1 课时)

1.学习目标

(1)初步了解我国审判机关工作流程,感悟法律权威。

(2)现场模拟法庭,角色扮演。

2.核心问题

如何进行现场模拟法庭与角色扮演?

3.项目进程

环节一:我研学

教师组织学生参加湖州市沈家本历史文化园研学,在专业工作人员的讲解中,基本了解沈家本的生平事迹,并通过知识竞答、聆听法治讲座等途径进一步了解中国法治文化的历史变革和法治精神的现实意义,引导学生从课堂走向课外,从书本走向现实,不断锻炼学生的实践能力。

环节二:我扮演

学生走进"模拟小法庭",扮演审判长、人民陪审员、公诉人、被告人、辩护人等,沉浸式地从学法、知法、懂法到用法,激发对法律知识的学习热情,促使低阶认知转化为高阶认知,进一步锻炼并深化法治思维能力,真正在实践中感知法治精神。

4. 阶段性成果

各小组在反复模拟的基础上,出色地完成了角色扮演,为大家呈现了一堂精彩的特殊法治课堂。

图 3-2-3　学生现场模拟法庭审判

(四)任务四:归纳并整理宣讲稿并进行法治宣讲(1 课时)

1. 学习目标

(1)进行法治宣讲,提升语言、组织和实践能力。
(2)培养弘扬法治精神的能力。

2. 核心问题

如何有效地撰写法治宣讲稿及倡议书,从而进行法治宣讲?

3. 项目进程

环节一:我撰写

教师提供法治宣讲稿模板,组织学生撰写法治宣讲稿。学生根据宣讲机制中的主题月活动,积极撰写法治宣讲稿,且利用校园内星期一晨会国旗下讲话时间举行系列学法活动,进一步激发学法宣讲热情。

环节二:我宣讲

教师带领学生组织一支优秀的宣讲团走出校园、走进社区进行法治宣讲,争当法治小先锋。在此过程中,要求学生掌握宣讲的流程与技巧;通过互助评价等方式,要求学生明确法治宣讲稿的语言表达需要严谨;并通过宣讲活动提高学生的语言表达能力、组织和实践能力。

环节三:我展示

学生进行归纳整理并形成宣讲方案(宣讲倡议书)。在此过程中学会整理并归纳信息,提炼共性问题并形成机制,培养核心素养,弘扬法治精神。

4.阶段性成果

学生在教师的引导下,认真撰写法治宣讲稿和普法倡议书,走出校园、走进社区,进行普法宣传教育。

普法倡议书(节选)

你们懂法吗?会用法律来保护自己吗?让我们从现在开始认识法律,让法律成为我们的武器吧!

在社会主义国家,遵纪守法是每个公民应尽的义务。如果你违背了法律,就会受到法律的制裁。对于遵纪守法,有的人会疑惑不解,可能在自己犯法的时候都不知道这是触犯法律的,这种人就是不懂法的人。正因如此,更应该推广法律宣传,来维护社区的安定,当然这开始的第一步,应该是从自身做起。那么,我们自身又应该如何做一个遵纪守法的公民呢?

......

图 3-2-4 学生进社区宣讲法律知识

四、项目评价

本项目从多维度(自评、互评、师评相结合)评价学生的学习效果,具体评价量表如表 8-1 所示。

表 3-2-1 项目评价量表

评价指标		评价等级		
一级指标	二级指标	自评	互评	师评
思维导图设计	①逻辑思维清晰; ②思维方式有发散和收敛部分; ③思维导图内容清晰、形式美观	☆☆☆	☆☆☆	☆☆☆
脚本设计优化	①脚本设计符合法治思维逻辑; ②脚本设计语言严谨、专业、凝练; ③脚本设计中庭审人员配置合理	☆☆☆	☆☆☆	☆☆☆
模拟法庭扮演	①庭审位置摆放合理,人员分工明确; ②肢体语言精练、得体,符合法庭庄严肃穆的氛围; ③庭审流程顺畅	☆☆☆	☆☆☆	☆☆☆
宣讲方案展示	①宣讲方案逻辑清晰、语言专业; ②宣讲展示分工明确,仪态大方得体; ③宣讲形式具有开放性与创新性	☆☆☆	☆☆☆	☆☆☆

五、项目反思

(一)学生收获

本项目促使小组成员共同协作、交流,增进了组内成员的凝聚力、沟通和合作能力,提升了学生的法治思维能力和自我保护意识,使学生真正成长为一名学法、知法、守法、用法的合格的法治小达人。

组长陆同学:"我印象最深的是模拟法庭体验,我了解了司法机关等国家机关的工作流程,体验了一次公诉人的工作,跟对方诉讼人你来我往,据理力争,'零距离'感受了一次法律的威严。这次活动,不仅让我了解了法律的神圣,也让法治在我心中播下了种子,让我明白'法律面前人人平等'! 我要做一名尊法、学法、用法、守法的好学生。"

组员赵同学:"让我印象最深刻的就是法治宣讲,原来把自己知道的知识告诉别人,会有一种自豪感。我希望以后把自己学到的知识努力传授给别人,帮助他人。另外,一场特殊的模拟开庭审判,让我了解到检察院各部门的职能和作用,任何犯法的事都逃不过法律的制裁,正所谓'法网恢恢,疏而不漏'。"

(二)教师反思

本项目要求学生结合法治真实案例进行模拟法庭脚本设计。在此基础上完成角色扮演模拟法庭,并通过走访社区等进行校园外的法治宣传。让学生从真实情境中出发,在"做"中学,同时把自己学到的知识通过宣讲传授给他人,帮助他人,从而让法治知识以学生为核心,不断向四周扩散。

学无止境,本项目利用线上和线下跨学科的方式开展,有利于促进教学方式转变。因此,每一个环节都需要教师为学生提供充足的指导和帮助。如何提供更有效的方式,是我们教师需要思考的方向。法治建设需要我们不断行动。

六、专家点评

加快建设法治社会,弘扬社会主义法治精神,努力使尊法、学法、守法、用法在全社会蔚然成风,这是我们的不懈追求。此项目化学习趣味与知识并存,理论与实践结合,在"模拟法庭小演员"活动中,同学们沉浸式地体验"检察官、法官、陪审员"等角色的扮演,更直观地学习法律知识,了解法律工作,感受法治文化,培育法治精神,在收获法治正能量的同时,有效地增强了学法、懂法、守法和自我保护意识,为学习生活画上了闪亮的一笔,在校园里扇起了一股清凉的"法治风",让法治的种子在心中生根、发芽。

(湖州市吴兴区教育局教学研究与培训中心　杨继明)

民之法宝，"典"亮生活

湖州市第五中学教育集团　骆　丽

一、项目简介

　　《中华人民共和国民法典》（以下简称《民法典》）于 2020 年 5 月 28 日十三届全国人大三次会议表决通过，自 2021 年 1 月 1 日起施行。该法典被称为"社会生活百科全书"，是新中国第一部以法典命名的法律，在法律体系中居于基础性地位；同时，它也是民事权利的宣言书和保障书，几乎所有的民事活动都能在其中找到依据。本项目围绕"《民法典》是如何点亮美好生活的"这一核心问题，从贴近初中生生活的情境入手，让学生通过认识《民法典》感受法治中国建设；通过学习《民法典》了解民事责任；通过使用《民法典》知悉权利义务；通过宣传《民法典》普及法律知识。项目化学习驱动，引导初中生揭开《民法典》神秘的"面纱"，让《民法典》走近未成年人，走进校园，使青少年知悉权利界限，加强责任意识和守法意识，培养其对社会道德秩序、公序良俗的认知和认同，养成遇事找法的习惯。

　　项目时长：6 课时

　　适用年级：八年级

二、项目规划

(一)驱动性问题

　　为了增强青少年的法治意识，切实让《民法典》走进校园、走进生活，我们该如何学习和使用《民法典》,在生活中怎样更好地为《民法典》代言呢?

(二)核心概念

法治意识、公民的权利和义务。

(三)学习目标

1.了解《民法典》的发展历程,明确《民法典》的地位与作用,增强对中国特色社会主义法治道路的认同感。

2.解读《民法典》民事法律年龄,明晰民事责任,养成良好的公民意识和守法意识,培养权利和义务相统一的观念。

3.通过小组合作以案说"典"活动,收集案例并理性分析,进一步培养法治思维。

4.设计宣传册为《民法典》代言,用所学知识解决实际问题,提升责任意识和创新意识。

(四)学情分析

1.八年级的学生对我国的一些法律名称已有了一定的了解,但对民事权利的了解不够深入,对《中华人民共和国宪法》和《民法典》之间的联系也不是很清楚,所以还需要对《民法典》的发展历程和意义进行学习。

2.八年级的学生已具备基本的信息辨别能力,能够进行前期资料的收集和整理,但利用法律知识分析现实案例的能力有待培养,法制观念有待加强。

3.八年级的学生有一定的沟通、协作能力,乐意通过团队合作一起解决现实问题,但在主动性和知行并进上还比较欠缺。因此在项目化学习中要鼓励学生学以致用,以创作的方式宣传《民法典》。

(五)学习地图

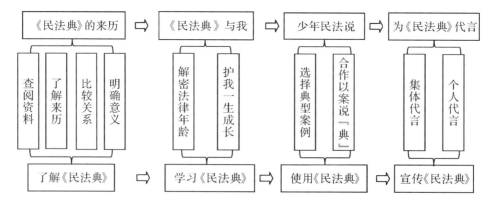

图 3-3-1 "民之法宝,'典'亮生活"项目化学习设计框架

三、项目实施

(一)任务一:收集比较,认识《民法典》(2 课时)

1. 学习目标

(1)学会搜集资料,能够多途径查阅和整理有关《民法典》的资料。

(2)能用对比的学习方法比较《民法典》和《中华人民共和国宪法》(以下简称《宪法》),了解两者之间的关系。

(3)学会用图表或视频的方式展示说明"我"眼中的《民法典》。

2. 核心问题

你眼中的《民法典》是怎样的?

3. 项目进程

环节一:创设情境,设疑导入

教师展示《民法典》实物,请学生谈谈对这部法律的认知。

教师继续展示我国的《宪法》《中华人民共和国国歌法》《中华人民共和国刑法》《中华人民共和国义务教育法》《中华人民共和国未成年人保护法》《中华人民共和国民法通则》《中华人民共和国婚姻法》等图片,请学生找出哪些是我国现行法律。

环节二:播放视频,认识法典

通过观看视频,学生直观了解被称为"社会生活百科全书"的《民法典》是我们民事权利的宣言书和保障书,了解《民法典》的发展历程和内容。

环节三:对比分析,明确地位

教师组织学生将八年级教材中的《宪法》内容与《民法典》相比较,了解它们各自的地位,明确《宪法》《民法典》和其他法律之间的关系。

环节四:探究学习,展示成果

教师组织学生查阅资料,用图表等方式呈现《民法典》的大致内容,用多种方法展现我国主要法律之间的关系,并将相关图表作品与家长、老师、同学分享。

4. 阶段性成果

学生通过创设的情境意识到对《民法典》了解甚少,在对比教材上的《宪法》内容后,能说明《民法典》和《宪法》的关系;通过探究学习,能初步用手抄报的形式展示《民法典》的发展历程和出台的意义;部分学生能结合 PPT 介绍《民法典》。

图 3-3-2 《走进民法典》手抄报　　图 3-3-3 学生用 PPT 介绍《民法典》

（二）任务二：从我出发，学习《民法典》（1 课时）

1. 学习目标

（1）学会搜集整理信息，对民事法律年龄进行梳理。

（2）利用年代尺的方法，整理不同年龄要承担的不同的民事责任。

2. 核心问题

法律上的"我"是谁？

3. 项目进程

环节一：展示案例，激趣导入

案例：14 周岁的原告李某某在父母不知情的情况下，通过某平台先后七次从被告经营的网店"X 游戏"购买 374 个游戏账号，共支付 36652 元，上述游戏账号内的装备都是皮肤、面具、小花裙子等。原告父母次日发现后，及时与被告经营网店的客服人员联系，表示对原告购买游戏账号并付款的行为不予追认并要求被告退款，被告不同意全额退款。

你认为这笔钱能退回来吗，为什么？

环节二：解密民事法律年龄

教师利用案例引导学生思考不同的法律年龄代表不同的法律意义，要承担不同的民事责任。

教师组织学生分工合作，查阅资料；利用年代尺的方法，对民事法律年龄进行梳理，并整理出不同年龄要承担的民事责任。

4. 阶段性成果

在具体的案例分析中，学生敢于大胆猜测，又能借助法律知识小心求证。在遇到无法解决的问题时,能主动求助同学和老师,在获得指导后能借助法典文本和网络。在这过程中也提升了分辨信息的能力。

学生能够利用表格解开民事法律年龄"密码",梳理并说明不同的民事法律年龄对应承担的民事责任。例如学生小魏做了如下梳理。

表 3-3-1　法律上的"我"

0—8 周岁	无民事行为能力人
8—16 周岁	限制民事行为能力人
16—18 周岁	以自己劳动收入作为主要生活来源的,视为完全民事行为能力人
18 周岁以上	完全民事行为能力人

(三)任务三:选择案例,以案说"典"(2 课时)

1. 学习目标

(1)结合自己的学习、生活经验,选取感兴趣的真实案例。
(2)通过小组合作,以案说"典",以班级交流的形式进行展示。
(3)对标评价量表,进行小组评价。

2. 核心问题

我们如何以案说"典"?

3. 项目进程

环节一:呈现案情,示范说法

案情回顾:范某与王某经朋友介绍相识,后因双方经营公司不善,产生经济纠纷。因范某未及时归还借款,2021 年 6 月 28 日与 29 日,王某在其朋友圈中擅自公开原告范某的身份证及学信网照片,并配有侮辱性言论。范某发现后,将王某起诉至郑州市管城区法院。王某辩称,在朋友圈发布原告信息系催要借款的无奈之举,主观上不存在过错,且发布的范某个人信息不属于隐私权范畴,范某主张的精神损害赔偿和维权开支无事实及法律依据。

调解结果:后经法官耐心解释沟通,王某意识到维护自身权利应当通过正当合法的渠道,对自己在朋友圈中发布的不当言论表示懊悔,同意删除其朋友圈内的不当言论,并公开发布道歉声明,将道歉声明至少保留 10 日。范某表示,同意在本案中彻底解决双方纠纷,并将两万元借款归还给王某。

以案说"典":该案件中涉及了侵犯他人人格权的问题。2021 年 1 月 1 日实施的《民法典》,将人格权设专编,强化了对人格权的保护,彰显了国家对人格尊严的保护和尊重。

法条链接:

《民法典》第九百九十条规定:"人格权是民事主体享有的生命权、身体权、健康权、姓名权、名称权、肖像权、名誉权、荣誉权、隐私权等权利。"

《民法典》第九百九十五条规定:"人格权受到侵害的,受害人有权依照本法和其他法律的规定请求行为人承担民事责任。受害人的停止侵害、排除妨碍、消除危险、消除影响、恢复名誉、赔礼道歉请求权,不适用诉讼时效的规定。"

《民法典》第一千零二十四条规定:"民事主体享有名誉权。任何组织或者个人不得以侮辱、诽谤等方式侵害他人的名誉权。名誉是对民事主体的品德、声望、才能、信用等的社会评价。"

《民法典》第一千一百六十七条规定:"侵权行为危及他人人身、财产安全的,被侵权人有权请求侵权人承担停止侵害、排除妨碍、消除危险等侵权责任。"

案例小结:网络不是法外之地,发声亦有法律边界。公民依法享有名誉权、人格权,禁止他人以侮辱、诽谤等方式损害公民名誉。肆意诋毁他人名誉、窥探他人隐私等行为严重侵害他人人格权。微信等网络自媒体平台作为流行的即时网络通信方式,其影响力更为宽广。在网络上发表言论应当自我约束,注意谨言慎行,切勿因一时冲动,发表不当甚至侵害他人的言论,否则可能侵犯他人名誉权,必须承担相应的法律责任。

日常生活中,我们在与他人相处时,难免会有磕磕碰碰,出现一些问题,从而引发纠纷。怎样才能合理合法解决这些问题,化解纠纷至关重要,我们应进行充分沟通,通过合法渠道、正确行为解决问题,切勿因不当行为损害他人合法权益,最终不得不承担法律责任。

环节二:合作探究,少年说法

教师组织学生分组选择一个典型案例,深入探究,通过展示案情—模拟审判—以案说"典"三步,在班内展示交流。

4. 阶段性成果

在以案说"典"活动中,通过对身边违法行为和真实案情的关注,学生激发出公民意识和法治意识;能合作探究,能用语言、PPT 等分析生活中的真实案例,养成遇事找法的法治思维。

B 组成员以案说"典"活动整理稿如下:

案情回顾:2021 年 5 月的一天,董某驾车行驶在小区内部道路上。突然,缪某的女儿跑到车道上,所幸董某避让及时,未造成事故。由于女儿险些被撞,缪某生气地拍摄了三张董某在道路边的照片,并上传至"社区联络群"的微信群中,群内共有 427 名成员。当天下午,董某看到自己的照片被公布在社区群里,便向缪某指出其擅自发照片的行为不妥。缪某针锋相对,双方在微信群里发生争执并引发群内其他成员议论。缪某还在群内发布"我作为两个孩子的母亲,买这个小区的房子只是为了孩子上下学方便,真的不是让杀手亲密接触我的孩子"的内容。董某无法忍受"杀手"等字眼以及群内成员的指责讨论,故将缪某诉至法院,要求法院判令缪某立即停止侵害其肖像权、隐私权、名誉权的行为,并在"社区联络群"或在小区范围内公开赔礼道歉、消除影响、恢复名誉,并赔偿其精神损害抚慰金 2000 元。

判决结果:法院判决缪某立即停止侵犯董某肖像权的行为,并在名为"社区联络群"的微信群内向董某公开赔礼道歉;逾期不履行的,法院将在市级媒体刊登该判决书的主要内容。

以案说"典":《民法典》把肖像权纳入人格权编独立成章,扩大了对肖像权的保护范围,加强了对每个人"脸面"等外部形象的保护力度,适应了大数据时代、智能社会对肖像保护的需要。肖像权是自然人合法使用肖像的权利,在过去的法律规定中,侵犯肖像权需以营利为目的作为判定条件。为保护自然人的肖像权益,《民法典》删除"以营利为目的"这一要素,更大程度保护公民的肖像权,为肖像权侵权行为的认定提供了清晰指引。

B 组成员展示了该案例相关的主要法条链接:

《民法典》第一千零一十八条规定:"自然人享有肖像权,有权依法制作、使用、公开或者许可他人使用自己的肖像。肖像是通过影像、雕塑、绘画等方式在一定载体上所反映的特定自然人可以被识别的外部形象。"

《民法典》第一千零一十九条规定:"任何组织或者个人不得以丑化、污损,或者利用信息技术手段伪造等方式侵害他人的肖像权。未经肖像权人同意,不得制作、使用、公开肖像权人的肖像,但是法律另有规定的除外。未经肖像权人同意,肖像作品权利人不得以发表、复制、发行、出租、展览等方式使用或者公开肖像权人的肖像。"

《民法典》第一千条规定:"行为人因侵害人格权承担消除影响、恢复名誉、赔礼道歉等民事责任的,应当与行为的具体方式和造成的影响范围相当。行为人拒不承担前款规定的民事责任的,人民法院可以采取在报刊、网络等媒体上发布公告或者公布生效裁判文书等方式执行,产生的费用由行为人负担。"

B 组成员展示案例后,教师做案例小结:

本案中,缪某将董某的照片上传至微信群并非以营利为目的,但这种以网络曝光方式解决纠纷的行为,容易引发"人肉搜索""网络暴力"等非理性的行为,近年来已有深刻而惨痛的教训。对于这种教训,我们不应当仅仅在事后进行忏悔,更应当去反思、制止这类行为。在现实生活中,我们应自觉主动地保护自己和他人的"脸面"等外部形象。

(四)任务四:"我"为《民法典》代言(1 课时)

1. 学习目标

(1)结合自身和小组优势,选择合适的代言方式,制作宣传海报或视频。

（2）在合作学习中提升组织协调能力，学会合作交流。

2. 核心问题

中学生怎样为《民法典》代言？

3. 项目进程

环节一：集体代言

学生分组合作，制作宣传海报或宣传视频，为《民法典》代言。

收集整理小组宣传作品，进行组间评价，推荐优秀作品在校内和社区进行展示，积极宣传和普及《民法典》知识。

环节二：个人代言

学生撰写《民法典》的学习心得，自主创作宣传《民法典》的小诗与漫画。

4. 阶段性成果

学生提高了合作交流能力，能够运用一些软件和信息技术手段制作宣传海报、PPT 和视频等；学生整理搜集集体和个人的宣传成果并汇编成册，将部分成果在校园和社区进行展示，真正参与到《民法典》的宣传与普及中，在社会实践中拓展视野和提升能力。

四、项目评价

本项目从多维度评价学生的学习效果，采用过程性评价和结果性评价相结合的方式，从不同角度关注学生在项目学习中的表现。

表 3-3-2　项目评价量表

评价项目	评价指标	自我评价 30%	同学互评 30%	教师评价 40%	平均分
前期准备（10 分）	团队创建				
	资料收集				
项目开展（50 分）	数据分析力				
	分析讨论力				
	实践参与力				
	团队协作力				
	信息技术力				

续　表

评价项目	评价指标	自我评价30%	同学互评30%	教师评价40%	平均分
情感态度 （10分）	沟通表达交流				
	学习纪律态度				
	集体荣誉观念				
成果展示 （30分）	法典内容梳理				
	以案说"典"展示				
	代言作品解读				
总分					

注：评价等级分为 A、B、C、D 四级。各等级指标分别为：A. 85—100 分；B. 70—84 分；C. 60—69 分；D. 59 分以下。

五、项目反思

（一）学生学而有思

本项目在实施过程中需要我们多次查阅《民法典》相关资料，对该法典的地位和内容有一定的了解。在开展"法律上的我"这一活动后，我们认识到不同法律年龄代表不同的法律意义，需要承担不同的民事责任。在"以案说'典'"和"'我'为《民法典》代言"的活动中，我们需要借助父母、师生、网络等多种途径来选择案例、分析案情。虽然这是整个项目中困难和压力最大的阶段，但在团队合作下完成少年说法和作品展示，我们觉得特别有成就感，对法律也更感兴趣了。

（二）教师教有所思

项目化活动的设计，能让抽象的《民法典》条文变得鲜活有趣。通过图表、手抄报和现场以案说法等活动，学生在形象的教学载体中，更容易树立法治意识，提升法治思维。同时，为了让项目化能顺利推进，教师提供的学习支架和适时的方法指导很关键，这需要教师充分准备和预测。

（三）项目成效困惑

本项目一方面提升了学生合作交流、协同完成项目的能力，培养了学生遇到困难想办法解决和坚持不懈的精神；另一方面，让学生在主动探究《民法典》的过程中种下法治精神的"种子"。更是通过代言活动帮助《民法典》走进校园、走进家庭、走向社会,让法治的"基因"不断传承。

但是,在项目设计和实施中如何兼顾更多学生的发展,如何更恰当地为学生提供学习支架,以及怎样设计和利用评价量表促进项目的推进,还需要教师在学习和实践中进一步思考。

六、专家点评

(一)"学以致用"向"用以致学"过渡

本项目指导学生围绕"为《民法典》代言"这一驱动性问题主动学习《民法典》,为解决问题而学。通过解密法律年龄和以案说"典"等活动,学生可以进一步了解和掌握《民法典》,学生在实践中"学",使学科知识逻辑走向生活逻辑,让学习在经历中真正发生。

(二)"教师教"与"学生学"衔接

学生在设计好的驱动性问题推动下参与项目,解决了一个个关于《民法典》的实际问题,培养了法治思维,提升了辨析能力。项目化学习更需要老师做一个好的管理者,让学生做好学习的主人,让他们在不断实践的过程中提高分析力和参与力。

(三)"接受式"向"探究式"转变

新课标中关于法治教育的内容既多且新。学生对法律本身有距离感,对法律条文也备感艰涩。本项目从发现问题、制定计划、分析论证、评估反思到交流合作,注重让学生从过程中获得新知和发展能力,注重交流合作并采用多元评价,相比传统的"接受式"教学,更容易激发学生学习的内驱力。

(湖州市南太湖双语学校　田　恬)

第四章 中华优秀传统文化教育

中秋民俗里的传统文化

长兴县太湖图影小学　殷春萍

一、项目简介

　　长兴县第二小学城东校区地处城乡交界处,新居民孩子人数约占80％,他们来自全国各地,有布依族、苗族、傣族等十几个少数民族。9月开学恰逢传统节日——中秋节,为了让这些新居民的孩子感受家乡各具特色的中秋文化,理解中秋团圆的内涵,学会珍爱亲情,本项目围绕"我们如何通过举办一个中秋文化展,在学校里宣传中秋文化,让中秋文化深入人心"这一核心问题,引导学生通过搜集资料,感受家乡各地的特有民俗,参与家乡的传统民俗活动,探寻各地民俗背后的意义,从而增进小学生对民族文化的亲切感和自豪感,使他们萌发学习传统文化、弘扬优秀传统文化的使命感。

　　项目时长:12课时

　　适用年级:四年级

二、项目规划

(一)驱动性问题

　　中秋节是我国重要的传统节日。为了让学生了解传统文化、加深对传统文化的喜爱,我们如何通过举办一个中秋文化展,在学校里宣传中秋文化,让中秋文化深入人心?

（二）核心概念

人文体验、中秋文化、科学探究、实践创新。

（三）学习目标

1.通过搜集和整理资料,了解家乡中秋节的民俗,以及这些民俗蕴含的传统美德,知道正是这许许多多的传统美德成就了中华民族宝贵的文化财富。

2.通过设计月饼、做月饼、做花灯等实践活动,提高动手能力和审美创造能力。

3.通过观察实验和"留住月亮"的探究活动,并动手实践,培养综合解决问题的能力,培养科学探究的精神。

4.通过弘扬家乡的传统文化,培养民族自尊心和自信心,增强民族自豪感,培养爱家乡、爱祖国的情怀。

（四）学情分析

1.四年级的学生已经有一定的沟通、协作能力。学生通过三年级时的综合实践活动,已经有成立合作小组、互助合作的经验,再开展项目合作时会更有自信、更加配合。

2.四年级的学生已具备初步的信息查找和筛选能力,能够通过对家人的调查采访、图书馆资料查找和网上资源搜集等,选取自己需要的信息,有利于本项目的资料准备。

3.通过前三年科学的学习,学生已经学会了科学探究的基本过程和方法,具备了解决一些简单科学问题的能力,也初步形成了与同伴合作的团队意识。但是,现在的孩子普遍存在以"自我为中心"的意识,注重自己的个人表现,而忽视其他成员的成果,在团队合作中,倾听能力和协调能力也比较弱,需要教师在过程中多加引导。

(五)学习地图

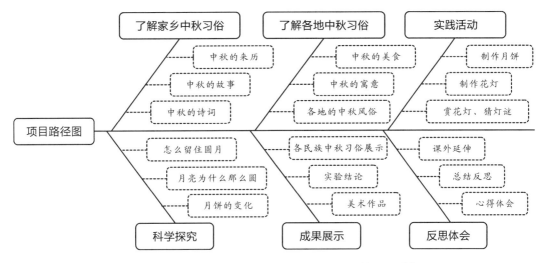

图 4-1-1 "中秋民俗里的传统文化"项目化学习设计框架

三、项目实施

(一)任务一:了解家乡的中秋节故事和诗词(2课时)

1.学习目标

(1)了解中秋节的由来,初步知道中秋节对中国人的意义。

(2)了解家乡流传的中秋节故事和诗词,搜集自己喜欢的中秋节故事和诗词,用自己喜欢的方式记录。

(3)在班级里展示自己搜集的中秋节故事和诗词。

2.核心问题

如何搜集家乡的中秋节故事和诗词?

3.项目进程

环节一:情境导入,引出中秋节

(1)教师出示日历,指出今年中秋节的日子,引导学生对中秋节进行联想。

(2)学生了解中秋节是传统节日,是我国非物质文化遗产之一。

环节二:出示中秋诗句,体会思念情感

(1)教师出示李白的《静夜思》,学生吟诵、谈感受。

(2)学生补充自己知道的中秋节的来历故事。

(3)微课播放《最是一年团圆时》,学生一起观看。

环节三:搜集中秋诗句、故事,感受古人对中秋的重视

(1)分小组搜集家乡关于中秋节的诗词、故事。

(2)记录自己搜集的资料。

环节四:班级展示收获

(1)在班级中展示自己搜集的资料。

(2)评比资料最佳者、展示最佳者。

4. 阶段性成果

在这个阶段学生了解了中秋节的来历,从各个渠道搜集了自己家乡关于中秋节的诗词、故事。学生将自己搜集到的中秋节相关资料制作成小报或 PPT,在班级中展出。学生在交流中知道了各地中秋节的不同故事,学习兴趣十分浓厚。

图 4-1-2　学生自己制作的中秋节手抄报

(二)任务二:了解各地中秋月饼的变化(2 课时)

1. 学习目标

(1)通过调查,感知随着生活条件的变化,月饼也在发生着变化。

(2)能将调查到的月饼的变化,通过思维图展示出来。

(3)能用语言表达月饼的变化。

2. 核心问题

月饼有什么样的变化?

3. 项目进程

环节一：生活的变化，月饼的变化

(1)回忆自己吃过的最特别的月饼，向别人介绍。

(2)设计调查表，可以从种类、包装、价格、味道等方面去调查月饼的变化。

环节二：月饼的变化，我绘制

(1)调查家里三代人，感知月饼在时代中的变化。

(2)将了解到的月饼的变化用思维图绘制出来。

环节三：月饼的变化，我讲解

(1)将月饼的变化用自己的语言表述出来，在小组里讲述。

(2)在班级中开展"月饼变化我知道"发布会，每组派一名代表参加。

4. 阶段性成果

学生通过中秋节月饼的变化，感知到我们的生活条件也发生了许多变化，学生将月饼的变化制作成思维导图在班级中展示。

(三)任务三：家乡民俗知多少(2课时)

1. 学习目标

(1)通过调查，感知家乡特有的中秋节民俗。

(2)将调查到的家乡中秋民俗，通过照片、视频、绘画等展示出来。

(3)能用语言介绍家乡特有的民俗。

2. 核心问题

我们家乡的中秋民俗是怎样的？

3. 项目进程

环节一：家乡的中秋民俗，我调查

(1)一方水土养一方人，每个地方都有自己的风俗，回忆自己家乡中秋节特有的民俗。

(2)设计调查表，调查自己家乡特有的中秋节民俗。

环节二：家乡的中秋民俗，我了解

(1)通过电话或者采访父母、亲人，调查自己家乡特有的中秋民俗。

(2)将了解到的特有中秋民俗通过照片、视频、图画、小报等展示出来。

环节三：家乡的中秋民俗，我讲解

(1)将家乡特有的中秋民俗在小组内展示，互相交流。

(2)在班级中开展"家乡民俗我讲解"展示会,每组派一名代表参加。

4.阶段性成果

学生通过各种渠道搜集了自己家乡特有的中秋节民俗,并且通过文字、图片等形式展示出来。其中一位学生展示了其爷爷和村民在老家参加"跳月"的照片。

图 4-1-3　彝族"跳月"

(四)任务四:中秋祝福我传递(2 课时)

1.学习目标

(1)能在老师指导下自己制作中秋贺卡或者月饼。
(2)通过打电话、送贺卡等方式向远方的亲人传递中秋祝福。

2.核心问题

我们可以怎样传递中秋祝福?

3.项目进程

环节一:巧手驿站,废物利用

(1)美术老师指导学生制作贺卡、纸月饼的一般步骤。
(2)学生自己用废物制作贺卡、纸月饼等。

环节二：中秋展览会

(1)将自己制作的贺卡、纸月饼等在班级中展示。

(2)小组里互相夸一夸别人的手工成果。

环节三：中秋祝福，我来送

(1)给远方的家人写几句祝福语。

(2)通过视频、电话等给远方的亲人送去自己的祝福，祝福亲人中秋节快乐，感受亲情的味道。

4.阶段性成果

在这个阶段，学生既体验到了动手创作的乐趣，又享受到了浓浓的亲情。有学生记录下了与远方的爷爷奶奶通电话的感受。

> 今天是中秋节，晚上吃完饭，我给远在重庆的爷爷奶奶打了视频电话。我给爷爷奶奶看了我为他们做的中秋贺卡，还祝福他们中秋快乐、身体健康。爷爷奶奶开心地笑了。他们告诉我，他们今天也吃了月饼，还做了老家的玉米粑粑藏在冰箱里，等我放寒假回去让我吃个够。说真的，我挺想念爷爷奶奶的。
>
> 406班贾若哲

(五)任务五：中秋花灯字谜展(2课时)

1.学习目标

(1)能在老师指导下自己制作中秋花灯、水果灯等。

(2)在赏花灯、猜字谜的活动中感受中秋浓浓的团圆气息。

2.核心问题

怎样参与中秋的传统活动？

3.项目进程

环节一：巧手驿站，废物利用

(1)美术老师指导学生制作花灯、水果灯的一般步骤。

(2)学生自己设计并制作花灯、水果灯等。

环节二：中秋灯谜会

(1)将自己制作的花灯、水果灯等在班级中展示。

(2)夸一夸别人的手工成果。

图 4-1-4　学生赏中秋花灯

环节三:中秋灯谜,我来猜

(1)班级开展中秋灯谜游园会,学生猜一猜、玩一玩。

(2)星期四晚托时专门在小操场布置"游园灯会展",学生猜灯谜,玩转中秋。

4. 阶段性成果

此阶段,学生自己制作花灯,布置"游园灯会展",参与校园中的中秋节活动,兴趣十分浓厚。

(六)任务六:探究中秋月亮圆又亮的奥秘(2 课时)

1. 学习目标

(1)在科学老师的带领下,学习中秋圆月的科学知识。

(2)用自己的器材,创意留住中秋圆月。

(3)展示自己留住的月亮,享受圆月带来的喜悦。

2. 核心问题

中秋节的月亮为什么那么圆、那么亮?

3. 项目进程

环节一:学知识,明圆月

(1)在科学老师带领下,学习中秋月亮又圆又亮的科学常识和原因。

(2)通过视频了解我国对月球的科学探索;调查了解,在探索月球领域,我国取得了哪些卓越的成绩。

环节二:留住圆月大实验

(1)学生想各种办法,创意地用器材或者实验留住圆月。

(2)夸一夸别人的成果。

环节三:圆月大展示

班级开展"圆月大展示"活动,学生将自己的成果在班级里交流。

4. 阶段性成果

学生从科学老师那里学到了中秋节夜晚月亮格外圆和亮的知识,知道了月相变化的顺序:新月(朔)—娥眉月—上弦月—盈凸月—满月(望)—亏凸月—下弦月—残月—新月(朔),循环重复,更替周期称为一个朔望月。通过查阅资料,学生也了解到我国科学家从未停止对月球的探索。学生用图表、PPT 展示"月相"变化的顺序,同时用自己的创意手法留住了圆月。

图 4-1-5　学生演示月相变化

四、项目评价

本项目从多维度评价学生的学习效果，采用过程性评价（问题分析、开展探究、小组合作）和结果性评价（个人展示）相结合的方式。另外关注评价的不同主体，有自评、同学之间互评和教师评价，力求从不同角度关注学生在项目化学习中的表现。

表 4-1-1　项目评价量表

评价方向	评价指标		评价等级		
	一级指标	二级指标	自评	互评	师评
过程性评价	问题分析	详细思考驱动性问题，围绕可探究的问题制定详细方案，且有详细分析记录	☆☆☆	☆☆☆	☆☆☆
	开展探究	自主开展探究并多渠道查阅资料，遴选有效的素材，形成书面的材料	☆☆☆	☆☆☆	☆☆☆
	小组合作	分工明确，能积极参与小组合作，并在每个阶段的小组活动中积极建言献策	☆☆☆	☆☆☆	☆☆☆
结果性评价	个人展示	能用恰当、创新的方式展示各阶段的学习成果，展示时条理清晰、仪态自然	☆☆☆	☆☆☆	☆☆☆

五、项目反思

(一)学生收获

本次"中秋民俗里的传统文化"项目化学习,融合了道德与法治、语文、美术、科学、综合实践等几大学科。项目实施过程中,团队通力合作,项目作业推进得比较顺畅,教师和学生参与度都很高。

组长周同学:"为了完成我负责的任务,我通过电话、视频询问老家的亲人,知道了在我们老家四川大凉山彝族过中秋的民俗活动。在这一系列的活动过程中,我不仅学到了许多知识,能力也得到了提升。"

组员郑同学:"在这次活动中,我学会了如何应对一些突发情况以及如何有效沟通。当然,我对我们各地的传统文化也有了更深的体会,我觉得这些有趣的民俗,应该一代代好好传承下去!"

(二)教师反思

与传统的教学评价相比,项目化学习的评估方法注重对学生在整个项目化学习过程中所发挥的作用和解决问题的态度、方法、能力等进行综合评定。例如,对"各地中秋的民俗知多少"项目学习活动的评价,我们的着眼点不局限于学生掌握了多少传统的习俗,而是依托成果展示,全方位地对学生在学习活动过程中所表现的"学习传统文化的兴趣和热情""调查中解决困难的耐心和勇气""想办法获取资料的积极性""展示自己民族的其中一种民俗的自觉"等进行综合评价,充分体现道德与法治学科注重过程评价和质性评价的理念。

在实施具体评价时,教师着重体现评价主体多元化的原则,关注学生的自我评价及小组成员间的相互评价,重视家长在这一学习实践过程中的建议和评价;并结合教师对项目的总结性评价,帮助学生发现项目过程中自己及同伴出现的错误和不足,相互间及时提醒和帮助,尽快完善方案和成果。借此,进一步强化学生的道德认知践行,引领其未来生活。

六、专家点评

本项目涉及道德与法治、语文、美术、劳动实践、科学等学科的综合学习和实践,学生通过动手实践与创作,由浅入深地提高了对中华优秀传统文化——中秋文化的认知水平。学生不仅了解了各民族的特色中秋民俗,还对各民族的其他风俗产生了浓厚的兴趣,在实践中感受我国传统文化的魅力。

本次项目化作业,让参与的老师也有了理念的提升。只有设计富有综合性、实践性、探究性和开放性的作业,才能潜移默化地增强学生对民族优秀传统文化的自觉与自信。

（长兴县教育研究中心　沈　莉）

传承红色基因，坚定文化自信

湖州市双林镇第二中学　庞国强

一、项目简介

在全国深入开展党史学习教育的背景下，本项目选取人教版《道德与法治》九年级上册第 5 课《守望精神家园》进行项目化学习，围绕"如何传承红色基因，使学生增强民族自豪感、坚定文化自信？"这一核心问题，开展"明确主题，确定问题""选择方法，优选资源""优化组员，分工协作""分组实施，成果展示"等系列任务，让学生学习和理解社会主义先进文化和革命文化，坚定文化自信，并理解社会主义核心价值观的内涵及其重要意义，在日常生活和社会活动中自觉践行。

项目时长：8 课时

适用年级：九年级

二、项目规划

（一）驱动性问题

在全国深入开展党史学习教育的背景下，我们如何通过开展"传承红色基因"主题活动，增强民族自豪感，坚定文化自信？

（二）核心概念

坚定文化自信、延续文化血脉、凝聚价值追求。

(三)学习目标

1.通过了解身边的红色故事,知道文化需要与时俱进,增强民族自豪感;坚定文化自信,高扬民族精神,构筑中国价值。

2.通过建立学习小组,开展访问调查、项目展示等活动,参与丰富的校园活动,以此来感受红色基因、增强责任意识,并自觉落实行动,内化于心、外化于行。

(四)学情分析

文化自信是更基础、更广泛、更深厚的自信。当今世界,各种思想文化相互激荡,我们要坚定文化自信,需要从中华优秀传统文化中发掘资源,构筑共同的精神家园。初中学生正处于世界观、人生观、价值观形成的关键时期,要引导他们"扣好人生第一粒扣子",帮助学生打牢中华文化底色,传承中华美德,构筑中国价值,对学生的健康成长具有重要意义。

随着年龄的增长以及学科知识的不断积累,九年级学生对中华文化有了一定的认知。但是,随着经济全球化与信息技术的发展,历史的和现实的、本土的和外来的、先进的和腐朽的等各种各样的文化相互激荡。在这一大环境下,九年级学生受其心理发展水平、认知能力及辨别是非能力的限制,在一定程度上会淡漠对中华传统文化价值的认知,从而忽视对中华优秀文化、传统美德的继承与发展,也忽视社会主义核心价值观的培育和践行,这需要教师在项目实施过程中予以引导。

(五)学习地图

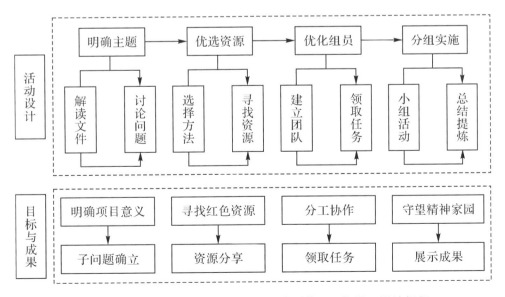

图 4-2-1 "传承红色基因,坚定文化自信"项目化学习设计框架

三、项目实施

(一)任务一:明确主题,确定问题(2课时)

1. 学习目标

(1)宣传和解读相关文件,确定主题,明确项目的意义。

(2)交流合作研讨,确定若干子问题。

2. 核心问题

如何在相关文件和学校工作的基础上确定项目的驱动性问题和子问题?

3. 项目进程

环节一:解读相关文件

《浙江省教育厅教研室关于开展"传承红色基因、迎接建党百年"学科项目化学习活动征集的通知》指出:"为隆重纪念党的华诞,深情回顾党的奋斗历史,热情讴歌党的光辉业绩,深化国家'三科'统编教材教学改革,促进教学方式转变",决定开展学科项目化学习活动。活动要求中小学道德与法治(思想政治)、历史与社会(历史、地理)、语文等学科教师结合学科教学实际,开展有效的项目化学习活动。

环节二:确定相关问题

根据主题确定的驱动性问题有:开展"传承红色基因"的主题活动对学生发展的作用有哪些? 如何开展丰富的活动、传承好红色基因?

组织学生在课堂上开展讨论和交流,确定子问题。经过讨论,最后确定本项目的子问题如下:

(1)有哪些值得中学生去了解学习的红色故事?(听或看)

(2)如何把红色故事和名人事迹用自己的方式演绎出来?(说)

(3)我们"传承红色基因"的形式有哪些?(写)

(4)如何动员组织"00后"学唱红歌?(唱)

(5)如何在实践中"传承红色基因"?(做)

4. 阶段性成果

项目组成员根据文件和校情确立了主题,即"传承红色基因、坚定文化自信",同时确立了项目的子问题,并与"练溪小红心宣讲团"有机融合。

注:"练溪小红心宣讲团"由优秀少先队员组成,从2020年9月成立至今,已吸纳

20 余人加入。"练溪小红心们"聚焦乡村的变化,宣讲党史、新中国史、改革开放史、社会主义发展史,用实际行动把红色基因传承下去。

(二)任务二:选择方法,优选资源(2 课时)

1. 学习目标

(1)通过文献调查,寻找"传承红色基因"的相关故事。

(2)访问人物和走访当地红色资源,感受中华文化的博大精深、源远流长;了解民族精神的内涵,体会当地人践行核心价值观的方式。

2. 核心问题

身边有哪些"红色基因"相关资源?

3. 项目进程

环节一:确定获取资源的方法

组内人员讨论交流确定最终的项目学习方法:文献调查法、人物访谈法、实地调查法。

环节二:资源展现的方式

搜集故事:访问学校历史教师、党员教师;走出校外联系老红军,听老红军讲述过去的故事。

实地观察:走访调查当地的红色资源。

4. 阶段性成果

学生查找了《练市镇志》,了解了石志茂剿匪牺牲、施桂荣在对越反击战中牺牲等故事;走进罗开富小学,参观了"罗开富重走长征路陈列馆"。

图 4-2-2　重走长征路的罗开富同志

(三)任务三:优化组员,分工协作(2课时)

1.学习目标

(1)根据项目主题的要求确立小组,承担责任。

(2)通过子问题的研究,掌握坚定文化自信的方法,以及弘扬民族精神和践行社会主义核心价值观的方法。

2.核心问题

如何将小组最优化?

3.项目进程

环节一:确立组长,选人优化

组长是一个团队的核心人物,不管是前期的寻找资源工作、中期的开展工作,还是后期的整理工作,都离不开组长的规划,这是完成任务的关键。组长确定后,就要选择自己的队员,队员的选择上也要考虑到各个方面,突出个性化。

环节二:领取任务,明确责任

在全体学生的共同努力和研究的基础上,各小组选择感兴趣的子项目开展学习活动,制定学习方案并进行组内分工。

第一小组:制定方案并实施——"喜迎建党百年,共植红色基因"。

第二小组:策划志愿活动——"传承红色基因,弘扬雷锋精神"。

第三小组:筹划红歌竞猜活动——"传承红色基因,喜迎建党百年"。

第四小组:组织演讲比赛——"传承红色基因,从小学习先锋"。

第五小组:邀党员上党课、讲述红色故事——"红色事迹代代传承"。

4.阶段性成果

学生参加了"喜迎建党百年,共植红色基因"的演讲比赛和书画比赛的策划筹备工作,在校园中营造浓浓的爱国爱党的氛围;在网上搜寻了100首红歌,每天中午在校广播台播放,气氛热烈;在选择学雷锋志愿服务活动的内容和地点时,锻炼了组织协调能力。

(四)任务四:分组实施,成果展示(2课时)

1.学习目标

(1)通过不同形式展示小组学习的成果,感悟文化的重要性。

(2)知道守望精神家园需要落实到日常学习生活中去。

2.核心问题

如何在行动中更好地坚定文化自信、弘扬民族精神和践行社会主义核心价值观?

3.项目进程

环节一:小组活动,制作成果

各小组根据子项目的要求,分组开展学习活动,采用前期制定的方法,通过文献调查、实地走访观察等,搜集与自己小组子问题有关的资源;经过后期整理,以文字、图片的形式展示出来。

环节二:成果展示,评选优胜

围绕各自的子项目,各小组根据自己组的安排和学习活动的内容,进行成果展示。同时也进行适当的评比,评出最优秀的小组。

第一小组:制定"喜迎建党百年,共植红色基因"方案。

方案由指导老师修改并交德育处审核。同学们在党员教师的帮助下,踊跃参与,种下"红色基因"等待树苗茁壮成长。植树现场,大家热情高涨,按照"细洒慢浇、浇足浇透"的原则,干劲十足,挥锹挖坑,栽树培土,踩实定苗,相互协作,认真完成每一道工序,整个过程紧张而有序。大家希望小树苗壮成长,小树寄托着大家的希望,这是自强不息、勤劳勇敢的民族精神的传承。

第二小组:策划志愿活动——"传承红色基因,弘扬雷锋精神"。

每年3月是学校的"学雷锋"月,小组成员在校德育处和团委的带领下,在校外进行了"学雷锋"系列活动。大家分成两队——环境保护小队和安全宣传小队。组员们向学校附近的商家和接送孩子的家长分发安全手册,普及安全防诈骗知识、宣传防诈热线以及"平安南浔"的口号,还站在十字路口普及安全头盔的重要性,提醒过往的电瓶车车主戴上头盔,安全出行。

第三小组:筹划红歌竞猜活动——"传承红色基因,喜迎建党百年"。

为庆祝中国共产党成立100周年,学校举行"喜迎建党100周年"红五月歌咏比赛,在歌声中感悟信仰的力量,在比赛中激发奋斗的热情。此次合唱比赛分为两场,来自初一、初二的20支队伍参赛,每班演唱两首参赛曲目:校歌+自选红歌。一首首红色歌曲,见证着中国共产党的奋斗历程。

第四小组:组织演讲比赛——"传承红色基因,从小学习先锋"。

在宣传的基础上,动员各班学生积极参与,在演讲过程中感悟先锋人物的奉献精神,引导学生把个人理想融入中华民族的共同理想。

第五小组:邀党员上党课、讲述红色故事——"红色事迹代代传承"。

小组成员邀请退休党员邵老师上党课——"实事求是是党的事业成功的基石"。他希望广大教师坚持实事求是,始终把教学质量作为学校和教师的立身之本;勉励党员教师们认真备课,以创新精神、工匠精神来提高课堂教学水平。学校潘书记细致地讲述了五四运动发生的背景、经过及影响,希望党员认真学习党史,做到"学史明理,学史增信,学史崇德,学史力行"。组员走近了党员,向全校宣传了党的历史,坚定了一切跟党走的理念。

4.阶段性成果

学生种下"红色基因"之树,践行"绿水青山就是金山银山"的理念;参加了演讲比赛和书画比赛,在校园中营造浓浓的爱国爱党的氛围;编写了名为《认识罗开富》的话剧,学唱红色歌曲《四渡赤水出奇兵》;坚定了文化自信,树立了弘扬民族精神和践行社会主义核心价值观的理念。

图 4-2-3　学生种下"红色基因"之树

图 4-2-4　学生参加演讲比赛

四、项目评价

成果展示后,本项目及时进行过程性评价和结果性评价。

表 4-2-1　项目过程性评价量表

子项目			
成员姓名			
学习表现	个人自评	组内互评	教师评价
团队协作(20分)			
个人贡献(20分)			
创新精神和钻研意识(20分)			
活动心得(10分)			
成果效果(30分)			

表 4-2-2　项目结果性评价量表

子项目			
过程	评价要求（A、B、C、D 四个等级）	组间互评	教师评价
项目设计	依据课标和学科核心素养的要求开发项目		
	学科知识（跨学科）的综合运用		
项目运作	项目方案制定的科学性		
	项目分工合理，各尽所能，团结协作		
项目成果	向其他班级介绍自己小组的成果		
	根据他人评价提出改进意见		
项目总结	反思总结成果		

五、项目反思

"传承红色基因，坚定文化自信"项目化学习为期一个月，共 8 课时，与传统学习方式相比，目的性更强，指向性更明确，师生都得到了成长。

(一)学生收获

学生从学校走入社会，将课本知识与社会实践相结合，进行了深层次的体验。通过访问调查、查阅资料、读写说唱等形式，培养了学生的公共参与力和家国情感。学生在发现问题和探讨中，有跨学科知识的运用，也有知识、能力、品质的锻炼。学习成果强调向全校展示，展示的形式要求多样化。

组长沈同学："以前，做总结对我来说非常困难，但在大家的共同努力下，我也出色地完成了，我明白了一份好的总结不仅需要很多材料，更需要把这些素材提炼出来，这使我的概括能力和写作能力得到了提升。"

组员张同学："在做项目化任务前，我觉得'红色基因'貌似与我们这一代人有点距离，甚至觉得应该是老一辈才有的。通过本次学习，我明白了'红色基因'一直在我们身边，这使我更坚信了中华文化的博大精深、源远流长，弘扬民族精神和践行社会主义核心价值观应该落到实处。"

(二)教师反思

1. 突出主体，展示个性

从组建团队到分工实施再到提炼总结，学生们找到了自己在小组中的角色，知道了每种角色意味着承担不同的责任。学生通过走访、调查、查阅资料等形式开展了项目化学习,并且出色地完成了任务,成果显著。尤其是成果展示形式多样,有漫画形式、视频形式,也有 PPT 形式等,学生的个性特长较好地展示了出来。

2.“退居”幕后,发挥指导

在本次活动中,除了在制订计划和提炼总结中教师参与的相对较多,大部分环节都由学生小组来完成,当然在实施过程中也遇到了许多困难,这需要教师出面进行提前沟通,使任务更流畅。但是项目化学习消耗的时间较长,尤其是对于初三学生来说,他们面临着中考的压力,如何将学习的进度赶上去又是一个现实问题。

学科项目化学习须基于课程标准,体现素养取向、问题驱动、真实实践、学以致用、表现评价等关键要素,可以多学科联合开展项目化学习。学习活动可以采用热点分析、角色扮演、情境体验、模拟活动、社会调查等多样方式,引导学生开展自主探究和合作探究,让学生认识社会。

六、专家点评

本项目化学习案例研究的是“传承红色基因,坚定文化自信”,主题鲜明,具有时效性,研究具有现实意义;学习目标的制定,很好地依据了《义务教育道德与法治课程标准(2022 年版)》,充分体现了核心素养目标。设计的学习地图和评价表简洁明了,能直观展示项目是如何开展的,又是如何评价学习成果的。项目化学习过程中充分依托了当地区域特色,使活动开展非常顺利。如:研学“重走长征路——罗开富”,红色因素非常强烈,相信学生的感悟也非常深。在成果展示方面,很明显项目是真正实施的,项目研究的形式多样化,有参观访问、志愿服务、研学旅行等。学生通过自主探究,认识了社会,发挥了能动性,真正体现了以生为中心的学习理念,能体会到师生之间的美好情感。当然案例中也提到了初三学生面临着升学压力,我想项目化研究固然需要很多时间去落实,但如果能将项目化活动与课本知识紧密联系在一起,那么初三学生参与其中就更能夯实基础,最终实现学以致用、知行合一。

(南浔区教育教学研究与培训中心   陈永兴)

让二十四节气在生活中流淌起来

德清县新安镇下舍中心学校　　沈　剑

一、项目简介

　　文化兴则国家兴,增强学生的文化自信是道德与法治课程的学科使命之一。二十四节气从最初的指导农耕生产逐渐深入中国人的衣食住行,已经穿越了两千多年的时光。二十四节气文化渗透在生活中,但不一定被学生深刻感受到。因此,当下我们面临的新课题是:"如何让农耕时代的二十四节气讲出新时代的精彩故事,让它成为人民美好生活的载体?"本项目让学生通过对二十四节气文化的学习,感受其中所包容的博大知识,认识到中华优秀传统文化的智慧;通过探寻二十四节气文化继承和发扬的方式,尝试文化的传承与创新,增强文化自信,延续文化血脉。

　　项目时长:7 课时

　　适用年级:九年级

二、项目规划

(一)驱动性问题

　　二十四节气充盈着科学的雨露,洋溢着文化的馨香,但是生活中,很多人对二十四节气文化还比较陌生。我们如何通过自己擅长的方式,让农耕时代的二十四节气讲出新时代的精彩故事?

(二)核心概念

中华优秀传统文化、文化传承与创新、文化自信。

(三)学习目标

1.通过项目学习,了解二十四节气文化内容,体会到其广博的内涵,为中华优秀传统文化感到骄傲和自豪,增强文化自信,提升文化传承的使命感,厚植爱国情怀。

2.通过调查二十四节气文化对现在的现实生活的指导意义,尝试用不同的方式收集需要的信息;通过自主判断,选择自己需要的信息并进行合适的加工与处理,培养收集处理信息的能力。

3.通过调查研究、项目成果的发布等,提升问题解决意识和能力,培养社会实践能力和创新意识。

4.通过设计二十四节气文化传承的活动,发挥自主创新的积极性,以实际行动传承中华文化;增强与世界文明交流、互鉴、对话的意识,充分利用现代科技手段继承和发展中华优秀文化。

(四)学情分析

九年级学生已经有了较强的独立思考意识和能力,也具备了一定的创新能力,通过七、八年级的学习,对于小组合作、项目探究方式等有一定的经验积累,也掌握了一些社会调查方法,能够简单地处理一些问题和数据,但是综合运用与分析、团队协作、社会参与等能力与素养还有待进一步培养。

本项目的开展以学生现有的知识经验和能力为起点,在活动中,教师通过搭建"脚手架",让全体学生都能够有效地参与到学习活动中,鼓励学生发掘自己的兴趣点、发挥自己的特长。

(五)学习地图

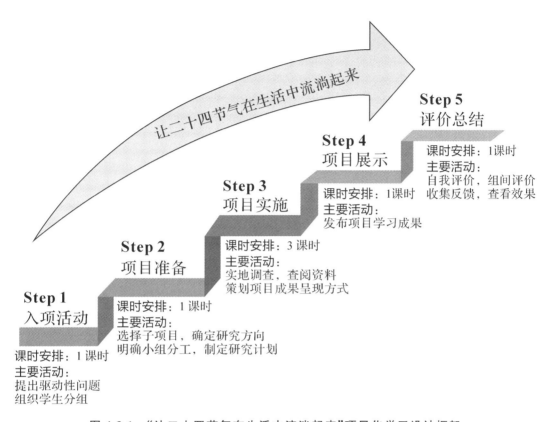

Step 1
入项活动

课时安排：1课时
主要活动：
提出驱动性问题
组织学生分组

Step 2
项目准备

课时安排：1课时
主要活动：
选择子项目，确定研究方向
明确小组分工，制定研究计划

Step 3
项目实施

课时安排：3课时
主要活动：
实地调查，查阅资料
策划项目成果呈现方式

Step 4
项目展示

课时安排：1课时
主要活动：
发布项目学习成果

Step 5
评价总结

课时安排：1课时
主要活动：
自我评价，组间评价
收集反馈，查看效果

让二十四节气在生活中流淌起来

图 4-3-1　"让二十四节气在生活中流淌起来"项目化学习设计框架

三、项目实施

(一)入项活动：提出问题，学生分组(1课时)

1.学习目标

(1)根据教师提供的资料,学会发现问题、理解问题。

(2)结合自己所见所闻,尝试多维度提出问题和思考问题。

(3)根据实际情况,自行组成学习小组。

2.核心问题

二十四节气为什么被誉为中国的"第五大发明",它对现在的生活还有指导意义吗?

3.项目进程

环节一:课前设疑

上课时正值霜降时节,教师发给学生每人一个柿子。提问:"猜猜老师今天为什么要发柿子?"

播放新闻"霜降到,吃柿子,正合时宜",引出二十四节气习俗。提问:"二十四节气被誉为中国的'第五大发明',那么,你了解二十四节气文化吗?"

引导学生关注二十四节气文化,激发学习探究兴趣。

环节二:头脑风暴

教师提问:"关于二十四节气文化,你想要了解哪些?"学生回答并整理了以下几方面想了解的问题:

(1)二十四节气为什么被誉为中国的"第五大发明"?

(2)二十四节气是谁发明的?

(3)在我们的生活中能找到二十四节气的印记吗?

(4)二十四节气文化对现在还有指导意义吗?

(5)我们应该如何传承和弘扬二十四节气文化?

教师播放介绍二十四节气文化的视频,帮助学生初步了解二十四节气文化,让学生进一步思考,二十四节气文化内涵丰富、博大精深,我们可以为它的传承做点什么?

根据提出的问题,学生自主开展分组活动。

4.阶段性成果

引出了驱动性问题:如何通过自己擅长的方式,让农耕时代的二十四节气讲出新时代的精彩故事?

根据驱动性问题,学生自主完成了分组工作。

(二)项目准备:选择子项目,小组成员分工(1课时)

1.学习目标

(1)根据驱动性问题,选择子项目研究方向。

(2)制定研究计划,选择合适的研究方法和途径。

(3)学会分工合作,考虑组员个体特长,善于发挥团队最大力量。

2.核心问题

如何用本组最擅长的方式宣传与传承二十四节气文化?

3. 项目进程

环节一：组内探讨，明确各小组项目学习的方向

根据驱动性问题和项目描述，在教师的带领下进行课堂讨论。小组内讨论：

(1)你对二十四节气文化的哪一方面感兴趣？

(2)你觉得二十四节气文化在现在哪一领域还保留着深刻的印记？

(3)我们用什么方式来展现二十四节气文化？

学生根据已有的知识储备和个人特长，在组内商讨上述问题，形成一致的研究方向。

环节二：方案展示，共同探讨方案可行性

经过全体学生的头脑风暴，在讨论的基础上，各小组制定具体学习方案，进行组内分工。在课堂上，各小组展示自己的讨论结果和初步的学习方案。在教师的指导下，各小组分别确定了子项目标题。

第一小组：科学——农事里的二十四节气。

第二小组：美味——舌尖上的二十四节气。

第三小组：情怀——日常习俗中的二十四节气。

第四小组：智慧——中医养生中的二十四节气。

各小组结合组员的特长，制定了研究计划，在课堂中展示了小组讨论结果和初步实践方案，不同小组间指出方案的优点和不足，最后教师进行统一指导和点评。

4. 阶段性成果

学生根据自己感兴趣的话题组建项目小组，明确了学习思路。

表 4-3-1 各小组子项目问题与学习思路

	第一小组	第二小组	第三小组	第四小组
子项目问题	二十四节气文化对现代农事还有哪些影响？	如何让二十四节气的传统美食得以延续？	如何让二十四节气文化增添日常生活的乐趣？	如何让大家掌握二十四节气的养生知识？
学习思路	展现二十四节气文化对现代农事的影响，说明二十四节气文化的科学性，推广二十四节气文化的农事知识和谚语等	展现二十四节气的美食，通过美食让更多的人认识二十四节气文化	通过一些二十四节气习俗的展示，让大家体会到二十四节气文化的趣味性，进而主动传承二十四节气文化	通过对二十四节气文化中养生知识的宣传，让人们看到二十四节气文化的实用性，发挥二十四节气文化的实用价值

根据不同的子项目问题，经过师生讨论，最后各小组确定各自的学习内容和方法，明确应具备的能力要求。

表 4-3-2 各小组学习方法选择及能力要求

	第一小组	第二小组	第三小组	第四小组
学习方法	文献调查:了解二十四节气对农业的指导知识有哪些;实地走访:了解二十四节气文化对农业生产的指导作用	文献查阅:了解二十四节气文化的有关知识;实地调查:了解节气美食的制作过程	文献查阅:了解二十四节气文化的有关知识;人物访谈:了解二十四节气习俗在生活中的印记;问卷调查:了解身边的二十四节气文化	走访专家:了解二十四节气文化中的养生知识;文献查阅:了解二十四节气文化中的养生知识
能力要求	学会文献资料的搜集与使用;学会设计调查问卷;寻找适合的调查地点	学会文献资料的收集与使用;学会图文并茂地描述美食的制作过程	学会文献资料的搜集与使用;利用问卷星设计调查问卷;设计人物访谈提纲	学会文献资料的搜集与使用;学会图文并茂地展现中医知识

(三)项目实施:开展项目调查,明确呈现方式(3 课时)

1. 学习目标

(1)根据子项目选题开展项目学习活动。

(2)在切身体验中掌握知识和策略,实现思想价值浸润和学科素养落地。

(3)尝试通过各种方式解决项目活动中出现的问题,提升知识迁移和问题解决能力。

2. 核心问题

二十四节气文化在现实生活中有哪些意义与价值?

3. 项目进程

环节一:校内项目学习活动

各小组根据子项目的要求,分组按计划开展活动。活动过程中,不断有新的问题出现,如:"节气谚语中蕴含了农事、养生的知识,这些知识科学吗?""不同的节气习俗产生的渊源都可信吗?""随着现代科学的发展,节气文化能够被代替吗?"学生采取了小组讨论和自由辩论的方式,逐一解决了这些问题。

环节二:校外项目学习活动

根据前期的资料收集和整理,不同的学习小组根据各自的子项目主题开展了不同形式的校外实践活动,其中有的小组进行了实地访谈,有的走进校外图书馆继续查找资料,有的走访民俗专家,深入了解二十四节气文化的有关知识,还有的小组尝试制作了节气美食。

4.阶段性成果

通过这一阶段的学习,学生收集了大量的二十四节气文化知识。特别是实地的走访和访谈,以及节气美食的制作等活动,让他们亲身感受到中华优秀传统文化的魅力。各小组开始制作自己的项目成果,绘制节气海报、制作农事知识视频和节气食谱等。

(四)项目展示:展示学习成果,传承二十四节气文化(1 课时)

1.学习目标

(1)用自己擅长的方式展示二十四节气文化。

(2)发布项目成果,提升语言输出与表达能力。

(3)学会倾听与分享,尝试从其他小组的展示中获取有益的方法与经验。

2.核心问题

如何让二十四节气文化得到传承和发展?

3.项目进程

环节一:汇报研究过程,展示小组特色

围绕着各自的子项目,各小组用自己的形式发布项目学习成果。课堂上,各小组汇报自己的研究过程,对成果发布的形式进行介绍,展示本小组的成果,强调本小组的特色。最终,各小组展示的成果形式如下:

第一小组:制作短视频,宣传农事中的二十四节气知识。

第二小组:制作节气美食食谱,学习并展示部分节气美食。

第三小组:制作节气习俗活动策划方案——“二十四节气进校园”,并提交学校。

第四小组:制作节气养生知识小报,在学校内进行宣传。

环节二:组间交流成果,指出亮点与不足

各小组汇报之后,进行组间交流,对其他小组的展示进行点评,找出其他小组的亮点,指出不足并提出改进的建议。

4.阶段性成果

各小组对自己的学习成果进行了不同方式的展示,部分成果展示如下:

第一小组:农事中的二十四节气知识视频展示。

图 4-3-2　学生现场介绍农事中的二十四节气知识

第二小组：节气美食及食谱展示。

图 4-3-3　学生制作的柿饼和节气食谱宣传图

第三小组：策划"二十四节气进校园"活动方案，并提出建议。

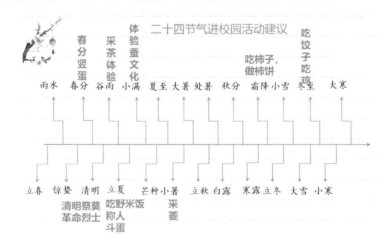

图 4-3-4　"二十四节气进校园"活动建议图

第四小组：制作节气养生知识小报，在校内宣传展示。

图 4-3-5　节气养生知识小报校内宣传现场

四、项目评价

本项目的评价围绕着政治认同、健全人格、责任意识这三大学科核心素养展开，评价主体遵循多元化原则，由教师、学习者、项目成果接受者三大主体进行评价，既重视过程性评价，又关注结果性评价，还兼顾增值评价。

（一）自我认知和态度评价

1.通过项目化学习，我了解到二十四节气文化知识有以下几个方面：

2.通过对二十四节气文化的了解，我对中华优秀传统文化的看法是：

3.在项目学习过程中，我最大的收获是：

(二)学习参与和协作评价

表 4-3-3　项目过程性评价量表

评价指标	评价等级			评价结果		
	☆☆☆	☆☆	☆	自评	互评	师评
合作分享	小组分工明确,实施过程中合作有序,较好地完成了自己的任务	小组分工明确,实施过程中完成了自己的任务,与其他人有互动	小组分工不明确,成员间很少有沟通交流,任务完成一般			
意见表达	学习过程中,能全程主动提出自己的意见看法	学习过程中,偶尔能提出自己的意见看法	学习过程中,几乎没有自己的意见看法			
问题解决	学习过程中遇到问题,能够积极寻求解决方法并较好地解决	学习过程中遇到问题,能够通过求助的方式加以解决	无法解决学习过程中出现的问题			

(三)学习效果与拓展评价

表 4-3-4　项目结果性评价量表

子项目选题			
项目内容	评价要素	组间评价	教师评价
项目设计	子项目选题合适,符合课标要求和学科素养目标	☆☆☆	☆☆☆
	子项目设计充分运用学科知识,有跨学科知识的综合运用	☆☆☆	☆☆☆
项目实践	项目方案制定科学,有较强的操作性	☆☆☆	☆☆☆
	项目分工合理,组员之间配合默契,按时完成项目要求	☆☆☆	☆☆☆
项目成果	用合适的方式展示项目成果,形式新颖,具有较强的吸引力	☆☆☆	☆☆☆
	项目成果能在全校及更大范围内发布,成果得到有关人员的认可,或者产生较大的影响	☆☆☆	☆☆☆

续　表

子项目选题			
项目内容	评价要素	组间评价	教师评价
项目总结	能在其他小组的成果展示中发现优点,能提出意见和建议	☆☆☆	☆☆☆
	能吸收其他人的意见和建议,并对项目成果提出改进方案	☆☆☆	☆☆☆

注:☆☆☆表示非常符合;☆☆表示比较符合;☆表示不太符合。

经过上述自评与他评,实现对项目学习效果的评价,肯定学习过程中的亮点、指出不足,最后评选出本次项目化学习的先进个人和最佳小组,并颁发奖状。

五、项目反思

本项目化学习特色鲜明,学习过程是师生共同成长的过程。

(一)基于核心素养,以现实的问题驱动学生积极学习

本次项目化学习把现实生活中存在的问题"如何让二十四节气文化在现在得到传承与创新"演化为驱动性问题,它能激发学生学习的积极性,让学生借助已有知识与经验,运用学科理论与方法,借鉴他人观点与做法,最终解决问题,培养了学生的公共参与能力。学生参与学习活动的过程,就是增强责任意识、落实政治认同的过程。

(二)借助项目开展,让真实的情境引发学生深度思考

在项目实施过程中,学生遇到了很多真实的困难,教师通过提供问题解决"支架",让学生进行开放式的辨析问题和解决策略的研究,促使学生思维碰撞,在大胆推测后,进行仔细求证。解决疑问的过程中,学生调动了已有的学识和经验,综合了多学科知识。问题的解决过程就是学生的思维由表层走向深入、由低阶转向高阶的过程,学生的学习也自然由掌握知识向素养培育转型。

(三)发挥学生特长,用不同的成果促成学生个性发展

项目化学习强调项目成果需要向公众展示,表现形式也较其他学习方式多元化,项目成果的展示更能发挥学生的特长。本项目化学习中,很多学生的特长得到了发挥。例如:有信息技术特长的学生在制作视频和利用问卷星发放调查问卷时大展身手;交际能力强的孩子在人物访谈时发挥出色;家务能力强的学生在制作节气美食时

大显身手。项目化学习让更多学生都能找到合适的角色,用最擅长的方式表达项目成果,充分尊重学生的主体地位,促进学生个性发展。

六、专家点评

本项目以二十四节气文化为切入点,项目选题把现实命题引入课堂,源自生活,回归生活,体现了鲜明的生活性和实践性。项目实施过程中既有课内的讨论探究,也有课外的拓展实践,活动开展的过程成为学科核心素养潜移默化落地生长的过程。本项目成果以视频、小报、节气食谱等多种方式呈现,开放多元的形式大大提升了学生文化传承的责任感,让他们在收获不同学习体验的同时,也进行了道德践行,指引他们在今后的学习生活中乐于实践、敢于尝试、勇于探索。

(德清县教育研训中心　嵇永忠)

第五章　革命传统教育

重走长征路，童心永向党

湖州市南浔区旧馆小学　汤　莉

一、项目简介

  长征距今已有近九十年的历史，其中所蕴含的精神仅靠课堂教学难以引发学生学习的兴趣和共鸣，不能有效引导学生深刻领会不朽的长征精神。为了破解这一难题，我们尝试运用项目化学习的方式，唤起学生的主体情感，引导学生体悟和传承长征精神。围绕"我们如何通过举办一次'长征胜利纪念微展'，引导青少年在新时代传承和发扬长征精神？"这一驱动问题，通过"图说长征路""触摸长征路""毅行长征路"三个子任务，由远及近，由历史到当下，从"理论感知"到"实践感受"，再到"精神感悟"，从"身边的人"到"我"的进阶，促使学生由"旁观者"转为"亲历者"，在活动中形成个体道德，实现自我教育，达成个人经验与长征精神的接续。

  项目时长：9 课时

  适用年级：五年级

二、项目规划

（一）驱动性问题

  长征精神蕴含着不竭的生命动力，它永不过时、历久弥新。我们如何通过举办一次"长征胜利纪念微展"，引导青少年在新时代传承和发扬长征精神？

（二）核心概念

长征精神、传承和发扬长征精神。

（三）学习目标

1.通过"图说长征路"子任务,小组合作完成长征背景、路线、史实等资料的查询与整理工作,以图文等形式形成一份长征思维导图,理解革命年代长征精神的内涵。

2.通过"触摸长征路"子任务,学生参观南浔文园红军长征追踪馆,切身"触摸"历史;走访身边的人,听过去的故事、寻当下的实例,理解长征精神的当代意蕴。

3.通过"毅行长征路"子任务,学生开展研学旅行,在营地内体验穿越水乡关卡等,撰写研学感想;结合前期学习建立的对长征的认识,举行"长征胜利纪念微展",将对长征精神的理解通过"讲诵唱绘"的形式表达出来。由此,实现个人经验与长征精神的接续。

（四）学情分析

1.五年级学生已经具备了信息收集与整理的能力,初步积累了一些从史料中提取信息的经验,但信息筛选能力还需进一步加强。

2.五年级学生具有一定的合作意识,具备一定的沟通协作能力,能以团队的形式完成各项任务。

3.在其他学科的学习和日常生活中,学生对爬雪山、过草地等长征故事有些了解,但比较零碎和片面,缺乏整体的感知。同时,该部分教学离学生生活较远,由于学生没有合适的生活经验与历史对接,所以不太容易理解长征之难。

(五)学习地图

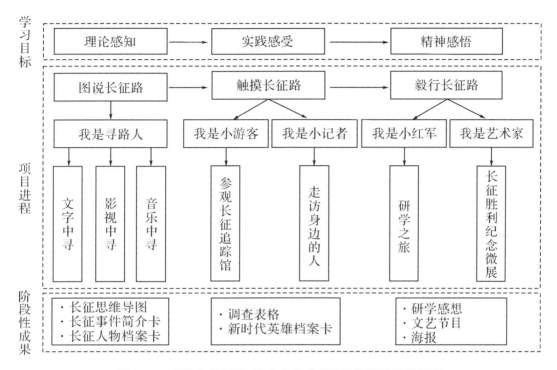

图 5-1-1 "重走长征路,童心永向党"项目化学习设计框架

三、项目实施

(一)任务一:"图说长征路",感知长征精神(3 课时)

1.学习目标

(1)在小组合作探究活动中,了解长征,感悟长征的意义。

(2)整合语文课程,展开群文阅读,在小组比较讨论中体会长征精神。

(3)欣赏歌曲、观看影片,拉近与历史的距离,感受作品所传递的精神力量。

2.核心问题

红军长征是一部伟大的革命英雄主义史诗。哪些图文资料可以帮我们了解长征呢?

3. 项目进程

环节一：提出驱动问题

(1)走近罗开富，了解他重走长征路的故事。

(2)红军长征是一部伟大的革命英雄主义史诗。作为小学生，我们能用怎样的方法来了解长征呢？让我们一起来当长征寻路人吧！

环节二：了解红军长征

(1)学生交流对长征的了解，教师补充总结长征的原因。

(2)结合课本内容，小组合作学习，探究红军长征"难"在哪里。

(3)教师补充相关资料，明确召开遵义会议的重要性。

环节三：展开群文阅读

(1)快速浏览《冀中地道战》《青山处处埋忠骨》《军神》《清贫》《七律·长征》《狼牙山五壮士》《灯光》《十六年前的回忆》《金色的鱼钩》等材料，初步了解故事内容。

(2)小组合作学习，比较讨论、交流分享，体会凝聚在人物身上不怕牺牲、百折不挠、浴血奋战、勇往直前的长征精神。

环节四：欣赏音乐作品

(1)欣赏《红军纪律歌》《八月桂花遍地开》《映山红》《山丹丹花开红艳艳》《红星闪闪》《十送红军》等歌曲。

(2)学生交流感受，体会歌词所传递的精神力量。

环节五：欣赏影视作品

(1)欣赏《半条被子》《长征》《血战湘江》《勇士》等影片或片段。

(2)学生交流感受，体会影片中人物身上所折射出的长征精神。

环节六：交流初步设想

(1)你能用什么样的形式，让更多的人了解长征、学习长征精神？

(2)结合"从文字中寻""从音乐中寻""从影视中寻"三个活动所得，在感悟革命年代长征精神内涵的基础上，小组合作完成"长征思维导图"的绘制、"长征事件简介卡"和"长征人物档案卡"的制作。

4. 阶段性成果

在此阶段活动中，学生基于文本、音乐、影视知晓来路，纵观历史长轴，触摸精神脉络，了解长征的背景、路线、史实等，感受红军长征之难，加深对革命年代的长征精神内涵的理解，并制作"长征思维导图""长征事件简介卡""长征人物档案卡"，完成"图说长征路"子项目。

图 5-1-2　学生制作的"长征事件简介卡""长征思维导图"

（二）任务二："触摸长征路"，感受长征精神（3 课时）

1.学习目标

（1）通过参观南浔文园红军长征追踪馆,将长征精神具化为可见、可触、可感的事物,加深对革命年代长征精神的理解与感悟。

（2）走访三代人,从衣食住行等方面纵向比较三代人的童年,感受中国共产党人为如今幸福生活所做出的巨大贡献。

（3）寻找身边的实例,发掘令人感动的人与事,以小见大,感受长征精神的当代意蕴。

2.核心问题

长征精神一路传承、一路发扬。时至今日,我们身边还有哪些身影或故事彰显着长征精神呢?

3.项目进程

环节一:提出驱动问题

（1）回顾"图说长征路"这一子项目的学习收获,向同伴们展示小组合作学习的成果。

（2）长征精神一路传承、一路发扬。时至今日,我们身边还有哪些身影或故事也在彰显着长征精神呢? 让我们进入"触摸长征路"板块,当一回小游客和小记者吧!

环节二:参观长征追踪馆

（1）带着自己对长征及长征精神的理解,走进南浔文园红军长征追踪馆,实地感受长征精神。

（2）与同学交流自己的收获。

环节三:走访身边的人

(1)采访祖辈、父辈,结合自己的童年生活,从衣食住行等角度,进行纵向比较,完成"三代人比童年"调查表格。

(2)寻找身边的实例,发掘身边令人感动的人与事,以小见大,感受长征精神的当代意蕴,完成"新时代英雄档案卡"。

4.阶段性成果

在此阶段活动中,通过参观,学生将长征精神具化为可见、可触、可感的事物,加深了对长征精神的理解;通过走访,学生建立起当今的幸福生活与共产党人之间的认知关联,感受长征精神的当代意蕴,完成革命年代与新时代长征精神的接续。学生完成"三代人比童年"调查表格的填写和"新时代英雄档案卡"的制作。

图 5-1-3　学生制作的"新时代英雄档案卡"

(三)任务三:"毅行长征路",感悟长征精神(3课时)

1.学习目标

(1)开展研学旅行,锻炼意志品质,实现个人经验与长征精神的接续。

(2)结合前期学习建立的对长征的认识,举办"长征胜利纪念微展",将对长征精神的理解通过"讲诵唱绘"的形式表达出来。

2.核心问题

毅行长征,传承有我,学习他人更是激励自我。我们能不能做一回长征精神的最美代言人呢?

3.项目进程

环节一:提出驱动问题

(1)回顾"触摸长征路"这一子项目的学习收获,向同伴们展示小组合作学习的成果。

（2）毅行长征，传承有我，学习他人更是激励自我。我们能不能做一回长征精神的最美代言人呢？让我们一起来当当小红军和艺术家吧！

环节二：开展研学旅行

（1）回顾前期学习所提炼的有关长征的行程、战役、人员等数据要素、地点要素、事件要素。

（2）开展研学旅行，体验"穿越水乡关卡""投弹演练""负重前行""战场救护""飞夺泸定桥"等活动。

（3）撰写研学感想。

环节三：举办"长征胜利纪念微展"

（1）将前期的"长征思维导图"、"长征事件简介卡"、"长征人物档案卡"、"三代人比童年"调查表格、"新时代英雄档案卡"、研学感想等制作成海报，作为"长征胜利纪念微展"的宣传品。

（2）结合前期学习建立的对长征的认识，小组合作设计一个文艺节目，表达对长征精神的理解。

（3）进行文艺汇演。

4. 阶段性成果

通过研学旅行，模拟长征途中的磨难，学生亲身体验红军长征的艰难险阻，感受红军战士的精神，磨练自己的意志；整合项目化中所有的实物成果，以海报的形式呈现，宣传"长征胜利纪念微展"；举办"长征胜利纪念微展"，通过多种文艺表演形式，学生表达了对长征精神的理解，最终实现个人经验与长征精神的接续。

图 5-1-4 "长征胜利纪念微展"宣传海报

四、项目评价

本项目从多维度评价学生的学习效果,采用过程性评价和结果性评价相结合的方式。

(一)过程性评价

表 5-1-1　项目过程性评价量表

项目	评价标准	评价星级		
		个人评	小组评	教师评
图说长征路	能通过阅读文本材料,了解长征原因、路线、相关史实,知道重大时间节点与事件,体会凝聚在人物身上的长征精神	☆☆☆	☆☆☆	☆☆☆
	能通过欣赏音乐、观看影片,感受作品所传递的精神力量,深化对长征精神的理解	☆☆☆	☆☆☆	☆☆☆
触摸长征路	在参观过程中,能边看边思考,将所学的知识与馆内的实物联结起来,将长征精神具化为可触、可感、可听的事物	☆☆☆	☆☆☆	☆☆☆
	能通过走访父辈、祖辈,从衣食住行等方面,与自己的童年进行比较,感受共产党人为当下的幸福生活做出的巨大贡献	☆☆☆	☆☆☆	☆☆☆
	能寻访身边的实例,发掘感动的人与事,以小见大,感受长征精神的当代意蕴	☆☆☆	☆☆☆	☆☆☆
毅行长征路	在研学旅行中能像红军战士一样,面对艰难险阻迎难而上、不屈不挠、勇往直前,磨练自己的意志	☆☆☆	☆☆☆	☆☆☆
	能在小组合作中选取一种表演方式,设计一个文艺节目,表达对长征精神的理解	☆☆☆	☆☆☆	☆☆☆

（二）结果性评价

表 5-1-2　项目结果性评价量表

项目	评价标准	评价星级		
		个人评	小组评	教师评
图说长征路	能按要求绘制长征思维导图、制作长征事件简介卡和长征人物档案卡	☆☆☆	☆☆☆	☆☆☆
触摸长征路	能按要求完成调查表格、新时代英雄档案卡	☆☆☆	☆☆☆	☆☆☆
	能结合研学旅行的经历，辩证思考，撰写研学报告；报告具有真情实感	☆☆☆	☆☆☆	☆☆☆
毅行长征路	能将前期准备的图文材料进行整合；海报主题鲜明，排版美观，内容丰富，视觉效果好，有独特创意	☆☆☆	☆☆☆	☆☆☆
	文艺演出时，主题突出，富有思想性；形式新颖，富有感染力；团队合作，整体效果好	☆☆☆	☆☆☆	☆☆☆

五、项目反思

（一）学生收获

1. 在小组合作中提升能力

组员慎同学说："举办长征胜利纪念微展的活动，既锻炼了我的思维能力，又提高了我的表达能力，使我受益匪浅。在活动中，我与我的组员们沟通顺畅、合作愉快，依靠集体的力量完成了各个子项目。"

2. 在感悟体验中升华情感

组长李同学说："在'触摸长征路'的活动中，我采访了我的邻居胡老师，他是一名退休的党员教师。我听他讲述了过去在村小教书的故事。那些故事是那样的平凡而又不平凡，让我感受到了教师的初心、党员的坚守，使我对长征精神的内涵有了更深刻的理解。"

（二）教师反思

1. 关注学生，促进合作学习真正发生

项目实施过程中，我们看到了学优生在团队合作中出色的领导、协调、沟通等能

力,看到了中等生也能"跳一跳摘桃子",但也看到了部分学困生的畏难心理,进而导致个人包办现象的出现。对这部分学生如何进行更好的引导,促使他们更积极主动地参与到项目中,进行真正的合作学习,是我们在以后的项目指导中要重点考虑的地方。

2.关注教师,转变传统教学思维模式

项目实施前,教师扮演的是设计者的角色,要根据学生学情、各知识点之间的联结,设计好既具有挑战性又能充分发挥学生能动性的项目。进入实施过程后,教师变成了学习的助力者,引导学生推进项目并根据实际情况适时调整方案。此外,教师还要从不同角度对学生的学习过程和学习效果进行客观公正的评价。这一切无疑对老师提出了更高的要求。如何让教师更好地适应项目化的要求,也是值得我们思考与探索的。

六、专家点评

本项目化学习采用"三感"任务设计法,即通过三项富有挑战性的子任务的逐层进阶实施,引领学生从"理论感知"到"实践感受",再到"精神感悟"的飞跃,从而体悟并传承长征精神。在"图说长征路"子项目中,学生以《道德与法治》教材中有关长征的教育内容为学习底本,借助文本阅读讨论、音乐影视欣赏,梳理长征时间脉络,学习先烈事迹,解读英雄精神,从而感知革命年代长征精神的内涵。"触摸长征路"子项目打破时空的界限,将教材知识与学生活动相勾连,学生建立起当今幸福生活与共产党之间的认知关联,感受长征精神的当代意蕴,完成革命年代与新时代长征精神的接续。最后的"毅行长征路"子项目中,学生由"旁观者"转向"亲历者",在活动中形成个体道德,实现个人经验与长征精神的接续,为自觉传承长征精神打下坚实的基础。

(南浔区教育教学研究和培训中心　吴建琴)

弘扬革命传统，做新时代少年

湖州市织里镇轧村中学　吴世维

一、项目简介

　　革命传统指的是中国共产党在长期革命斗争中形成的优良传统。在青少年中开展革命传统教育意义重大。但是目前，对于带领青少年由浅入深地进行革命传统教育实践与传承的有效探索较为缺乏。为改变以上现状，确保青少年把红色基因传承好，真正成为担当民族复兴大任的时代新人，本项目围绕"革命传统教育的实践与传承"这一核心问题，通过知识浇灌、实践探寻、情感养成三部分，学生感受中国共产党人的精神力量和光荣传统，抒发与表达自身对党的热爱之情，做革命传统的实践者与传承者，做到铭记党的历史、继承革命传统、传承红色基因。

　　项目时长：7课时

　　适用年级：七年级

二、项目规划

(一)驱动性问题

　　当今社会不断呼唤青少年弘扬革命传统，我们如何形成一份革命传统教育优秀成果集，使青少年革命传统教育花开有声？

(二)核心概念

政治认同、革命传统教育。

(三)学习目标

1.了解中国共产党的相关历史,通过学习、理解、运用党史知识,形成积极的情感态度和价值取向。

2.通过知识浇灌与实践探寻,理解中国共产党光荣的革命传统,培养责任担当。

3.运用多种方式,表达与抒发对中国共产党的热爱之情,培养适应变化、不怕挫折、坚忍不拔的意志品质。

(四)学情分析

1.七年级学生通过对《道德与法治》教材的学习,已经具备一定的革命传统理论知识。在此基础上进行深入与细化,能使学生感悟更深。

2.七年级学生已经掌握一定的自主学习能力,可以自主选取需要的信息进行学习与实践,有助于部分活动的有效开展。

3.七年级学生已经具备一定的沟通、协调能力,在道德与法治课堂上有成立合作小组的经验。学生在开展项目化合作时会更有信心,配合更好。

(五)学习地图

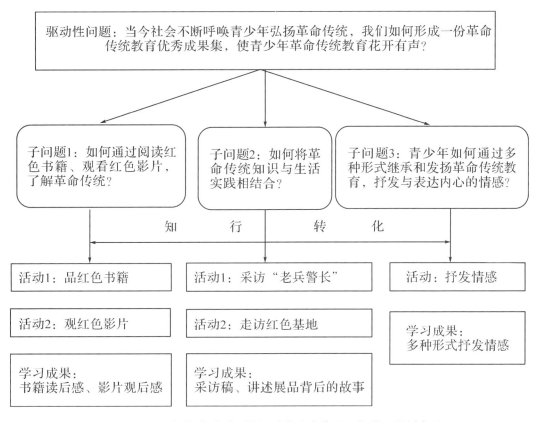

图 5-2-1 "弘扬革命传统,做新时代少年"项目化学习设计框架

三、项目实施

(一)任务一:学习知识,内化于心(2课时)

1.学习目标

(1)了解革命传统知识。

(2)将革命传统知识内化于心。

2.核心问题

如何通过阅读红色书籍、观看红色影片,了解革命传统?

3. 项目进程

环节一：品红色书籍

学生进行头脑风暴，说一说可以通过哪些方式了解和学习革命传统知识。在学生发表意见的基础上，教师指出阅读书籍是了解和学习革命传统知识的重要方式。与革命传统教育相关的更多是纪实作品。阅读纪实作品，最基本的要求是清楚地把握作品所写的事实。利用序言、目录等，迅速获得对作品的整体印象。把握作品中的史实之后，还要读明白作者想用史实说什么"话"。阅读纪实作品，最终要从中获得启迪，用来指导自己的学习与生活，提高自身政治认同的学科素养。教师提供一些与革命传统相关的书籍，学生在图书室自行选择想要阅读的书籍，选择其中一篇文章进行细读、精思，从而加强对革命传统知识的重视，掌握学习革命传统知识的方法途径。

环节二：观红色影片

新中国的建立是一段艰难曲折的历史。在建立的过程中，无数先辈抛头颅、洒热血。这种英勇的革命传统精神值得今天的我们学习与传承。红色影片《建国大业》还原了新中国成立历程，从视觉和听觉上带给学生冲击。观影后，教师引导学生回顾中国共产党在新民主主义革命时期的艰苦奋斗；启发学生今天的幸福生活来之不易，离不开中国共产党的领导；引导学生切实感受中国共产党的精神力量，由内而外抒发对祖国和中国共产党的热爱之情；培养学生政治认同的学科核心素养。

环节三：理内心感悟

在品红色书籍的环节中，学生现场分享感悟，碰撞思维火花；课后整理感悟，记录有效信息，完成一份属于自己的对革命传统内容有独到见解的文章。观看红色影片之后，学生抒发自己的观后感，并且将观后感进行整理分享。

4. 阶段性成果

通过本阶段的活动，项目化学习小组成员阅读了多本红色书籍，观看了红色影片《建国大业》；学习和掌握了革命传统知识，并且撰写了发自肺腑的读后感和观后感。

701班申同学说："'生于忧患，死于安乐'是《红星照耀中国》给予我的启发。它以不一样的口吻，用另外的角度去向世人叙说这段传奇故事。它告诉世人：红星不仅照耀着中华大地，更照耀着人民……"

703班张同学说："强渡大渡河、飞夺泸定桥，这些是红军长征中的关键事件。大多数人只注重事件的过程和红军的精神，而我认为还要注重事件中的细节，去发现红军的智慧与精神的双重展现。"

704班杨同学说："看了《建国大业》后，我深深领悟了中国共产党人治国理政的强大智慧。中国共产党始终代表最广大人民的根本利益，是最有生命力和最有前途的政党。"

（二）任务二：实践探寻，外化于行（3课时）

1. 学习目标

（1）实地走访红色教育基地。

（2）通过自我观察和与他人交流，将前面学习到的革命传统理论知识加以运用，将知识外化于行。

2. 核心问题

如何将革命传统知识与生活实践相结合？

3. 项目进程

环节一：采访"老兵警长"

学生观看关于"老兵警长"、全国模范退役军人陈建如的视频，思考在采访中想向陈警官提问的问题。六人一组进行小组合作，所有项目化成员分成五组。结合自身所掌握的革命传统理论知识，每组通过沟通交流后统一由组长草拟一份采访提纲，明确本组需要采访的问题。召开座谈会，"老兵警长"一一解答学生提出的问题。

环节二：走访红色基地

邀请红色基地的工作人员介绍长兴新四军苏浙军区纪念馆的大致情况。讲解员一边带领学生参观一边详细讲解。整个展馆分为 4 个展厅，收藏和陈列了 750 件革命历史文物和 420 帧历史珍贵照片。通过参观和聆听讲解，学生一起缅怀革命先烈。教师引导学生运用第一阶段中所学习的革命传统知识，更加深刻地理解革命历史文物和历史照片背后的精神与信仰，激发学生对新四军的敬仰之情。革命烈士身上所折射出来的精神值得我们每一个人学习与继承。

环节三：分享交流讨论

学生通过采访"老兵警长"解除心中疑惑，表达自己对如何传承革命精神的感悟，并运用革命传统理论知识，形成一份独特的采访稿。在走访红色基地之后，学生挑选一件纪念馆中印象最深刻的展品，用图文并茂的形式讲述展品背后的故事以及给自己留下深刻印象的原因。通过理论学习与实践探索，掌握革命传统知识，并且将知识运用于实践，在潜移默化中培育政治认同。

4. 阶段性成果

通过本阶段的活动，项目化学习小组成员采访了"老兵警长"陈建如，撰写了采访稿；实地走访长兴新四军苏浙军区纪念馆之后，用图文并茂的形式讲述了展品背后的故事。

采访稿(节选)

——采访"老兵警长"

通过项目化活动中的"采访'老兵警长'"环节,我充分了解了以下内容:

(1)陈建如警官的光荣生平;

(2)"老兵驿站"的工作日常;

(3)"老兵警长"身上体现了无私奉献的革命传统精神······

图 5-2-2 参观新四军苏浙军区纪念馆

图 5-2-3 讲述展品背后的故事

(三)任务三:抒发情感,花开有声(2课时)

1. 学习目标

(1)借助多种途径真诚表达与抒发对中国共产党的热爱之情。

(2)知行转化,让革命传统薪火相传。

2. 核心问题

青少年如何通过多种形式继承和发扬革命传统教育,抒发与表达内心的情感?

3. 项目进程

环节一:召开会议

召集全体项目化小组成员,请每一位成员根据前面两个阶段革命传统教育学习的情况,结合自身特长和兴趣,确定一种自己认为最适合继承和发扬革命传统教育的方式。在确定形式的基础上,分享准备呈现的内容,并进行组内交流。

环节二:合作准备

组员之间相互合作、各自分工,利用课余时间打造本人学习和继承革命传统教育的优秀成果。教师引导学生合作完成任务,在必要的时候学会寻求家人和朋友的帮助。

环节三：分享成果

在规定时间内完成本人的可视化成果并且分享,形式不限。充分发挥参与活动的积极性和主动性,真正通过自己擅长的方式弘扬革命传统。在形成成果的过程中,发自内心地抒发自身对中国共产党的热爱之情。教师将学生的成果进行筛选,形成一份革命传统教育优秀成果集,使青少年革命传统教育花开有声。

4.阶段性成果

本阶段的活动中,项目化学习小组成员通过演讲、绘制革命斗争流程图等不同方式抒发了对革命英雄的热爱之情。

演讲稿(节选)

……我特别想跟大家说说中共隐蔽战线"龙潭三杰"之一钱壮飞的英勇事迹。假期里我参观了"钱壮飞纪念馆",了解到他有着坚定的革命意志和伟大的献身精神。钱壮飞的英勇事迹让我内心激动、敬佩不已……

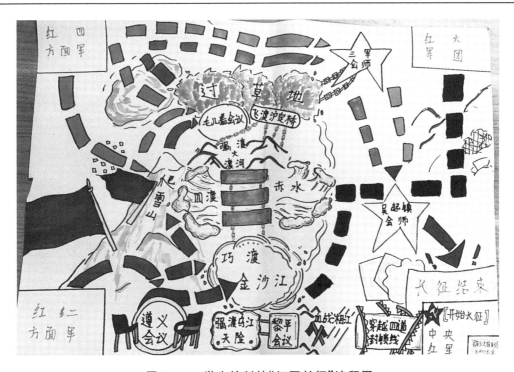

图 5-2-4 学生绘制的"红军长征"流程图

四、项目评价

本项目采用过程性评价和结果性评价相结合的方式,从多个维度评价学生的学习效果。

表 5-2-1　项目过程性评价量表

评价项目	1分	2分	3分	自评	互评	师评
感悟文章	文章记述不够完整通顺	文章完整通顺,能够写清楚事件的前因后果	文章不仅条理清晰,并且富有感情,具有感染力			
采访稿	采访稿记录的信息不够全面	采访稿记录的信息完整全面,形式简单	采访稿富有创新性,体现革命传统理论知识的实际运用			
可视化成果	成果与革命传统教育主题不太吻合	成果与主题相符合,可视化欠缺	成果内容贴切,可视化强,革命传统主题明显			

表 5-2-2　项目结果性评价量表

评价项目	1分	2分	3分	自评	互评	师评
理论掌握	对于革命传统理论知识掌握不够	较好掌握革命传统理论知识	在掌握的基础上对革命传统理论知识有自己的理解与思考			
运用实践	革命传统理论知识不能运用于实践	较好地将革命传统理论知识运用于实践	做到知行转化,能够将理论与实践有机结合			
情感抒发	参与革命传统教育活动之后触动不大	参与革命传统教育活动之后有较大的触动	参与革命传统教育活动之后触动很大,能用自己擅长的方式抒发情感			

五、项目反思

(一)学生收获

青少年是实现伟大复兴中国梦的重要力量。学生参与革命传统教育活动,从知识浇灌到实践探寻再到情感养成,层层递进、不断深化、收获颇多。

组长徐同学:"通过此次活动,我阅读革命故事、观看红色影片,思考革命先烈身上所蕴藏的精神密码。零距离接触英雄模范,汲取先烈和当代人民的精神力量,使我明白虽然没有身处革命年代,但是精神的力量永不过时。"

组员王同学:"在这次项目化学习过程中,我不断思考如何在任务间迁移,达到相辅相成的效果。我也意识到有些任务需要团队合作,有些需要独自思考或者两者结合。此次项目化活动,培养了我的团队精神以及分析、表达、决策、合作、技术等多方面能力,希望还有机会参与这样的学习活动。"

(二)教师反思

道德与法治课程中的革命传统教育具有较强的理论性。相较于传统的课堂讲授,项目化学习由于是亲身参与,会更加深入人心。项目选取适合的革命故事和红色影片,活动形式多样化,不断增强吸引力和感染力。通过此次活动,学生掌握了革命传统知识,将理论与实践相结合,再通过自己擅长的方式抒发情感,增强政治认同。教师本人也经历了一场卷入学习与自我成长,通过思维碰撞不断将各项活动优化完善,实现在改变中发展、在教学中思索。

但是在项目实施的过程中也出现了一些困惑。比如:评价量表的设计与实施,如何能够更好地反映学生最真实的学习进展情况?对于项目化阶段性成果和最终成果的美化与宣传,需要具备哪些技术支持与宣传渠道?等等。

六、专家点评

青少年是祖国未来的接班人与建设者,传承与发扬好红色基因,才能担起民族复兴大任。本次项目化活动贴近学校实情,循序渐进地开展革命传统教育。围绕驱动性问题,通过知识浇灌、实践探寻、情感养成三部分展开,学生从中了解到革命传统知识;将理论知识与社会实践相结合,让学生创造性地表达与抒发内心情感。教师抓住学校附近有红色资源和榜样人物的区位优势,采取丰富多彩的活动形式,大大提升了学生的参与兴趣。在活动过程中,为了确保学生知道该如何去做,设计了可量化的评价表,让学生朝着标准努力。完成阶段性成果时学生能够得到反馈,出现新问题时也能迅速调整,努力传承与弘扬革命传统,使青少年革命传统教育花开有声!

(湖州市吴兴区教育局教学研究与培训中心　杨继明)

传承英雄品格，厚植家国情怀

德清县新安镇勾里中心学校　秦尊军

一、项目简介

在中国共产党领导中国人民的百年征程中，德清县涌现出许许多多的英雄人物。为了让学生更好地学习和传承德清英雄人物的优秀品格，不断厚植家国情怀，本项目围绕"中学生如何在新时代传承和发扬革命精神？"这一核心问题，让学生通过社会调查，收集和梳理本地区的典型英雄人物或事迹；通过探究展示，讨论分析本地区英雄人物或事迹展现的优秀品质和革命精神及其重要现实意义；通过实践导行，学习本地区英雄人物的优秀品质和革命精神。

项目时长： 7课时

适用年级： 九年级

二、项目规划

(一)驱动性问题

随着经济社会的快速发展，各种文化相互激荡下的革命传统教育遭遇了现实挑战。我们如何通过宣讲和实践活动，让学生学习和践行德清英雄人物的优秀品格，厚植家国情怀？

(二)核心概念

英雄人物、优秀品格、革命精神、家国情怀。

(三)学习目标

1.通过社会调查,收集、整理中国共产党领导德清人民在革命、建设和改革时期的典型人物和事例,探究其蕴含的革命斗争精神和高尚品质。

2.通过探究感悟、实践体验德清英雄人物优秀品格的内涵,培养信息获取、思维创新和社会实践能力,厚植家国情怀,强化自强不息的精神品质,促进自身健康成长。

(四)学情分析

随着年龄的增长和学科知识的积累,学生对德清英雄人物的优秀品格有了一定的认知。但随着时代的快速发展,历史和现实、本土和外国、先进和腐朽等文化相互激荡,学生受心理发展、认知能力和思辨能力的限制,在一定程度上会忽视对中华革命传统价值的认知,从而轻视对传统美德、民族精神和社会主义核心价值观的继承和发展。本项目化学习力图使学生筑牢中华革命传统底色,弘扬和传承中华传统美德、民族精神,自觉培育和践行社会主义核心价值观。

(五)学习地图

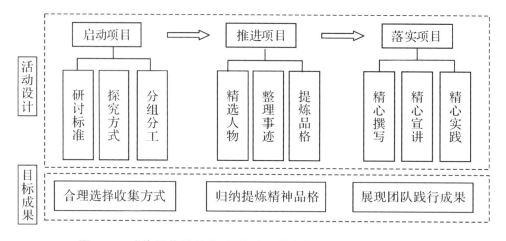

图 5-3-1 "传承英雄品格,厚植家国情怀"项目化学习设计框架

三、项目实施

(一)任务一:交流研讨,确定英雄人物调查搜集方式(1 课时)

1. 学习目标

(1)整体把握德清革命发展历史,确定典型英雄人物和事迹的调查搜集方式。

(2)学会交流合作,共同形成小组决策。

2. 核心问题

应当搜集哪些历史阶段典型的德清英雄人物和事迹? 应当通过哪些方式来搜集德清英雄人物或事迹?

3. 项目进程

环节一:研讨搜集整理标准

项目化学习小组成员从德清地域性革命历史实际和自身的学习兴趣点出发,结合本校开展项目化学习的客观条件,讨论决定以德清革命建设和改革历史发展为脉络和主轴,从新民主主义革命时期、社会主义革命和建设时期、改革开放和社会主义现代化建设时期、中国特色社会主义新时代等不同历史时期纵向展开德清代表性英雄人物资源搜集整理工作,务求提升项目学习的代表性、针对性和实效性。

环节二:探究搜集整理方式

基于上述标准,结合学习生活实际,各项目化学习小组聚焦德清革命建设改革和新时代工作实际,开展德清英雄人物和事迹搜集整理方式的研究与探讨。

在学校有关部门领导的帮助和支持下,结合当前的学习生活实际和开展项目化学习的条件实际,项目化学习小组认为,寻找德清英雄人物和事迹可采用实地考察、网上搜寻、现场采访、电话采访等形式。

环节三:明确学习分组分工

学生对搜集到的有关资料进行整理,并交流讨论,明确了下一阶段所要开展的各项活动。在此基础上进行下一步分工,教师在听取学生的讨论情况后,提出相关工作要求。

4. 阶段性成果

各项目学习小组根据研讨结果,汇总了对德清不同时期的英雄人物和事迹的搜集整理方式。

表 5-3-1　英雄人物和事迹搜集整理方式

组别	时期	寻找方式	查找领域
1	新民主主义 革命时期	实地调查 网上查阅	革命战争
2	社会主义革命 和建设时期	现场采访 网上查询	抗美援朝
3	改革开放和社会主义 现代化建设时期	网上查阅	抗洪斗争 改革攻坚
4	中国特色社会主义 新时代	现场采访 电话采访	抗疫工作

(二)任务二:联系探究,挖掘英雄人物内在精神特质(3课时)

1.学习目标

(1)整体把握德清革命发展历史,筛选典型英雄人物。

(2)挖掘整理英雄人物的典型事迹,归纳、提炼德清典型英雄人物的主要精神内涵。

2.核心问题

德清在发展历史进程中,涌现出了哪些典型的英雄人物? 这些英雄人物身上展现出怎样的优秀品格?

3.项目进程

环节一:梳理德清发展历史,精选典型英雄人物

通过梳理德清县革命、建设和改革开放,以及中国特色社会主义新时代等不同历史时期的发展历程,借助网上查询、实地调查、现场访谈、电话采访等方式,各项目化学习小组精选出了典型英雄人物或英雄群体。

表 5-3-2　部分英雄人物简表

组别	时期	英雄人物	调研方式、地点
1	新民主主义 革命时期	王仲侴烈士以及长眠于德清龙山的 18 位新四军烈士	实地调查(德清县革命烈士纪念碑、德清县阜溪街道龙山村烈士陵园)
2	社会主义革命 和建设时期	参加抗美援朝长津湖战役的 2 位德清籍战士、何培华、楼统桂	网上查询、现场采访(德清籍老战士家中)

续　表

组别	时期	英雄人物	调研方式、地点
3	改革开放和社会主义现代化建设时期	德清抗击 1998 年特大洪水英雄人民群体；德清县钟管镇沈家墩村干部、村民代表	网上查询
4	中国特色社会主义新时代	德清县抗击新冠疫情英雄人物代表：德清县人民医院姜国平、曹伟伟、唐芳芳等；德清县隆泰医疗企业负责人吴康平；勾里中心学校彭老师、金哲东同学	电话采访、现场采访（德清县新安镇勾里中心学校）

环节二：整理英雄人物的事迹，归纳提炼优秀品格

在教师的指导和组长的带领下，各项目化学习小组成员依托九年级上册《道德与法治》中的中华传统美德、民族精神、社会主义核心价值观等相关知识，结合上述典型事迹，用心感悟德清英雄人物的优秀品质和精神，并开展优秀品格概括提炼工作。

各学习小组根据搜集到的德清英雄人物的典型事迹，分别链接到了初中《道德与法治》九年级上册的学习内容：

(1)中华传统美德：忧国忧民、道济天下的爱国情怀，勤劳勇敢、自强不息的奋进品格，自尊互信、助人为乐的和乐风范。

(2)中华民族精神：爱国主义、勤劳勇敢、自强不息。

(3)社会主义核心价值观公民个人层面的价值准则：爱国、敬业、诚信、友善。

(4)弘扬中华传统美德、践行民族精神和社会主义核心价值观的基本要求。

环节三：进行学习成果展示，交流分享互促共进

项目化学习小组成员进一步学习和整理自己在本阶段所获得的资料。在此基础上，小组内进行交流研讨，小组代表进行阶段性学习成果展示与分享。各小组针对小组代表的展示情况进行小组评价。教师在听取学生的交流分享后，对各学习小组及其代表进行评价和表彰，并部署下一阶段的相关学习要求。

4.阶段性成果

(1)制作 PPT 或开展知识小报、实践活动图片展，对德清英雄人物和事迹进行概括性成果展示。

图 5-3-2　自制小报　　　　　图 5-3-3　向革命烈士致敬

（2）依托教材内容，提炼归纳德清英雄人物的优秀品格。

表 5-3-3　英雄人物优秀品格分析简表

人物群体	英雄人物在典型事迹中集中体现的优秀品格
革命烈士和 抗美援朝战士代表	爱国主义、艰苦奋斗、甘于奉献、自强不息、英勇善战、不怕牺牲
抗洪英雄群体	爱国主义、艰苦奋斗、甘于奉献、自强不息、不怕牺牲
村干部、村民代表	爱国主义、改革创新、服务社会、承担责任
医疗卫生系统及企业代表	爱国主义、爱岗敬业、生命至上、勤劳勇敢、自强不息
学校师生代表	爱国主义、关爱他人、热心公益、服务社会、勤劳勇敢、自强不息

（三）任务三：深入实践，丰富英雄人物品格传承路径（3 课时）

1. 学习目标

（1）学习宣传德清英雄人物的优秀品格，感悟践行德清英雄人物优秀品格的重要现实意义。

（2）开展丰富多彩的社会实践活动，拓展践行德清英雄人物优秀品格的实践路径。

2. 核心问题

学习宣传德清英雄人物的优秀品格具有怎样的现实意义？应当通过哪些具体可行的方式践行德清英雄人物的优秀品格？

3.项目进程

环节一:精心撰写文稿,领会现实意义

结合德清英雄人物优秀品格的主要精神内涵,各学习小组纷纷从国家和社会发展的角度、学校建设与发展的角度、个人成长与发展的角度等,撰写心得感悟文章,分析传承这些崇高精神品质的重要现实意义。同时,在老师的指导下,学习小组成员对撰写的心得体会文章进行修改完善,要求语言简练,内容紧扣现实生活实际。

环节二:精心开展宣讲,展示个人风采

小组成员对学习成果进行展示,可以结合 PPT,配备必要的文字、图片等。展示过程中,要求表达清晰简洁、仪态大方自然等。

环节三:精心落实实践,丰富传承路径

各学习小组结合德清英雄人物展示的优秀精神内涵,立足学习生活的实际,从家庭、学校、社会等方面,开展传承德清英雄人物品格的学习实践活动;同时,搜集整理相关学习实践活动图片资料,开展校园项目化学习成果图片展。

4.阶段性成果

(1)部分学习小组开展了宣讲活动。

图 5-3-4　学生宣讲德清英雄人物的优秀品格

山河无恙，人间温暖

901班　陈心悦

回想2020年初，中国，正遭受着新型冠状病毒的侵害。

"你好！我是社区志愿者。疫情期间我们是来排摸情况的……"

清晰的声音在上城小区的楼道里不断响起，原来是来自莫干山中心学校的施芬芳、沈友佳两位老师正在参与志愿服务——"扫楼"。2个多小时，140余户，两位老师所在的小组一刻不停地将相关信息进行了统计和梳理。

"你们老师做事情真是太细致了！"

施芬芳和沈友佳老师在紧要关头挺身而出，在他人生命遇到危险的时候见义勇为、无私奉献，表现了以爱国主义为核心的勤劳勇敢、自强不息的伟大民族精神，深深地触动着我们的心。爱国主义自古以来就流淌在中华民族的血脉之中，去不掉，打不破，灭不了，是中国人民和中华民族维护民族独立和民族尊严的强大精神动力。

作为不畏艰险的"逆行者"，抗"疫"志愿者们始终冲在疫情防控前线，充分发挥"奉献、友爱、互助、进步"的志愿者精神，志愿者在把关怀带给社会的同时，也传递了爱心……

(2)学习小组在家庭生活中，孝亲敬长，关心关爱父母，帮助父母做家务等；在校园生活中，积极参加校园公益劳动；在社会生活中，热心公益、服务社会，如积极参加德清县全国文明城市创建实践活动等，承担社会责任，做一个负责任的公民。

图5-3-5　学生开展校外实践活动

四、项目评价

本项目化学习活动评价采用自评、互评、教师评的多元评价方式，坚持过程性评价与结果性评价相结合。

每次开展项目化学习活动后，指导教师和各项目学习小组根据大家的反馈意见，及时对上述评价量表进行调整和修改完善。

表 5-3-4 项目过程性评价量表

评价维度	评价内容	自评	互评	师评
目标明确（2分）	项目成果展示目标明确	☆☆☆	☆☆☆	☆☆☆
自觉参与（2分）	按时完成组内分配的调查研究任务	☆☆☆	☆☆☆	☆☆☆
信息整理（3分）	及时整理调研信息，撰写有关活动材料	☆☆☆	☆☆☆	☆☆☆
合作交流（3分）	与他人合作，认真参加社会实践教育活动	☆☆☆	☆☆☆	☆☆☆
评语	自评			
	互评			
	师评			

表 5-3-5 项目结果性评价量表

评价维度	评价内容	自评	互评	师评
作品外观（2分）	外观设计精致，材料重点突出	☆☆☆	☆☆☆	☆☆☆
内容设计（4分）	内容丰富多样，与项目化学习主题契合	☆☆☆	☆☆☆	☆☆☆
创新体现（4分）	项目成果呈现形式具有典型的创新性	☆☆☆	☆☆☆	☆☆☆
评语	自评			
	互评			
	师评			

五、项目反思

(一)学生学而有悟

在德清英雄人物的优秀品格及其传承路径项目化学习实践中,学生的学习积极性、主动性和创造性得以充分激发。学生们立足接地气的德清革命历史与现实生活情境,带着问题去研讨、讨论和探究,让学习活动真实发生,也让学习实践活动不断走向深入。学生们深切体会到,德清英雄人物的优秀品格底蕴深厚,德清革命英雄人物辈出,革命英雄人物和革命典型事例从未走远。传承和弘扬德清革命英雄的优良传统意义重大,任重道远,同时有利于自身的学习发展和健康成长。

(二)教师教有所思

本次德清英雄人物的优秀品格及其传承路径主题式项目化学习活动,也带给教师以深刻的思考。首先,项目活动设计要有据。项目化学习实践立足教材、学生的思想认知实际和正确思想引领的客观现实需要而精心设计。其次,项目活动设计要有形。教师引导学生开展社会调查、学习研讨、实践展示、总结评价等活动,坚持将个人学习与小组合作研讨紧密结合,充分调动学生的学习感知系统,不断丰富学生的学习活动内容和形式。再次,项目活动设计要有魂。本次项目化学习实践立意或落脚点是引领学生在日常学习生活实践中自觉践行革命精神,践行社会主义核心价值观,增强社会责任意识、厚植家国情怀。在学生项目化学习活动过程中,教师引导学生分阶段、有步骤地完成各项学习内容和任务,最终达成活动育人的目标。

六、专家点评

本项目化学习实践活动坚持活动育人,从双减政策背景下的实践性作业设计与实施的视角展开,做到设计目标明确具体、实施过程务实创新、实践效果真实丰富。

同时,本项目化学习坚持自主探究与小组合作实践相结合、过程评价与结果评价相结合,极大地调动起全体成员的参与热情,实现了道德与法治学科课内课外教育的无缝连接与有机整合,落实了道德与法治学科核心素养,有利于促进学生健康成长和发展,显著提升了课堂教学整体效益。

(德清县教育研训中心　嵇永忠)

第六章

国情教育

模拟政协议事，感悟民主协商

南浔区和孚中学　蒋晔青

一、项目简介

模拟政协活动是我国青少年思想政治教育实践形式的创新，也是对道德与法治课程改革的有益探索。为了让学生在规范的活动流程中更好地体验中国共产党领导的多党合作和政治协商制度，本项目围绕"如何更好地开展模拟政协活动"这一驱动性问题，让学生通过实地考察，确定"科学的、可行的"提案选题；通过查阅资料，了解"全方位、全覆盖"的民主协商；通过深入调研，形成"规范性、完整性"的调查报告；通过尝试撰写，完善"有高度、有深度"的政协提案；通过风采展示，体验"有温度、可触摸"的民主协商。这五个有针对性和实效性的序列化任务，让作为国家未来主人的学生积极讨论参与，表达观点态度，并建言献策，从而感悟民主协商，增强制度自信。

项目时长：8 课时

适用年级：八年级

二、项目规划

(一)驱动性问题

当前社会竞争激烈，社会发展不断呼唤对中学生进行国情教育。那么，我们如何通过模拟政协活动，形成有价值的模拟政协提案，从而提升大家的社会实践能力，增强制度自信？

(二)核心概念

国家制度、全过程人民民主、生态文明建设。

(三)学习目标

1.通过资料收集以及对政协委员的采访,理解中国共产党领导的多党合作和政治协商制度是我国的基本政治制度。

2.通过在项目中发现、探究和感悟,理性分析垃圾分类的意义及存在的问题,逐步养成健康、文明的生活方式。

3.通过团队合作进行社会调查、撰写政协提案等多种活动,积极了解家乡,为家乡发展建言献策。

(四)学情分析

1.八年级学生已具备一定的沟通协作能力和基本的信息筛选能力,懂得社会调查的基本过程和方法。通过七年级的学习,学生已经具备成立合作小组、互助合作的经验,在开展项目合作时会更自信,配合得会更好;同时,学生已经学会精读与跳读,能够很快地选取自己需要的信息,有利于前期的资料准备。

2.八年级学生学习了国家制度、民主生活等相关知识,但对这方面的知识掌握得还不够深入,学以致用的能力也不足。另外,大部分学生在学习中还缺少主动性、探究性和持续性,因此教师在项目化学习开展中要特别关注学生对知识点的掌握与能力提升。

(五)学习地图

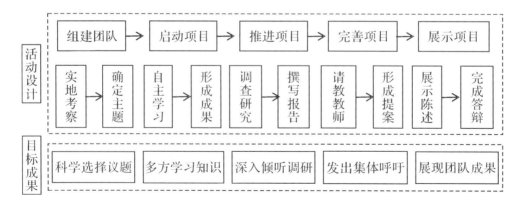

图 6-1-1 "模拟政协议事,感悟民主协商"项目化学习设计框架

三、项目实施

(一)任务一:实地考察,确定科学、可行的提案选题(1 课时)

1. 学习目标

(1)实地考察,明确选题。

(2)学会交流合作,权衡审辨,形成小组决策。

2. 核心问题

如何从身边入手,并在实地考察的基础上确定选题?

3. 项目进程

环节一:实地考察探究,引发学生深思

2022 年 7 月,南浔区教育局开展"暑假五个一"活动,学生参加了其中的"美丽湖州"摄影大赛,在拍摄过程中,学生深刻地体会到了"在湖州看见美丽中国",但也发现自己所生活的村庄或者社区在垃圾分类方面还存在不足之处。且平时在班级中学生对垃圾分类也总有做得不到位的情况,这一系列现象引发了学生的深思。

环节二:确定可行选题,正式启动项目

2021 年起,中央文明委启动全国文明典范城市创建工作,湖州作为参评城市积极开展环境治理等专项整治行动。为了更好地推动该工作开展,借助学生在摄影中发现的问题,经过激烈讨论,我们最终确定开展"关于垃圾有效分类措施"的模拟政协活动。希望通过此活动的开展,学生能积极建言献策,为湖州市创建全国文明典范城市贡献自己的一份力量。

环节三:资料汇总整理,讨论分组分工

学生对搜集到的各类资料进行整理,并交流讨论,明确下一阶段要开展的各项活动,包括学习相关知识、开展实地调研、撰写政协提案等,在此基础上进行下一步分工。教师在听取学生的讨论后,提出相关要求。

4. 阶段性成果

学生参加了南浔区组织的"暑假五个一"摄影大赛。在拍摄和享美景时,有学生发现家乡踏上了绿色发展之路;同时,在实地拍摄中也发现了垃圾分类工作还有做得不到位的情况;另外,我们也发现班级中有部分学生仍然没有做好垃圾分类,导致班级在美丽班级评选中落选,影响集体荣誉。因此经过激烈讨论后,确定了本选题。

图 6-1-2　学生参与美丽校园建设

(二)任务二:查阅资料,了解全方位、全覆盖的民主协商(1 课时)

1. 学习目标

(1)学会转换角色,多角度设计访谈问题。
(2)分享信息,小组讨论,记录有效信息。

2. 核心问题

如何开展社会调查,全面了解提案的背景和意义,为提出有效建议做准备?

3. 项目进程

环节一:访问政协委员,了解政协知识

通过访问政协委员等形式,了解人民政协和中国共产党领导的多党合作和政治协商制度等相关知识,为模拟政协活动的顺利开展做准备。访问问题如下:

(1)您能给我们简单介绍一下人民政协和中国共产党领导的多党合作和政治协商制度吗?

(2)您参加过哪些政协会议? 能跟我们具体说一说政协委员主要有哪些职责吗?

(3)请您简单跟我们介绍一下开展模拟政协活动的一般流程是怎样的。

环节二:学习成果展示,交流分享提升

学生进一步学习整理自己在本阶段中所获取的资料。在此基础上,小组进行分享与讨论,并选出代表,小组代表在分享会上用恰当的方式对此阶段的学习成果进行呈现,分享自己的学习感悟。教师在听取学生的交流分享后,对表现突出的小组及个人进行表扬,并提出下阶段的相关要求。

4.阶段性成果

学生在访问、查阅、搜集有关人民政协的资料后,对资料进行整理,并用PPT的形式向大家分享有关人民政协的知识。

(三)任务三:深入调研,形成规范、完整的调查报告(3课时)

1.学习目标

(1)学会设计调查问卷,开展实地调研。

(2)学会整理数据,提炼共性问题。

(3)学会利用已知信息,求助教师团队,撰写调查报告。

2.核心问题

如何用恰当的方式展示调查成果?

3.项目进程

环节一:设计调查问卷,深入开展调研

根据模拟政协活动的内容,教师引导学生根据调查的目的有针对性地设计问卷题目,在此基础上,完成调查问卷;为了调研更具真实性和普遍性,引导学生利用放学或者周末时间,根据小组同学的家庭地址,选择不同的行政村以及社区发放并回收200张无记名调查问卷;在此基础上开展访问,从而进一步了解居民对垃圾分类的看法。

环节二:数据整理分析,绘制统计图表

对回收的调查问卷进行数据统计,对实地访问的记录进行整理,在进一步分析的基础上,较全面地掌握当地不同村庄以及社区的垃圾分类情况,由此分析得出当地垃圾分类的普遍现状。为了能更直观地呈现数据,需要将问卷中关键问题的数据绘制成统计图,要求绘制清晰。熟悉Excel的学生可以利用该工具进行绘制。

环节三:分享交流讨论,形成调查报告

各组需要将统计数据在小组交流会上进行分享交流,并展示各自绘制的统计图。在此基础上,根据调查结果进行讨论汇总,尝试撰写调查报告。初稿完成后,请教相关教师,提出修改意见,根据修改建议进行完善,形成调查报告的最终稿。

4.阶段性成果

项目化学习小组有针对性地开展了实地调查、问卷调查等,并得到了大量的数据,经过数据分析及组内讨论,分析了问题产生的原因,并在此基础上撰写了调查报告。

调查报告（节选）

　　根据我们小组对调查问卷的数据统计与整理，以及对实地走访资料的汇总，总的结果显示：大部分居民基本上已经了解什么是垃圾分类以及该如何进行垃圾分类，但还有小部分居民不太了解如何进行垃圾分类或不太愿意进行垃圾分类，其中的原因也比较多。另外，我们在实地走访中还发现，垃圾车在回收时，经常将居民已经分好类的垃圾混在一起运输。还有一点就是，由于各种原因，有部分居民对于"撤桶并点"这一变化并不满意。

　　为了更清楚直观地了解情况，我们将数据转换成了圆饼图，具体如下：

- 熟练掌握，已经应用于实践
- 深入了解，懂得如何分类
- 只了解分类知识

居民垃圾分类实行情况

- 有监管，且较为严格
- 有监管，但较为宽松
- 无人监管

专人监管垃圾分类情况

- 分类收集
- 直接倒入，混在一起

垃圾车收集垃圾情况

- 支持
- 不支持

"撤桶并点"支持情况

（四）任务四：尝试撰写，完善有高度、有深度的政协提案（2课时）

1.学习目标

（1）学会筛选信息，对提案撰写进行构思。

（2）收集个体问题，提出个性化解决方案。

（3）学会利用已知信息，请教教师团队，撰写提案。

2.核心问题

如何更好地完成政协提案？

3.项目进程

环节一：数据整理分析，尝试撰写初稿

　　在对上一阶段调查统计数据以及调查报告等资料进行整理、分析的基础上，了解提案撰写的一般格式，根据提案撰写的要求，尝试初步撰写提案。

环节二:求助教师团队,提案修改润色

学生将提案初稿上交教师,教师提出修改意见。主要有以下几个方面:

(1)学生向教师阐述遇到的问题,向教师请教。请教问题如下:提案撰写的格式是否合适,内容是否完善,表述是否规范,语言还可以如何润色?

(2)学生与教师沟通交流,教师进入相应组内指导。教师不能代替学生做,只能指导。

(3)学生遇到困难,课上无法解决时,课后可以请教老师。

环节三:总结问题短板,形成最终提案

针对此阶段环节二中教师提出的修改建议,组内根据多维评价不断对提案进行完善,注意语句通顺与否、用词恰当与否等细节,并在此基础上形成提案最终稿。

4.阶段性成果

学生分析调查报告内容,并结合之前所获得的学习成果,在教师的指导下,经过多次修改,撰写了提案最终稿,并参加了2022年全国青少年模拟政协提案征集活动。对学生而言,这是一次全新的尝试。

提案最终稿(节选)

(1)我们可以在居民楼下及垃圾桶旁放置监控设施,避免垃圾乱扔。可以根据路长制、河长制的形式,设立社长制,监督相关社区的垃圾分类工作,将垃圾分类工作落实到人。

(2)在垃圾车上划分不同垃圾的种类,分开运输,避免混装。对垃圾车运输人员进行培训和考核,对混装垃圾的人员给予相应处罚。

(3)根据当地实际情况,适当地多增加几个垃圾分类投放点,并安装刷卡装置。另外,根据当地经济情况,安装智能垃圾分类回收箱。

(4)不按规定分类垃圾处罚必须动真格。根据相关法律法规,加强对垃圾分类的监督,对于经劝告教育仍不按规定分类垃圾的行为要加大处罚力度。

(五)任务五:风采展示,体验有温度、可触摸的民主协商(1课时)

1.学习目标

(1)制作成果展示PPT,学会交流分享,有效表达。

(2)参与答辩,展示个人思辨能力。

2.核心问题

如何对调研成果进行合理的展示及陈述?

3. 项目进程

环节一：展示调研成果，展示个人风采

小组对调研成果以 PPT 的形式进行展示，主要展示的内容是本提案调研过程中真实的关键环节，配以必要的文字、照片、视频等。要求展示过程清晰、展示者仪态大方等。

环节二：基本内容陈述，凝聚集体智慧

提案小组成员根据调研过程对提案基本内容进行集体陈述，要求从发现问题确定主题、分析问题穿插调研、提出问题解决方案等三个主要方面自信地进行阐述，要求具有创新意识，有说服力。

环节三：完成专家答辩，展现思辨能力

由小组成员分别回答专家、指导老师等人员针对本小组提案提出的问题。

具体要求：

(1)听清问题后进行作答，反应敏捷，表达自信。

(2)回答问题重点突出，层次分明，体现调研的真实性。

(3)回答问题有理有据，体现调研的广泛性。

(4)答辩过程体现良好的团队意识，配合默契，相互补充、完善。

4. 阶段性成果

学生在完成这一系列调研活动后，对调研过程中的关键环节进行展示。为了更清晰地让大家看到调研过程，小组成员精心制作了 PPT，并穿插了调研的照片、视频等。学生展示，不仅是对本次活动的回顾，而且还锻炼了学生的表达能力。

图 6-1-3　学生展示成果

四、项目评价

本项目从多维度评价学生的学习效果,采用过程性评价和结果性评价相结合的方式。

表 6-1-1　项目评价量表

项目	一级指标	二级指标	自评	互评	师评
过程性评价	问题分析	详细思考驱动性问题,并制定详细方案,且有详细分析记录	☆☆☆	☆☆☆	☆☆☆
	开展探究	自主开展探究并提前查阅资料,形成完整的观点	☆☆☆	☆☆☆	☆☆☆
	小组合作	分工明确,能积极参与小组合作,并在小组活动中积极建言献策	☆☆☆	☆☆☆	☆☆☆
结果性评价	成果展示	能用恰当、创新的方式展示各阶段的成果,条理清晰,仪态自然	☆☆☆	☆☆☆	☆☆☆

五、项目反思

(一)学生收获

模拟政协活动是让学生走进社会、接近民生、了解社会发展的一次很好的社会实践。学生在此次活动中相互合作,彼此成就,收获颇丰。

组长韩同学:"为了完成我负责的任务,我看了许多视频,也查阅了很多新闻报道。在这一系列的活动参与过程中,我觉得不仅知识得到了巩固,能力也得到了提升,这样的活动我希望能更多地开展。"

组员陈同学:"这次的模拟政协活动,既锻炼了我的思维能力,还提高了我的写作能力,令我受益匪浅。在这次活动中,我学会了如何应对一些突发情况以及如何有效沟通。当然,我对'民主'二字也有了更深的感悟!"

(二)教师反思

1. 整体把握，关注"发展中的学生"

"模拟政协议事 感悟民主协商"项目的实施富有成效。学生出色地完成了项目化学习的任务，通过调查、分析、整理等形式完成了提案的撰写，并完成了成果展示与答辩。同学们明白了本次项目化学习不仅是一项写作任务，也是一项思考解决问题的思维锻炼。但在项目实施过程中，部分"发展中的学生"能力较弱，遇到困难就想放弃，使得项目开展得不太顺利。对这部分学生，如何提高他们对项目的兴趣，是我们在以后的项目指导中要重点考虑的问题。

2. 提供指导，促进学教方式多样化

本项目融合了线上、线下跨学科学习方式，充分利用课余时间组织课程，有力地促进了学教方式转变。学生开展了项目任务的调查、访谈、探究、提案撰写等不同形式的问题解决式学习。因此，如何在多种学教方式中尽可能多地给学生提供指导和帮助，是值得教师思考的方面。

六、专家点评

本次项目化学习依托"垃圾有效分类"这一贴近学生生活实际的事例展开，通过开展模拟政协活动这一任务情景，并合理整合道德与法治、数学、语文等多个学科知识来帮助学生完成项目任务。作为项目实施者，学生在参与确定选题、开展调研、撰写提案、分享成果等多个活动中，深刻体会中国共产党领导的多党合作和政治协商制度，并在此基础上积极参与讨论、建言献策，增强了制度自信。项目化学习承载了核心素养落实的重要任务，而项目设计是项目化学习推进的关键。本次项目化学习的项目设计基于学生生活实际，关注学生核心素养的培育，是一次较为成功的项目化活动。

（南浔区教育教学研究与培训中心　陈永兴）

寻找家乡发展的"金钥匙"

长兴县实验中学　沈国华

一、项目简介

浙江省湖州市长兴县连续多年进入全国百强县名单,经济水平高、投资环境好、可持续性发展潜在能力强。作为浙江省最后一批对外开放的县域之一,长兴是如何后来居上,实现经济快速发展的呢? 为此,八年级学生围绕"推动长兴经济发展的动力引擎有哪些?"这个核心问题,通过"小组探讨,确定选题""小组分工,制定计划""实践调查,完善项目""整理报告,展示汇报",最后形成项目化学习报告。项目实施过程中,学生积极讨论参与、建言献策,增强了制度自信。

项目时长:6 课时

适用年级:八年级

二、项目规划

(一)驱动性问题

浙江省长兴县连续多年进入全国百强县名单,长兴县经济迅速发展,我们如何通过撰写一份翔实的调查报告,探究长兴县发展的动力引擎有哪些,以及它们在长兴县经济发展中的作用是什么?

(二)核心概念

基本经济制度。

(三)学习目标

1.通过资料收集与实地调查研究,了解我国各种经济成分及其作用,进一步理解我国的基本经济制度,增强制度自信。

2.通过团队合作进行实地调查等多种形式,提升合作能力和语言表达能力。

(四)学情分析

1.通过七年级道德与法治课程的学习,八年级学生已经具有一定的学科素养,能够对事物形成正确的看法;同时通过其他科目的学习,能够合理利用综合知识解决问题。

2.八年级学生有一定的沟通、协作能力,已经有小组合作的意识,能够各司其职、集思广益,同时依据特长进行小组分工,有利于各项目的顺利推进。

3.八年级学生对基本经济制度的理解还很抽象,对生活中的各种经济成分还不理解,同时学生的沟通能力、合作能力、语言表达能力还具有一定的差异性,这也使得任务性作业存在一定的质量差异。

(五)学习地图

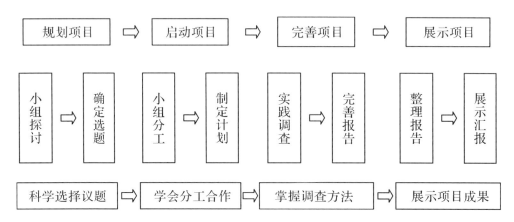

图 6-2-1 "寻找家乡发展的'金钥匙'"项目化学习设计框架

三、项目实施

(一)任务一:小组探讨,确定选题(1课时)

1.学习目标

(1)查阅资料,寻找项目研究的价值。

(2)通过小组探讨,明确选题的可行性。

2.核心问题

长兴的经济发展模式有何研究价值?

3.项目进程

环节一:确立项目研究的价值性

学生通过对《道德与法治》教材八年级下册"我国基本经济制度"的自主学习,了解我国的基本经济制度与多种经济成分。学生搜集长兴经济发展的信息,了解到自1978年以来长兴县地区生产总值(GDP)不断增长,2022年长兴GDP在湖州三县两区中排名靠前。学生运用书本知识来获取长兴经济飞速发展的"金钥匙",使得项目研究具有一定的价值意义。

环节二:确立项目研究的可行性

学生对于搜集到的资料进行分析,认识到1978年以来长兴经济在快速发展,同时也了解到长兴各个产业的概况,结合平时自己的生活经验和家长的工作性质,认为探究长兴经济快速发展背后的原因有一定的可行性。

4.阶段性成果

学生通过查阅资料,搜集到了长兴经济飞速发展的相关数据,感受到了长兴近年来飞速发展的成绩,从而确定了长兴经济发展研究的价值意义。以下是学生搜集的资料:

2022年,长兴GDP853.4亿元,按可比价计算,同比增长4.2%,分别快于全国、全省1.2个、1.1个百分点,高于全市0.9个百分点,增速居全市第一。

表 6-2-1 1978—2022 年长兴县部分年份 GDP 概况

年份	GDP/亿元	增值/亿元
1978	1.80	
1982	2.92	1.12
1992	17.60	14.64
2002	83.70	66.10
2012	378.39	294.69
2022	853.40	475.01

(二)任务二:小组分工,制定计划(1 课时)

1. 学习目标

(1)通过甄别、搜集、整理资料,获得有参考价值的信息。

(2)通过资料搜集和小组讨论,形成合理的小组项目行动计划。

(3)班级范围内进行讨论,取长补短,教师给予适当指导。

2. 核心问题

如何撰写分工明确具体的项目计划书?

3. 项目进程

环节一:明确研究计划

各组明确本组要调查研究的经济成分,明确小组的研究计划、调查研究的方式、组内成员的分工等。

环节二:制定调查计划

各组在完成分工后,立刻展开实地考察前的规划:由负责分工资料搜集的成员,立刻寻找相关资料,寻找本小组研究对象在长兴的几所代表企业;之后实地考察小组通过前期资料搜集,结合自身实际、交通情况,选择一所代表企业进行实地考察,确定实地调查计划,并且做好联络工作,准备实践计划。

环节三:撰写项目计划

项目计划撰写小组在结合组内讨论情况、组内资料搜集情况和实践小组实践计划的基础上,开始撰写本小组具体的项目计划书,派代表展示项目计划书,由其他各组与教师评价项目计划的可行性。

4. 阶段性成果

班长设计了一份项目计划书,根据学生家庭成员的工作性质和学生的不同特质,将全班同学分成四个小组,安排不同的采访对象。

解码长兴经济发展的计划书

(1)调查目的

为了探寻长兴经济飞速发展的原因,了解各个产业的作用,决定分不同小组展开调查。

(2)分工安排

第一小组(国有经济):选择代表性的国有企业进行访问调查,了解国有企业在长兴经济发展中的地位及作用。

第二小组(集体经济):以吕山乡湖羊养殖智慧园集体经济为例,了解集体经济在帮助农民实现共同富裕过程中所起的作用。

第三小组(个体经济):实地访问街边的个体户,了解他们的收入情况,感受个体经济对改善老百姓生活的作用。

第四小组(私营经济):选择典型的私营企业进行调查,了解它们一年的收入、利润、税收等,感受私营经济在长兴经济发展中的作用。

(3)调查形式

实地调查法、访问调查法、文献调查法。

(三)任务三:实践调查,完善项目(2课时)

1. 学习目标

(1)通过实践搜集有效经济信息和有效数据。

(2)提升学生发现问题和解决问题的能力。

(3)提升学生的实践能力和应变能力。

2. 核心问题

如何解决实地考察中遇到的问题?

3. 项目进程

环节一:制作中期报告

按照项目计划书开展实践,通过对不同性质的经济企业进行考察,小组共同完成中期项目实践报告,并制作PPT进行展示。

环节二:解决报告困惑

召开项目实践中期总结会,通过中期的项目实践报告,各组形成中期初步调研结果。主要是总结在中期调查实践中获得的数据,形成初步结论;之后实践小组探讨遇到的问题,各小组采取小组协商和组内头脑风暴等方式寻找问题的解决办法。

环节三:中期考察实践

依据中期总结会提供的解决方法,展开第二阶段的实地考察实践。实践过程要依靠中期总结会提供的新方法推进,最终获得新的一手数据,继而依据中期总结会制定调查新思路。

4.阶段性成果

各个小组通过实地调查,掌握了长兴经济飞速发展过程中国有经济、集体经济、个体与私营经济所做的贡献。以下是部分小组成员调查的数据:

国有经济:浙江浙能长兴发电有限公司成立于 2001 年,位于浙江省北部、太湖南岸,公司 4 台 300MW 国产燃煤发电机组分两期建设完成,装机总容量 1200MW,年发电量约 75 亿千瓦时,是浙北地区重要支撑电源、浙江省第一座装机容量超百万千瓦的全脱硫绿色环保电厂。企业现有员工 1071 人。近年来,通过加强"技术创新、管理创新、机制创新",企业发电量年年创新高,为长兴社会发展做出了应有的贡献。

集体经济:2022 年吕山湖羊养殖智慧示范园得益于"数字羊倌"的"敬业能干",湖羊的品质、产品附加值优势不断凸显。2022 年 1 月至 12 月,该乡实现村均集体经济收入 438 万元,其中,村均经营性收入 221 万元,全面消除年经营性收入低于 50 万元村。

私营经济:天能集团目前已拥有 20 余家国内全资子公司、3 家境外公司,拥有创新专利 3000 余件,参与制定和修订国际、国家、行业标准 50 余项,年产值超过 350 亿元,员工近 2 万人,纳税超千万元,连续 7 年纳税全市第一。天能集团成立 30 多年来,从环境保护、社会公益等多个方面积极践行社会责任。

个体经济:长兴小夫妻饭店,目前店里一天的营业额是 3000 多元,去掉成本 2200 元左右(包括人工费、房租、水电费),每天净利润在 800 元左右,一个月能够挣到 2 万元左右,一年下来收入也挺可观的。靠着这份收入,饭店老板贷款买了房,还买了车,生活越来越好。

(四)任务四:整理报告,展示汇报(2 课时)

1.学习目标

(1)处理整体数据,获得有效信息。

(2)整合、处理前阶段数据。

(3)归纳、精简小组项目活动结论,依靠最终数据,形成最终结论。

2.核心问题

长兴经济快速发展的原因是什么?

3.项目进程

环节一:整合数据信息

各小组整合数据库,开始全班整体探究模式,提取整合后数据库的有效信息,学会比较各种企业在长兴经济发展中所起的作用。

环节二:撰写调查报告

对前面各小组的最终调查报告进行归纳整理,从宏观的视角对报告进行解读,完成最终的整体项目调查报告。全班在教师指导下选择代表数据,制作最终汇报图表,并且撰写最终调查报告,制作相应PPT。

环节三:展示项目报告

召开整体项目最终报告会,学生上台阐述项目,可以通过PPT、视频、word文档等方式阐述整体项目研究过程,从选题到项目可行性的论证、项目实践方法的选择、项目分组的依据、实践过程,以及最终的数据处理到得出结论。之后召开项目总结大会,总结本次的项目活动。

4.阶段性成果

学生通过对长兴具有代表性的企业和个体户进行调查,形成了调查报告。

探寻长兴经济飞速发展的原因的调查报告

(1)调查目的

为了探寻长兴经济飞速发展的原因,了解各个产业对长兴经济发展的作用。

(2)调查方法

实地调查法、查阅文献法、访问调查法。

(3)调查内容

各个小组选择有代表性的企业或者个体户进行深入调查,搜集资料,最后形成项目总结。

(4)调查总结

第一小组(国有经济)通过调查发现,国有企业主要集中在石油、电力、银行、公路等领域。他们选择了长兴电厂,通过对电厂的采访发现:长兴电厂的发展关系国计民生,对长兴经济发展具有重要的支撑力量。

第二小组(集体经济)调查了吕山湖羊养殖智慧示范园。2022年1月至12月,该乡实现村均集体经济收入438万元,其中,村均经营性收入221万元,全面消除年经营性收入低于50万元村。可见,集体经济有利于增加就业岗位,可以让农民拥有稳定的收入,是我们实现共同富裕的一个重要路径。

第三小组(个体经济)采访了理发店、美容店、小饭店,通过对它们收入的分析,比较得出个体经济对于激发劳动者的生产积极性、提高劳动者收入有很大作用。

第四小组（私营企业）通过调查发现，私营企业占长兴县总企业比例的 90%，贡献了超 60% 以上的税收。它们增加了就业岗位，缓解了就业压力，为稳定社会做出了贡献。私营企业在稳定经济增长、促进创新、增加就业、改善民生方面发挥着重要作用，成为推动长兴经济社会发展的重要力量。

公有制经济和非公有制经济对长兴经济的发展都起到了重要作用。

四、项目评价

本项目从多维度（自评、互评、师评）评价学生的学习效果，采用过程性评价（问题分析、开展探究、小组合作）和结果性评价（个人展示）相结合的方式。

表 6-2-2　项目评价量表

项目	评价指标		评价等级		
	一级指标	二级指标	自评	互评	师评
过程性指标	问题分析	科学设计驱动性问题，充分论证项目的可行性，并制定详细方案，且有详细分析记录	☆☆☆	☆☆☆	☆☆☆
	开展探究	自主开展探究并进行计划修正，形成完整的观点，有明确的小组计划目标和科学的操作方法	☆☆☆	☆☆☆	☆☆☆
	小组合作	成员分工明确，能积极参与小组合作，并在小组活动与实践调研中积极建言献策、参与实践	☆☆☆	☆☆☆	☆☆☆
结果性指标	个人展示	能用恰当、创新的方式展示各阶段的成果。报告条理清晰，表达仪态自然	☆☆☆	☆☆☆	☆☆☆

五、项目反思

(一)学生收获

本次探究长兴经济发展的推动力报告会，既是让学生走进社会、接近民生、了解社会发展的一次很好的社会实践，也是将道德与法治课程中的"理解权利义务""基本经济制度"与"项目化学习"融合在一起，让学生通过自身实践感受书本知识、亲历书本知识,建立生活与知识的联系桥梁。

组员王同学:"这次的经济报告会,既锻炼了我的思维能力,也提高了我的书面表达能力,还提升了我的口头表达能力。在这次活动中,我学会了如何应对一些突发情况以及如何有效沟通,也让我对基本经济制度有了一定的理解,对基本经济制度有了更多的信心。"

(二)教师反思

1.注重过程,把握学生参与

通过本次学习,学生们明白了本次项目化学习不仅是单纯地完成一项任务,也是自主与合作交织的有益实践,更是独立自主思考问题、解决问题的思维锻炼。但在项目实施过程中,部分同学由于自身性格和能力问题,参与性不强。对这部分学生,如何激发他们对项目的兴趣,是我们在以后的项目指导中要重点考虑的地方。

2.创新模式,引导学生

整个课程结构新,采取了"总—分—总"的探究模式,让学生充分发挥自身的才智,体会小集体、大集体才智的交融,体会特殊性与普遍性。在项目实施过程中也出现了因为不熟悉过程、目标不明确所导致的偏差,所以更要求教师注意关键时刻的指引,让项目化学习在不破坏学生自主性的基础上,在稳定的轨道上进行。

六、专家点评

本次项目化学习选题合适,寻找长兴经济发展"金钥匙"。本选题与学生的生活息息相关,可以有效调动学生的积极性,让中学生认识到父母的工作性质,有助于促进学生了解家人、理解家人。

本次项目化学习中细致的分组,让学生能够各司其职,锻炼了学生的组织能力、协调能力。项目中期的项目半程总结课很好地完善、补充了初期项目计划,起到了查漏补缺的作用。总结课的项目报告会,让学生充分展示了自身的能力,将理论能力与实践能力相结合。

本次项目化学习选题上具有很好的现实意义;项目过程可操作性强;项目计划书与实践探究过程丰富且翔实;项目成果丰富,锻炼性强。

(长兴县教育研究中心　王春伟)

走进"竹林碳汇",参与生态文明建设

安吉县外国语学校　邓　威

一、项目简介

2030 年"碳达峰"、2060 年"碳中和"是我国对国际社会的庄严承诺,体现了一种大国的担当。安吉县作为"绿水青山就是金山银山"理念的诞生地,近几年通过对"竹林碳汇"的探索,不断寻找生态文明建设的新道路。本项目围绕"如何让更多的人了解'碳汇',理解'竹林碳汇'在生态文明建设中的独特地位?"这一核心问题,带领学生学习"碳汇"知识,收集相关资料;设计调查方案,实地了解安吉县"竹林碳汇"开展的情况;汇总整理各种信息,形成相对完整的"碳汇"认知;举办"碳汇"论坛,展示学习成果;宣传"碳汇"理念,憧憬"双碳"带来的美好生活。

项目时长:9 课时

适用年级:九年级

二、项目规划

(一)驱动性问题

生态文明建设需要青少年从小参与。我们如何通过举办论坛,让更多的人了解"碳汇",理解"竹林碳汇"在生态文明建设中的独特地位?

(二)核心概念

碳汇、生态文明建设、社会调查。

(三)学习目标

1.通过收集"碳达峰""碳中和"的相关资料,了解国家在生态文明建设方面的新方向并内心认同,强化国家发展与每个人息息相关的意识。

2.以安吉"竹林碳汇"为话题,合作设计调查方案、参与社会实践,掌握研究社会情况的必备技能。

3.在团队合作完成任务的过程中,培养提出问题和解决问题的能力,锻炼表达与倾听的能力,并增强合作精神和领导力。

(四)学情分析

九年级学生已经具备参与本项目学习的初步知识和技能。知识方面,他们对温室效应、生态文明、绿色发展等有了一定的理解;技能方面,他们掌握了一定的收集资料和社会调查的方法,合作探究能力也大大提高。但因为项目化学习涉及的"碳汇"话题大家几乎没有接触过,相关知识储备少,所以需要在项目化学习开展的前期进行必要的补充。

(五)学习地图

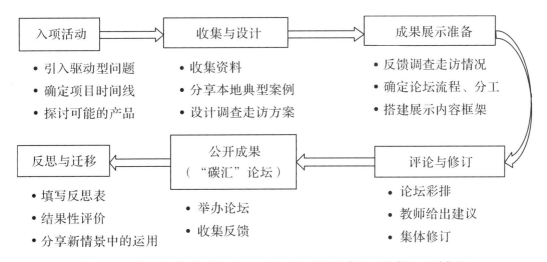

图 6-3-1　"走进'竹林碳汇',参与生态文明建设"项目化学习设计框架

三、项目实施

(一)任务一:入项活动(1课时)

1.学习目标

(1)初步了解"碳汇"话题,熟悉驱动性问题的指向。

(2)头脑风暴,针对项目化学习如何开展进行思维碰撞。

(3)确定项目化学习大致流程和项目成果展示方式。

2.核心问题

什么是"碳汇"? 驱动性问题如何解决?

3.项目进程

环节一:情景导入(视频)

"啥也不用干,竹林里的空气也能卖钱了!"凭借 5425 亩竹林,浙江省湖州市安吉县山川乡大里村党总支应书记代表村集体成功拿到该县首批"竹林碳汇"收储交易金 27.5 万余元。这到底是怎么回事?

环节二:项目介绍(教师)

介绍项目化学习概况,提出并阐释本次项目化学习的驱动性问题。

环节三:头脑风暴(学生)

以 8 人为一组,运用头脑风暴法(又称智力激励法,即在某话题下进行无限制的自由联想和讨论,产生新观念,激发新设想),围绕驱动性问题的解决进行思维碰撞。综合各组的解决方案,明确项目化学习的时间安排及成果展示方式。

4.阶段性成果

本阶段的主要成果是各组的驱动型问题解决方案,以及最终确定的项目化学习大致时间流程及项目成果展示方式。

表 6-3-1　某小组的驱动性问题解决方案

驱动型问题描述	如何举办论坛,让大家理解"竹林碳汇"在生态文明建设中的独特地位
问题拆解	
什么是"碳汇"	通俗地说,就是森林吸收大气中二氧化碳并将之固定下来的能力
前期准备工作	坐下来讨论;分工搜集资料;集思广益;制定论坛举办方案;人员分工

哪些方式宣传	剪辑加工的视频;上台演讲;发放小册子;相关人员现身说法
论坛一般程序	邀请与布置;入场与接待;听讲座看视频;主持人介绍;嘉宾发言;按顺序进行论坛的各个环节;结束

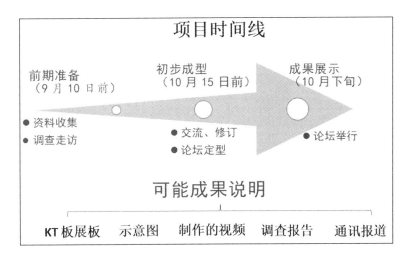

图 6-3-2　项目时间线及可能成果说明

(二)任务二:收集与设计(2 课时)

1.学习目标

(1)通过网络搜索等方式获取必要的资料。

(2)分享各自获取的本地"竹林碳汇"的典型案例。

(3)选择本地的典型案例,设计调查走访方案。

2.核心问题

如何筛选资料? 如何进行社会调查?

3.项目进程

环节一:资料搜集

通过在计算机房上网和使用手机查阅等方式,寻找与"碳汇"有关的文章、网页、短视频,建立不同的文件夹进行保存。 在此基础上,根据资料的来源和可信度(是一手资料还是二手资料,是官方资料还是民间资料等),挑选出可以使用的部分。

环节二:案例分享

以 PPT 辅助下的口头报告形式,分享课前通过各种新闻媒体或借助社会资源获取的本地典型案例,并接受其他学习者的咨询。

环节三:设计调查走访方案

根据前一环节同学的分享,结合资料搜集情况,以 8 人为一组,确定调查走访对象,运用思维工具"5W1H 分析法",即从原因(Why)、对象(What)、地点(Where)、时间(When)、人员(Who)、方法(How)六个方面进行思考,设计调查走访方案。

4. 阶段性成果

本阶段中,学生搜集了一些与"碳汇"有关的文章、网页、短视频、典型案例,在此基础上分组设计调查走访方案。

表 6-3-2　某组的调查走访方案

调查走访内容	大里村是如何把"竹林碳汇"转化为财富的	方案提供小组	××××组
"5W1H"分析法			
原因 (何因,Why)	为了解大里村竹林的生态价值和"竹林碳汇"财富化的秘密;为论坛寻找实际资料,拓宽自己的知识面和眼界		
对象 (何事,What)	竹林:看看那里的竹资源情况;村民:了解他们能从中受益多少;村干部:村里面是怎么做的、"碳汇"交易原理		
地点 (何地,Where)	大里村(走访村委,看看竹林还有碳通塔)		
时间 (何时,When)	假期安排半天,提前联系		
人员 (何人,Who)	小组成员、带队老师、家长(解决交通问题)		
方法 (何法,How)	实地考察法(拍照记录)、问卷调查法、询问法(座谈)		

(三)任务三:成果展示准备(2 课时)

1. 学习目标

(1)通过调查走访中的交流反馈,完善对"竹林碳汇"的认知。

(2)头脑风暴、集思广益,确定论坛举办流程和分工。

(3)分组讨论确定各部分的大致框架。

2. 核心问题

要怎样安排论坛,才能让更多的人了解"碳汇"和美好的"碳前景"?

3.项目进程

环节一:各组代表分享调查走访情况

各组利用课余时间调查走访了有关的乡村、部门,并发放调查问卷,做了书面记录,也拍了照片、视频。由于各组的调查方向存在差异,因此要进行必要的交流分享。各组派代表上台进行5分钟左右的情况介绍(提前准备PPT)。

环节二:动手绘制示意图

项目组成员根据前期学习情况及上一环节的调查走访分享,根据自己的理解绘制"竹林碳汇"示意图、"碳汇"交易示意图。

环节三:确定论坛流程及分工

教师提出问题:有了这些资料,我们的论坛该怎样呈现成果,怎样安排才能让更多的人了解"碳汇"和美好的"碳前景"? 然后,组织同学进行头脑风暴,用思维导图的形式设计论坛初步流程并决定各环节的分工,表决通过。

环节四:分组搭建内容框架

各个分工组(主持组、布置组、发言组等)分组讨论,搭建本组的展示内容框架。同时,各组负责人要相互沟通、协调关系。

4.阶段性成果

阶段性成果主要是各组调查走访的交流分享、绘制的"竹林碳汇"示意图、设计的论坛初步流程等。

图6-3-3　走访大里村"竹林碳汇"情况介绍

图6-3-4　学生绘制的"竹林碳汇"示意图

(四)任务四:评论与修订(2课时)

1.学习目标

(1)通过论坛彩排,发现问题。

(2)听取指导教师团队的建议并进行记录。

（3）综合自我感受、教师评价、同学建议进一步修订成果。

2.核心问题

我们的成果能不能达到宣传"碳汇"和"碳前景"的目的？改进方向在哪里？

3.项目进程

环节一：论坛彩排

课前提前制作邀请函、制作展板、布置环境等，并按照预定流程将论坛流程走一遍。考虑时间问题，语速可以快一点，进度适当加快。项目组部分同学暂时代替受邀代表，还要专门安排同学负责全程录像、记录时间。

环节二：教师建议

指导教师团队在仔细观看、聆听的过程中记录存在的问题、可改进的方向，并在彩排结束后提出建议。一名同学专门负责将建议在黑板上以简单的思维导图形式进行记录。

环节三：集体修订

项目组成员根据前两个环节反馈的情况，展开头脑风暴，提出改进意见。一名同学专门负责将大家的想法在黑板上以思维导图形式进行记录，并将黑板上的两幅思维导图拍照发给大家。各组回去进一步修订成果。

4.阶段性成果

本阶段的成果主要是论坛彩排的录像、教师团队评价的建议与改进意见。

图 6-3-5　部分修改建议记录

（五）任务五：公开成果（"碳汇"论坛）（1 课时）

1.学习目标

（1）邀请嘉宾，组织论坛，宣传"碳汇"相关知识与理念。
（2）发放问卷表，反馈活动效果。

2. 核心问题

如何群策群力让论坛活动顺利进行？

3. 项目进程

环节一：举行"碳汇"论坛

提前邀请老师、家长、学生等各个层面的代表 24 人作为特邀嘉宾，举行主题为"竹林碳汇与生态文明建设"的论坛活动。论坛过程包含展板展示、主题演示、节目表演、现场互动等环节。项目组通过这些环节对"双碳"等概念和原理进行解释和说明，并汇报了调查走访的过程与收获，同时引领大家展望美好的"碳前景"。

环节二：统计问卷数据

对问卷数据进行统计，汇总并结合论坛开展情况形成简单的书面报告，反馈论坛活动所发挥的作用、产生的影响，有助于后期的反思与迁移。

4. 阶段性成果

本阶段是前期项目化学习成果的展示阶段。论坛整个过程的记录、问卷数据统计的结果都是重要的阶段性成果。

表 6-3-3　"碳汇论坛"调查问卷（设计者：朱同学）

温馨提示	尊敬的来宾，您好！感谢您参加我们的"碳汇"论坛。请根据情况完成以下问卷并交给工作人员，问卷不用署名。谢谢配合！
客观题	1. 您的性别是（　　）。　A. 男　　　B. 女 2. 您的年龄是（　　）。 A.10—18 周岁　　　B.19—30 周岁　　　C.31—45 周岁　　　D.45 周岁以上 3. 论坛前，你是否了解"碳汇"？（　　） A. 毫无所知　　　B. 有一点点了解　　　C. 知道很多　　　D. 非常熟悉 4. 论坛展示的内容，你是否理解？（　　） A. 不理解　　　B. 基本理解　　　C. 完全理解 5. 你对本次论坛的评价是（　　）。 A. 流于形式　　　B. 一般　　　C. 非常有意义 6. 以后你会和周围的人谈起"碳汇"话题吗？（　　） A. 不太会　　　B. 有可能　　　C. 一定会
主观题	7. 你觉得接下来很长一段时间，和"碳汇"有关的相关政策、话题会影响我们的生活吗？如果会，谈谈你的看法：＿＿＿＿＿＿＿＿＿＿＿＿＿＿＿＿＿＿

表6-3-4　调查问卷统计结果及分析(统计人:陈同学)

题号	A	B	C	D	结　　论
1	11	13	0	0	略
2	8	0	9	7	略
3	17	6	1	0	对"碳汇"不了解的人很多,还有很大的宣传空间
4	1	17	6	0	论坛内容总的来说还是容易接受的
5	2	15	7	0	论坛的内容呈现可能还不够有意义和深刻
6	3	5	16	0	论坛的宣传目的基本达成
7	每个被调查者都提到会影响,只是认识的程度有区别。有人认为"碳汇"会影响择业,有人则觉得新能源发展是个方向

(六)任务六:反思与迁移(1课时)

1.学习目标

(1)填写反思表,理性分析自己在项目中的表现。
(2)辩证地看待指导教师提出的结果性评价。
(3)思考本次项目化学习对新情境的启发。

2.核心问题

怎样看待自己参与项目的表现? 本次学习对你参与新情境有什么启发?

3.项目进程

任务一:填写反思表

发放项目化学习反思表,学生根据自己的参与情况进行填写,评价自己的表现,思考存在的问题。

任务二:听取结果性评价

指导老师对项目进程、成果、学生表现进行结果性评价。评价中出示各种图片、资料,表扬先进、指出问题,要人事结合、点线面结合。

任务三:迁移——探究安吉"非遗"文化

在参与本次项目化学习的基础上,以安吉非遗文化作为学习对象,小组拟定项目化学习初步方案,进行学习方式方法上的迁移。

4.阶段性成果

本阶段对项目化学习过程进行总结,每个组员填写反思表,并以小组为单位尝试进行学习迁移,拟定新项目的初步方案。

<table>
<tr><td colspan="7" align="center">项目化学习反思表</td></tr>
<tr><td rowspan="2">主题</td><td rowspan="2">碳汇,我来了</td><td rowspan="2">驱动性
问题</td><td colspan="3">举办学校首届"碳汇"论坛,用我们的行动,
让更多的人了解美好的"碳前景"。</td><td>姓名</td></tr>
</table>

维度	自评	团队评价	教师评价
在规定的时间里,我充分地研究了这个主题	4	5	
我的研究步骤是很清晰的	3	5	
我和我的伙伴共同探讨制定了研究方案	4	5	
我能运用多种检索方式查找信息	4	3	
我现在的研究成果是基于多种来源的	3	2	
我通过采访相关人员,获得了一手信息	4	2	
我对我所收集的信息可靠性进行了筛选	3	3	
我觉得我所收集的信息是可以作为证据佐证我的观点的	3	2	

在完成这个项目过程中我是否进行了仔细的研究?是否对资料和数据进行了分析和解释?请给自己在下列纬度上打分,5分表示最高,1分表示还有待努力。

我的想法或建议

第一次参加项目化学习,有点懵懵懂懂,这次参与"碳汇"这个话题的研究,感觉还有点意思,我既增加了知识,还熟悉了收集信息的方法,还参加了社会调查,我都觉得还是挺有用的,希望这样的机会多一点。

图 6-3-6　某同学的项目化学习反思表

表 6-3-5　某组的迁移项目初步方案

项目名称	探究鄣吴竹扇	方案提供小组	××××组
驱动性问题描述	安吉鄣吴竹扇制作技艺是湖州市第七批非物质文化遗产之一。鄣吴竹扇是怎样加工制作的,它有着怎样的文化传承?		
我们的打算			
学习步骤	(1)走访鄣吴竹扇厂,了解制作工艺; (2)参观吴昌硕纪念馆,了解当地的文化底蕴; (3)走访当地商人,了解竹扇制作技艺的传承; (4)查阅相关资料; (5)形成成果		
成果形式	拍摄短片、制作并推送美篇、写文章介绍并投稿、亲手制作竹扇并题写诗句		
时间安排	周末的一天		
学习评价方式	从资料搜集、人际交往能力、团队合作、成果制作水平等方面为同学打分,最后汇总		

四、项目评价

本项目采用过程性评价和结果性评价相结合、自评和他评相结合的评价方式。过程性评价主要是通过倾听与表达、信息素养、美术素养等量表体现；结果性评价主要通过项目化学习反思表体现。

表 6-3-6　倾听与表达量表

在完成这个项目的过程中，我是否进行了仔细的研究，是否对资料和数据进行了分析和整理？请在下列维度上打分（1—5 分），5 分是最高分，1 分表示还有待努力

维度	自评	团队评价	教师评价
在规定的时间里，我充分地研究了这个主题			
我的研究步骤是很清晰的			
我和我的伙伴共同探讨制定了研究的方案			
我能运用多种检索方式查找信息			
我现在的研究成果是基于多种来源的			
我通过采访相关人员，获得了一手信息			
我对我所收集的信息进行了筛选			
我觉得我所收集的信息是可以作为证据支撑我的观点的			

我的想法或建议：

反思者：＿＿＿＿

表 6-3-7　项目化学习反思表

维度	初级（2—4 分）	良好（5—7 分）	优秀（8—10 分）	自评	师评
倾听与回应	• 当别人发表意见时做自己的事情 • 别人还没有讲完时插嘴或打断别人 • 没有听清别人讲话内容的情况下就匆忙回答	• 安静倾听 • 耐心地听别人全部讲完 • 对别人所说内容予以动作或口头上的回应	• 表现出积极倾听的姿态，用点头、眼神接触等表明自己对倾听内容的理解 • 耐心地、鼓励式地听别人全部讲完 • 仔细倾听别人的想法，并给出回应性的思考，回应适合当下的情境		

维度	初级(2—4分)	良好(5—7分)	优秀(8—10分)	自评	师评
口头表达	• 没有组织自己的观点,或者观点很乱 • 不连贯、停顿多 • 所用的表达方式对听众来说不适合 • 没有修辞策略	• 以富有逻辑的方式组织观点,流畅地表达观点,使用正式的语调,对听众来说是适合的 • 运用修辞	• 观点组织流畅,让人看不到组织的痕迹 • 以优雅和得体的方式进行报告 • 运用让人印象深刻的、富有创造性的方式进行报告		

五、项目反思

(一)学生收获

很多学生是第一次接触项目化学习,也是第一次进行社会调查走访,其意义已经超越了传统课堂教学的意义。他们在收集资料、设计方案、交流合作、思考创见等方面都有了很大的进步,学有所思,更有所获。

张同学:"生平第一次和几个同学一起去社会调查,感觉很新鲜、有意思!我学会了做采访笔记、有针对性地提出我们的问题。我也明白了'竹林碳汇'的原理和广阔前景。以前学习道德与法治课提到了所有制、基层群众自治制度,我都一知半解。通过这次项目化学习,我明白了它们的内涵。"

汤同学:"我还是蛮希望有更多机会在老师带领下进行类似的活动的。我喜欢有创造性的事情,和同学们一起调查研究、思考争论,不仅锻炼了我的思维和表达能力,更让我发现了自己在团队里的价值,我觉得我还是有一定的领导天分的。"

(二)教师反思

1. 精准设计,提高项目化学习的趣味性和有效性

作为一种新的学习方式,项目化学习要提出学生感兴趣的驱动性问题,用任务引领学生主动学习。它不仅能充分激发学生兴趣,更能培养学习方法、提高学习效率。本次项目化学习过程中发现部分任务缺少趣味性,一些任务开展的效果达不到预期,这说明项目规划时的精准设计极其关键。

2. 合理推进,落实项目化学习的任务与成果

在既定方案的基础上,本项目实施过程中根据一些变数,对任务进行了适当的微调,合理推进,将学习任务和成果落到实处。这也启示我们,项目化学习不可能完全

按照最初的设计进行,它和传统课堂一样要处理"预设与生成"的关系。

六、专家点评

　　本案例聚焦"双碳"热点,组织学生用多种方式学习,并以举办论坛的形式展示学习成果、宣传"碳汇"理念,具有很强的现实意义。项目运用多学科内容与方法,实现跨学科主题学习,直指学生发展的核心素养。项目实施过程清晰可见,每个阶段都有明确的目标指向、具体的任务要求、可视的成果展现。项目的实施使学生的自主学习、语言表达、活动组织等能力都得到很好的提升,也增强了学生的生态文明意识,践行了绿色发展理念。

(安吉县教育科学研究中心　丁爱国)